面白いほどよくわかる!

臨床心理学

東京大学 大学院 教授
下山晴彦 監修
Haruhiko Shimoyama

西東社

はじめに

臨床心理学の未来には、ワクワクするような新しい地平が大きく広がっていま す。日本の臨床心理学は新たな発展に向けて動きつつあるのです。従来の日本の臨床心理学は、個人の内的世界を重視する内省的心理療法を理想モデルとして発展してきました。また、活動のフィールドもスクールカンセラーに代表されるように学校・教育領域が中心でした。しかし、そのような臨床心理学では、現代社会のニーズには十分に応えられないことが明らかとなり、従来の伝統を踏まえながらも、さらなる発展が求められるようになってきました。それを受けて新たな動きが進んでいるのが日本の臨床心理学の状況です。

これからの臨床心理学は、面接室の中での心理療法だけでなく、コミュニティの中で利用者や他の専門職と協働してチームを組み、幅広いメンタルヘルスの問題解決に取り組んでいくことが求められるようになってきています。また、医療領域の中でもさらに一層活躍することも求められるようになっています。それは、臨床心理学の専門職を国家資格として認めようという動きとなりました。

このような動きに対応するために、発達臨床心理学や異常心理学の知識が必要となっています。ひとつの学派の心理療法にこだわるのではなく、対象とする問題に適したアセスメント技法や介入技法を適用できる、幅広い知識と技能が必要となっています。また、問題の解決に有効な方法を生成し、検証する研究法も重要となっています。さらに、専門職となるための体系的な訓練も必要となっています。

本書は、そのように発展しつつある臨床心理学の基本を、わかりやすくまとめたものです。入門書ですが、最新の知識が盛り込まれています。本書一冊で現代臨床心理学の、おおよその全貌をつかめます。本書で臨床心理学に関心を持たれた方は、ぜひ巻末に示した参考書リストを参考として、臨床心理学をさらに深く学んでいただきたいと思っております。

東京大学大学院　臨床心理学コース　教授　下山晴彦

目次

PART 2 アセスメント 45〜76

PART 3 人の発達と心の問題——発達臨床心理学について 77〜120

PART 4

精神障害と臨床心理学——異常心理学について

121〜166

PART 5 問題への介入

167〜236

PART 8 社会と臨床心理学

PART

1

臨床心理学とは何か

心の問題をかかえる人々をサポートする
臨床心理学の基本について紹介します。

ここで扱う
テーマ

- 臨床心理学で行うこと
- 臨床心理学の歴史
- 臨床心理学の基本概念

臨床心理学の基礎知識
1

臨床心理学とはどのような学問か

心の問題を科学的に研究し、そこで得た知識を利用して人々をサポートする学問です

「臨床心理学」の定義

臨床心理学とは、心理学の一分野であり、**人の異常心理**（＊1）**や、生活していくうえで問題となる行動の原因を科学的に探求し、その成果をふまえて問題の改善を目指すための学問**のことです。

臨床心理学の専門家を臨床心理士《クリニカルサイコロジスト》と呼びます（＊2）。臨床心理士は臨床心理学の知識を追究し、その知識を利用して社会のさまざまな領域で活動して〔⬇P274〕、人々の問題を解決するためのサポートを行います（＊3）。

また、心の問題を抱えていて、サポートを必要としている側をクライエント（＊4）と呼びます。

「実践」「研究」「専門」の3つの活動

臨床心理学は次の3つの活動から成り立っています。

臨床心理学では問題が生じたとき、その本質を見極めるため、本人や家族などに面談や検査をします。この作業を**アセスメント（査定）**〔⬇P46〕といい、その結果をもとに、**介入**〔⬇P168〕という解決のために働きかけていきます。アセスメントや介入などのクライエントに実際にかかわる活動は**「実践活動」**と呼ばれ、臨床心理学の基本となります。

また、そうした実践活動が有効かどうか常に科学的に研究する必要があります。これを**「研究活動」**と呼びます。

もっと詳しく！

（＊1）精神障害など、心に異常をきたした状態を異常心理といい、それらの問題を対処するのに必要な学問が異常心理学〔⬇P121〕である。

（＊2）本書では、カウンセラーやセラピスト〔⬇P16〕と区別して、臨床心理学の実践者を臨床心理士と呼ぶ。

（＊3）心の問題を解決するためのサポートを「心理的援助」ともいう。

（＊4）臨床心理学ではサポートの対象を「患者」ではなく、「サポートをこれらの活動は実社会で行われるので、臨床心理学がひとつの学問として社会的に認められる必要があります。そのために、研究成果を発表して社会への貢献度を説明したり、誰もが安心して利用できるよう臨床心理士の資格や規約などの制度を整備したりする活動を行います。これらを**「専門活動」**と呼びます。

受ける人」という意味で「クライエント」と呼ぶ（➡P170）。

臨床心理学の3つの柱

1 実践活動

- クライエントまたはその家族などの関係者と面接する
- 問題は何かをアセスメントする
- 問題解決に向けて方針を立てる
- クライエントと協力して問題解決に向けて介入する

2 研究活動

- 実践活動を通しての研究
- 実践活動に関連する研究（実践活動の内容を科学的に検証）

3 専門活動

- 臨床心理学の社会への貢献度を説明
- 他の専門組織と連携
- 研究成果の公表
- 臨床心理士の資格制度の整備や教育システムの確立
- 倫理や規約を整備

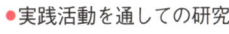

臨床心理学の基礎知識 2

臨床心理学と医学とのかかわり

利用者中心の治療・援助という考えが広まるなかで、医学との関係が変化してきています

精神医学との違い

医学のなかでも心を扱う学問として、精神医学があります。精神医学は臨床心理学と混同されがちですが、それぞれには明白な違いがあります。

精神医学は精神障害などの心の病気を扱い、投薬などの医学的な治療を行って原因の排除を目指します。それに対し、臨床心理学は心の問題を単純に除去すべき病気としては扱いません。たとえば、症状があっても人格の一部として健やかに過ごせる人もいれば、症状として出ていなくても助けを必要としている人もいます。後者のような人が**問題を受け入れて自分の人生をよりよく生きられるように、心理的なサポートをするのが臨床心理学**なのです。

医療における立場の変化

医療の現場ではかつて医師が中心であり、臨床心理士や看護師や社会福祉士は**医師の補助的な役割**《パラメディカル》になっていました。

しかし最近では中心に患者が位置し、医師は患者が納得のいくまで事前にインフォームド・コンセント（説明と同意）〔➡P40〕を行うなど、患者自身のニーズを一番に考え、尊重するようになりました。それにともない、臨床心理士や看護師や社会福祉士は補助的な存在ではなく、患者への**「援助」を担当する専門職**として認識されつつあります（＊1）。

もっと詳しく！

（＊1）このように、患者によりよいサービスを提供するため、各専門職が等しい立場で互いに情報を提供し合いながら働きかけを行っていく。これをコラボレーションと呼ぶ〔➡P42〕

臨床心理士の役割の変化

かつての医療のかたち

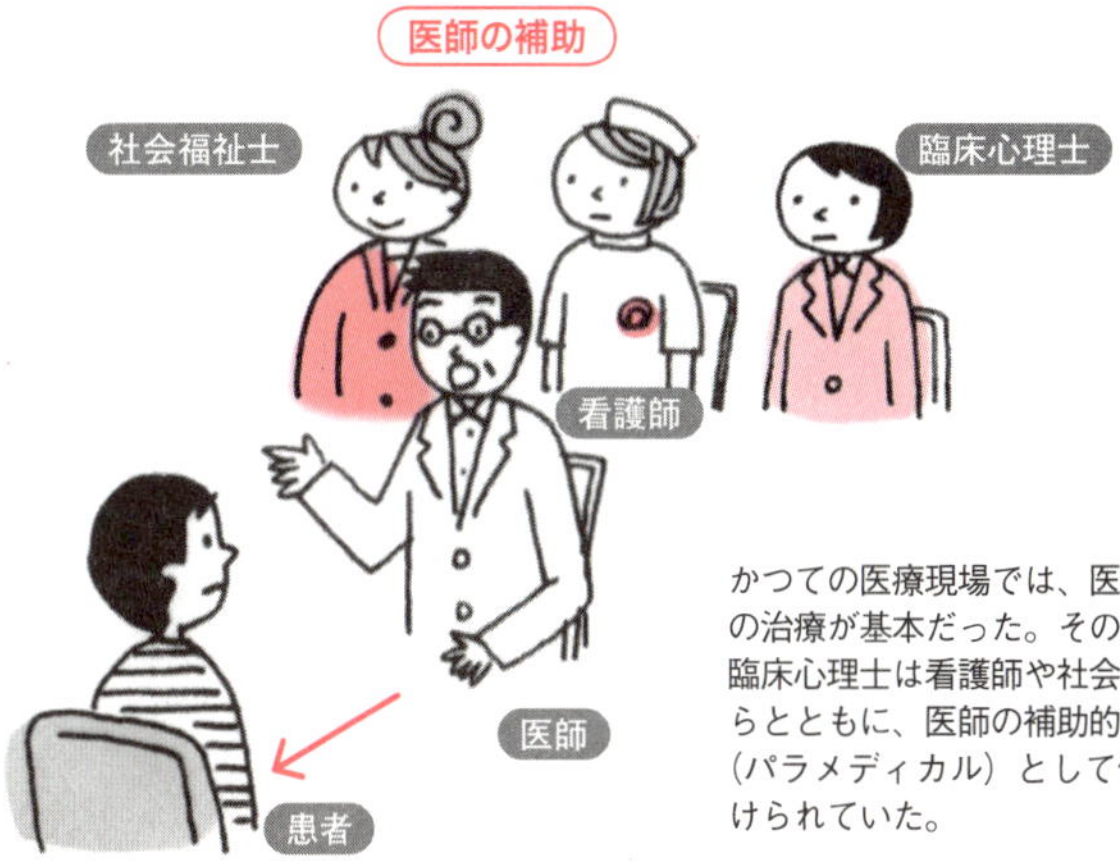

かつての医療現場では、医師中心の治療が基本だった。そのため、臨床心理士は看護師や社会福祉士らとともに、医師の補助的な役割（パラメディカル）として位置づけられていた。

現在の医療のかたち

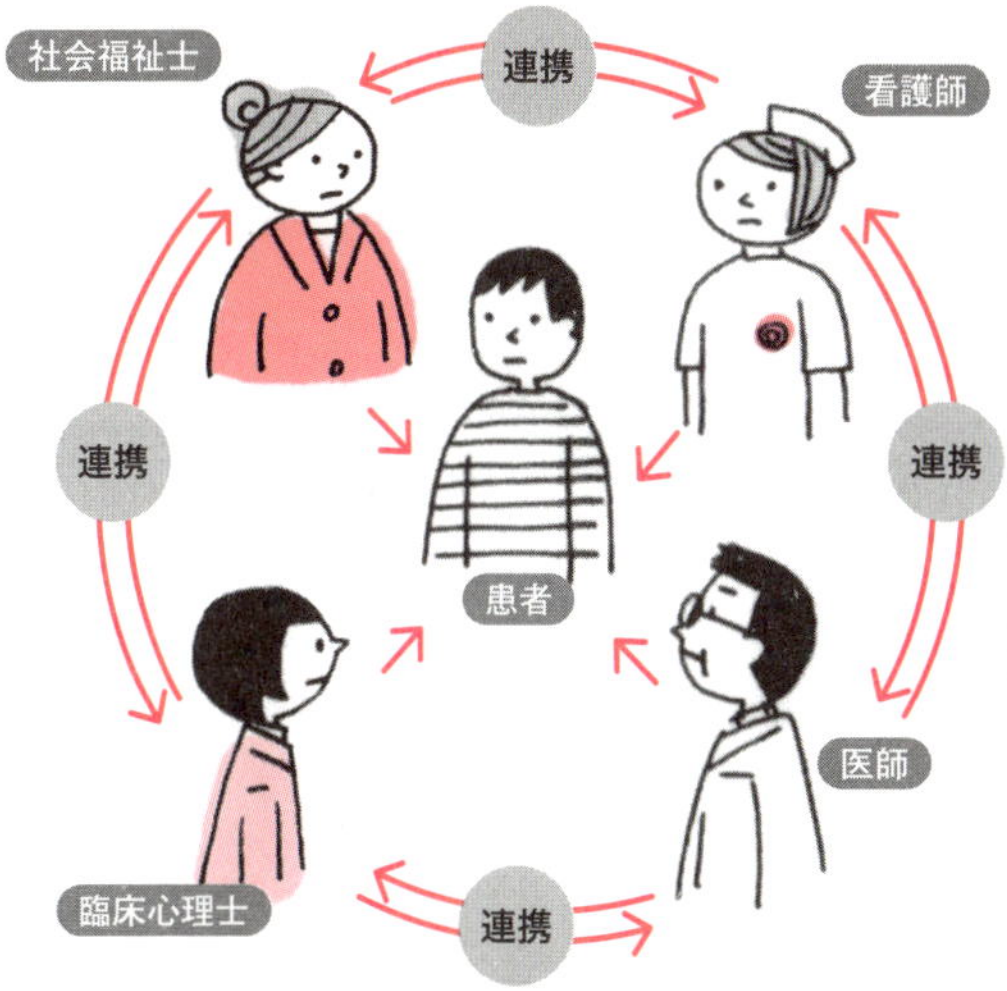

現在では、患者を中心に、医師は臨床心理士、看護師、社会福祉士ら援助を担当する専門職とチームを組んで治療にあたる。このかたちではそれぞれがコラボレーションしながら専門的役割を果たす。

臨床心理学の基礎知識
3

「臨床心理学」と「カウンセリング」と「心理療法」

日本では臨床心理学とほかのふたつの学問が混同されがちです

3つの学問の違いと特徴

日本ではとくに、臨床心理学は「カウンセリング」や「心理療法」と同じもののように思われがちです。しかし、世界的には別の学問として扱われます（＊1）。

まず、臨床心理学は**ほかの専門職と協力し合い、多角的に個人や社会が抱える問題の改善を図る学問**です。そのため、臨床心理士になるには広い知識と研究能力が求められ、とりわけ心理学の専門的な知識の取得が前提となります。

カウンセリングは教育学に属し、**人に対する広い領域のサポートを目的**とします。学問としての専門性よりも人間性が重視されるのが特徴です。

心理療法は、精神分析などの**特定の理論を前提として、その理論にもとづく実践活動を行う学問**です。さまざまな学派があり、独自の理論と技法の習得が前提となるので、大学のような総合的な学問を行う場所ではなく、私的な研究所での教育が中心になります。

日本の臨床心理学の現状

日本で現在これら3つの学問が混同される理由に、日本の臨床心理学が独自の発展をとげたことがあります（⬇P22）。

1980年以降、日本では深層心理学を中心とした心理療法の学派が大きな比重を占めてきました。しかし、心理療法を身につけるには長期の特殊な訓練期間

もっと詳しく！

（＊1）ただし、カウンセリングと心理療法には、上記のような独立した学問や学派としての意味と、臨床心理学の介入における一技法としての意味の、ふたつの場合があるので注意が必要である（⬇P168）。

これも知っておこう！

心理臨床学

（＊2）日本では、この心理療法とカウンセリングの集合体である「心理臨床学」という独自の学問が発展している（⬇P22）。

が必要となります。そのため習得が難しく、実際には心理療法ではなくカウンセリングの手法が行われてきました（＊2）。結果として、臨床心理学との区別がつけられないまま心理療法とカウンセリングが混じり合ったかたちで発展し、欧米のようにそれぞれの差が明確な状態にならなかったのです。

3つの学問の違い

臨床心理学、カウンセリング、心理療法にはそれぞれ以下のような特徴がある。

	臨床心理学	カウンセリング	心理療法
目的	さまざまな問題（精神的、情緒的、行動的、身体的）の解決	比較的苦悩が少ないクライエントの、内面的な成長を助ける	苦悩を和らげ、苦悩を生むような人格の変化を促す
介入方法	問題の特徴に合わせ、さまざまな心理的介入技法を用いて介入する	共感的な面接を行う	創始者の理論を順守。セラピスト（心理療法の実践者）とクライエントの結びつきを重視する
所属	心理学部。米国や英国では臨床心理士になるのに博士号が前提	教育学部	私的な研究機関
特徴	個人のほか学校や企業などさまざまな対象に介入。地域社会などコミュニティにも広く関わる	専門性よりもカウンセラー（カウンセリングの実践者）の人間性が重視される	学派によって理論や実践の仕方が異なる

カウンセリングは自己表現の考えにもとづき、心理療法は特定の理論にもとづく。臨床心理学は心理学の専門知識にもとづき、さまざまな実践活動を行う。

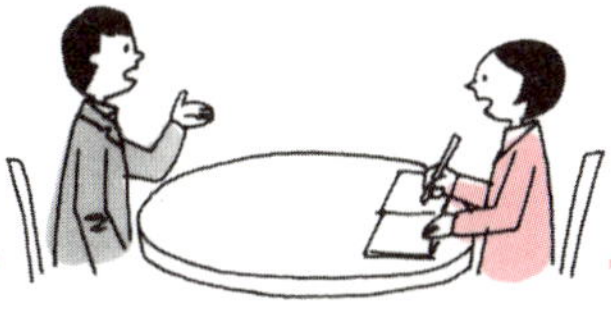

臨床心理学の成り立ち 1

臨床心理学の歴史〜世界編①

心理的に異常な行動への理解は、自然科学の発展とともに変化していきました

欧米の近代化の流れで誕生

古代、心理的に異常な行動はその人が悪魔に支配されているから起こると宗教的に信じられていました。それに対し、古代ギリシャのヒポクラテスは、精神障害を躁《そう》病、うつ病、精神錯乱などに分類し、すべて脳の異常と考えたのです。

しかし、3世紀以降のキリスト教が台頭した西欧ではふたたび宗教が異常行動を扱うこととなり、精神病患者が魔女狩りの対象とされることもありました。

近代になり、科学が発展すると異常行動のとらえ方にも変化が現れます。1879年にドイツのヴントが心理学実験室を創設し、実験科学の手法で人間の意識を研究しました。これが心理学の起源とされています。同時期に精神病や異常行動を生理的な視点からとらえる精神医学も誕生します。それらの学問が発達するなか、**1896年、米国のウィトマーがペンシルバニア大学で心理クリニックを創設し、これが臨床心理学の幕開け**となりました(＊1)。このように臨床心理学はまだ若い学問といえます。

さまざまな学派の成立

臨床心理学の草創期、「心」をどのようにとらえるかによって、さまざまな学派による理論が生まれました。たとえば、心を意識と無意識のメカニズムとしてとらえようとしたのがオーストリアのフロ

もっと詳しく!

(＊1)ウィトマーは心理クリニックを開設すると同時に、米国心理学会の年次総会で初めて「臨床心理学」という言葉を用いた講義を行った。これが一般に臨床心理学の誕生といわれる。しかし、彼が提唱したのは、実験で得られた知識や情報を、知的障害や学習困難の児童の診断と矯正教育に限定して適用するものであって、現在のような広い対象を扱う総合的なものではなかった。

イトによる「精神分析〔➡P174〕」理論です。また、「行動療法〔➡P180〕」は、心を観察可能な客観的行動として理解しようとした理論でした。そして、個人の主観的世界を心として理解しようとしたのが「クライエント中心療法〔➡P170〕」です。

自然科学と同様に、**臨床心理学に多くの学派が誕生した背景には、近代化における市民社会の発展があります。**古い共同体が解体されたとき、そこでの「魂の癒し」を失ったことで不安感や孤独感が生じました。それを解決する方法として考案されたのが各学派の心理療法でした。

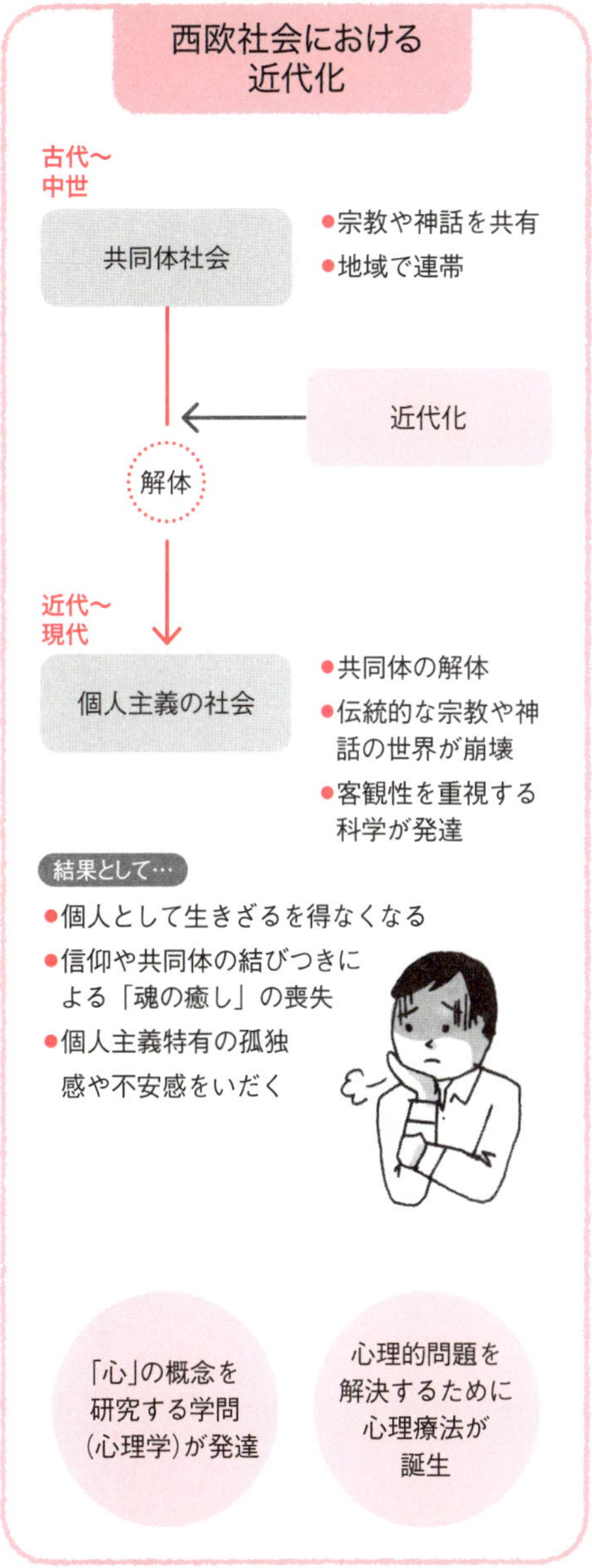
西欧社会における近代化
古代〜中世
共同体社会
●宗教や神話を共有
●地域で連帯
近代化
解体
近代〜現代
個人主義の社会
●共同体の解体
●伝統的な宗教や神話の世界が崩壊
●客観性を重視する科学が発達
結果として…
●個人として生きざるを得なくなる
●信仰や共同体の結びつきによる「魂の癒し」の喪失
●個人主義特有の孤独感や不安感をいだく
「心」の概念を研究する学問（心理学）が発達
心理的問題を解決するために心理療法が誕生

臨床心理学の成り立ち
2

臨床心理学の歴史〜世界編②

データの実証性を重視する時代の流れによって、臨床心理学の近代化が行われました

臨床心理学の近代化への道

臨床心理学が誕生した当初、起源の違う学派が混在し、学問として統一性はありませんでした。それぞれが私的な学派として活動していたのです。ところが20世紀半ばの社会的な流れによって、臨床心理学も変化せざるをえなくなりました。

きっかけは第2次世界大戦後、米国で帰還兵に、今でいうPTSD〔➡P142〕の症状が多くみられたことです。既存の医療では対処できなかったため、彼らのケアに臨床心理士が必要とされました。

その結果、臨床心理士育成のための法制度、教育訓練システムが整えられ、ひとつの専門的な活動として社会制度の中に組み込まれるようになったのです。

また、各学派間の対立（＊1）によって新たな展開が起こりました。１９５２年、英国のアイゼンクは心理療法の効果に疑問を呈し、論争を巻き起こしました。そして、活動の効果を実証的に評価する研究が広く行われるようになったのです。その結果、学派の教義や理論を根拠にするのではなく、**具体的なデータという実証を重視する、「エビデンスベイスト・アプローチ〔➡P34〕」が定着するようになりました。**

学問としての統一と専門性

エビデンスベイスト・アプローチという考え方が生まれたことで、学派を超え

もっと詳しく！

（＊1）当時、各心理療法はその理論の提唱者を中心とした私的な活動だった。そのため、各理論の意義を説明する根拠として、創始者の偉大さや学派の理論の正当性を強調する傾向にあった。結果として、各学派間で対立が生じることとなった。

（＊2）このような「社会化」により、社会の一システムとして組み込まれると同時に、科学的な研究や実証が重要視されるようになったことが、臨床心理学の「近代化」にもつながっていった。

て臨床心理学の各心理療法の効果が検証されました。その結果、客観的なデータをもとに臨床心理学の有効性を社会に証明することが可能となり、臨床心理学がひとつの専門的な学問として認められていったのです（＊2）。

重要なのは、すべての問題に万能な心理療法は存在しないことが実証されたことです。問題ごとに各心理療法の中から適切な方法を選択する必要性が明らかとなり、臨床心理学の学派を超えた統一が可能になったのでした。欧米諸国ではエビデンスベイスト・アプローチは近代的な臨床心理学の基盤となっています。

臨床心理学の変遷

1879	**心理学実験室**を創設（ヴント）
1895	**ヒステリーの研究**（フロイト）
1896	「心理クリニック」創設。**臨床心理学という言葉の誕生**（ウィトマー）
1900	**「夢解釈」**発表（フロイト）
1902	**「古典的条件づけ」**発表（パブロフ）
1905	**「知能研究」**発表（ビネー）
1920代	恐怖の条件づけ実験（行動療法の展開への動き）が行われる（ワトソンら）
1936	最初の臨床心理学テキストが出版
1942	**クライエント中心療法**を提唱（ロジャーズ）
1945	コネチカット州：心理学者認定の法律
1946	ヴァージニア州：臨床心理士の法律
1948	**オペラント条件づけ**（行動療法）が行われる（スキナー）
1952	**心理療法を批判**（アイゼンク）
1962	**論理情動療法**（認知行動療法）が行われる（エリス）
1965	ボストン会議（**コミュニティ心理学設立**）
1976	うつ病の認知療法が行われる（ベック）
1980	米国精神医学会：**DSM-Ⅲ出版**〔➡P126〕
1990代	ナラティブ・セラピーを提唱（ホワイトら）

19世紀後半に誕生した臨床心理学は、第２次世界大戦後に米国にて社会制度に組み込まれたことで飛躍的に発展した。

臨床心理学の成り立ち 3

臨床心理学の歴史〜日本編

戦後、臨床心理学の知識が欧米から急ピッチで流入した後、日本独自の発展をしました

欧米からの導入と学会の頓挫

日本にも近代になって森田療法（➡P202）など、風土に合う心理療法が登場しましたが、**臨床心理学が本格的に始まるのは第2次世界大戦後から**のことです。

戦後から1960年代初めまでは、欧米文化の流入と社会組織の変化に合わせ、臨床心理学の導入と発展が求められた時期です。1964年には全国規模の日本臨床心理学会が成立しました。しかし1960年代末から1970年代初め、臨床心理士の資格認定について日本臨床心理学会内で意見が対立した結果、臨床心理学関係者の組織化が頓挫《とんざ》しました。

戦後、急ピッチで発展した日本の臨床心理学でしたが、結局、日本臨床心理学会の事実上の解体によりその勢いは衰えることとなりました。そして、**代わりに注目されたのが心理療法でした**。82年に日本心理臨床学会が成立し、「心理臨床学（➡P16）」という独特の活動が提案されたのです（＊1）。

社会的な要請と今後の課題

1980年代後半、財団法人の認定というかたちで、臨床心理士の資格制度が開始されました。これにより、日本の臨床心理学は新たな一歩を踏み出しましたが、**教育システムの整備や国家資格化など、社会的に認知されるためには多くの問題がある**ことも明らかになりました。

もっと詳しく！

（＊1）心理療法は創始者の理論を教義として重視するため、実証性は尊重されないことが多い。その結果、社会とだけでなく科学的研究を重視する学術的な心理学とも接点が少なくなり、孤立化する傾向にあった。

（＊2）戦後のにわかづくりの臨床心理学では、当時の日本の状況に対応できず、学問そのものが解体した。一方、日本人の無意識の深層に働きかける心理療法は広く受け入れられ、心理援助の活動が社会的に認められる一助となった。しかし、一方で、心の問題を扱う専門家を必要とする出来事が1990年代に立て続けに起こります。まず、学校でのいじめ問題の深刻化にともない、臨床心理士にスクールカウンセラーとしての活動が求められるようになりました。また、阪神・淡路大震災で心に傷を受けた人々のケアや急増したHIV患者への心理的支援の担い手としても注目されました。今後ますます多様化する社会的要請に応えていくためには、他の専門家とコラボレーションしながら、さらに日本社会の現実に即した臨床心理学を発展させていくことが求められています（＊2）。

現在、臨床心理士に求められている主な活動
臨床心理士
おまえはダメだ ダメだ
●スクールカウンセラーとして教育相談を受ける
●精神障害などの心理的な問題の解決や改善のサポート
●虐待などの被害者の支援
●PTSDへの支援
●子育て支援
その他
●DVの被害者支援
●高齢者への心理的支援
●HIV感染者への心理的支援…など

日本でも世界と同様に現代人ならではの心のケアが求められるようになった今、日本人的な視点と世界的スタンダードをみすえながら、臨床心理学もまた変化・発展することが求められるようになっている。

臨床心理学の活動 1

臨床心理学の実践活動①

クライエントの心の問題に対して、解決するためのサポートを行います

実践活動の進め方

臨床心理学の**実践活動とは、クライエントに問題解決のためのサポートを実際に行うことです**。臨床心理学の基本となる活動です。その過程は次のようになっています。

まず、対象となる問題は何かを見極める作業を行います。これを**アセスメント**または**査定**といいます。具体的には、クライエントや家族などの関係者への面接、観察、検査を実施して、クライエントや関係者のパーソナリティや状況、そして問題行動に関する情報を系統立てて収集し、分析するのです。そのうえで、その結果を総合し、**問題を成り立たせているメカニズムについて仮説を立て、サポートの方針を考えます**。

そして次に、**実際に問題を解決あるいは改善するための働きかけを行います**。これを**介入**（＊1）といいます。

ただし、問題の多くはさまざまな要因が複雑に絡み合っていて、混沌《こんとん》としているため、1度の介入で解決されることはほとんどありません。通常はアセスメントと介入が繰り返し行われ、臨床心理士は効果をそのつど検証していきます。

問題を理解するための知識

アセスメントの結果、仮説を立てたりその効果を検証したりするうえで参考とするのが発達臨床心理学〔⬇P77〕、異

もっと詳しく！

（＊1）あるいは「心理的介入」という。

（＊2）現実のケースは問題がより複雑であることが多く、単に個人の内面だけでなく、行動や社会的な要因が重なり合って問題が生じている。そこで、実際の実践活動では、さまざまな知識や理論や技法を統合的に利用することが必要となる。

常心理学〔↓P121〕といった、**さまざまな心理学の理論や技法の知識や見解**です。

さらに、心理療法の各学派による、それぞれ独自の理論も参考にされます。たとえば、個人の内面に介入する際はクライエント中心療法〔↓P170〕や精神分析〔↓P174〕や分析心理学〔↓P178〕、個人の行動に介入する場合には行動療法〔↓P180〕や認知行動療法〔↓P184〕、社会集団に介入するときにはコミュニティ心理学〔↓P194〕や家族療法〔↓P188〕など、それぞれ介入する対象によって代表的な理論があるので、これらが参考にされます（＊2）。

実践活動の流れ

実践活動では、以下のような過程を経て、アセスメントから介入を行い、必要に応じて見直しと修正をする。

アセスメント（査定）

臨床心理士はクライエントに
- 面接
- 観察
- 検査

を行う

⇒ 参照
- 発達臨床心理学
- 異常心理学
- コミュニティ心理学
- 心理療法の各学派の理論

↓

「問題は何か」を明らかにする（問題がおきているメカニズムの仮説を立てる）

↓

どのように問題にかかわるか方針を立てる

↓

介入

問題を解決するために実際に対処する

見直し・修正

臨床心理学の活動
2

臨床心理学の実践活動②

実践活動ではコミュニケーションをはじめとした3つの技能が求められます

実践活動の3つの技能

臨床心理学の実践活動を行ううえでいくつかの技能が必要とされます。それは**「コミュニケーション」「ケース・マネジメント」「システム・オーガニゼーション」**という3段階の技能です。

臨床心理士はまず、面接での対話などの「コミュニケーション」を通して、クライエントとの間で信頼関係をつくり、それを土台として問題解決を図ります。これは実践活動をするうえでの基本技能となります。

次に、問題を専門的に判断し、それにもとづいた介入方針を決定し、そして効果的な介入をすることが大切です。これらを行うために求められる技能が「ケース・マネジメント」で、実践活動での中核技能にあたります。

さらに、医療や学校、行政などの社会システムに働きかけ、相互作用的な関係を結び、臨床心理学が社会的な活動としてスムーズに機能できるよう環境を整えることも必要です。これを円滑に進めるための技能が「システム・オーガニゼーション」です。実践活動の中でも発展的な技能となります。

求められる知識と社会性

臨床心理士が実践活動を行う際、さまざまな理論や知識が利用されます。臨床心理学だけでなく、心理学、医学、生物

もっと詳しく!

(＊1) 現在、臨床心理士は主にその5つの職域で活動している。職域により特徴が大きく変わる場合もあり、それらをふまえて実践に臨むことが重要である〔➡P274〕。

これも知っておこう!

生物—心理—社会モデル

(＊2) コラボレーションでは、「生物—心理—社会モデル」というかたちが理想的である。これは、医師や看護師は生物(身体)的に、臨床心理士は心理(行動)的に、社会福祉士は社会(制度)的に、それぞれ役割分担

学、社会福祉学、法律学など幅広い知見が必要とされるのです。

しかも、近年では臨床心理士は、教育、医療・保健、福祉、司法・矯正、産業など多方面の領域で活動するようになっています（＊1）。このようにさまざまな場で活躍するには、医師や看護師や社会福祉士といった**ほかの専門職とコラボレーションすることが重要となってきます**（＊2）。そのためにも、ますます医学や看護学、社会福祉学などの他のジャンルも含めた専門知識と、それらの専門職と協力して活動できる社会性が求められています。

をしながら、協力して活動することを目指す〔↓P42〕。

実践活動で求められる技能

基礎技能

コミュニケーション

- 共感的対話　●アセスメント的対話
- 介入的対話　●社会的対話

クライエントと面接などを通して直接「コミュニケーション」をとることにより問題解決をサポートするための関係を築く。カウンセリングの基本技能や、アセスメントと介入に合ったコミュニケーション技能が必要である。

↓

中核技能

ケース・マネジメント

- アセスメント　●心理療法
- ケース・フォーミュレーション〔➡P48〕
- 危機介入〔➡P226〕　●リファー〔➡P230〕
- コンサルテーション〔➡P228〕

問題を把握し、方法や方針を決めて実際に介入し、さらにその結果を受けてよりよい方向へ修正するなど、適切な実践活動を運営していく技能のこと。ここでは、介入が活動の中心となる。個人に介入する場合もあれば、他の専門家と連携してシステムやコミュニティに介入する場合もある。

↓

発展技能

システム・オーガニゼーション

- 他職種とのコラボレーション
- リーダーシップ　●組織の運営能力
- 調整能力　●心理教育〔➡P232〕

臨床心理学の活動が、社会的な活動のひとつとして、円滑に機能できるように環境を整えるための技能。ここでは臨床的技能よりも社会性が求められる。

臨床心理学の活動
3

臨床心理学の研究活動

実践活動の有効性を証明し、新たな技法や理論を検証します

研究活動はなぜ必要か

臨床心理士は実践活動を行う際、クライエントにとって本当に役立つ方法をとれているのか、常にチェックする必要があります。そのような**実践活動を科学的に検証していくための活動が「研究活動」です**（＊1）。

臨床心理学研究の構造

近年、臨床心理学では研究活動によって「一般的にこのような問題にはこのような介入方法が役立つ」という知識が蓄積されつつあります。ただし、実際にはそれぞれのケースによって個別の事情があるので、一般論が適用できない場合も少なくありません。

そこで、まず問題がどう成り立っているのか仮説を立て、それにもとづいた方針を決定して介入を行います。そして、実践活動で得られたデータをもとに、仮説を検証して修正していくというプロセスを踏みます。つまり、**実践活動は「仮説の生成→検証」を行うという点で臨床心理学の研究活動でもあるわけです**。

さらに、これらの仮説を他のケースに適用するためには、仮説に一般性が必要となってきます。この一般性をもった仮説を見つけようとする研究を**「実践を通しての研究」**といいます。そして、その仮説の一般性を実験や調査などの科学的な方法によって検証することを**「実践に**

もっと詳しく！

（＊1）研究活動の結果、近年では役立つ介入方法だけでなく、役立たない介入方法も明らかになっている。

（＊2）このような過程では、実践者としての態度と、研究者もしくは科学者としての技能が必要となる。これが、現在欧米の臨床心理学に深く浸透している「科学者―実践者モデル」という考え方である［⬇P32］。

関連する研究」と呼びます。

左図のように、「実践を通しての研究」と「実践に関連する研究」をくりかえして、新たな理論（モデル）が生まれます。臨床心理学の研究活動は実践活動と重なり合いながら、発展する関係となっているのです（＊2）。

また、これらの研究活動を通して、臨床心理学は社会に対し、学問としての有効性を科学的に証明することができます。つまり、**研究活動は「専門活動」の一端も担っており、**臨床心理学では実践、研究、専門といった、それぞれの活動が重なり合って存在しているといえます。

研究活動の構造

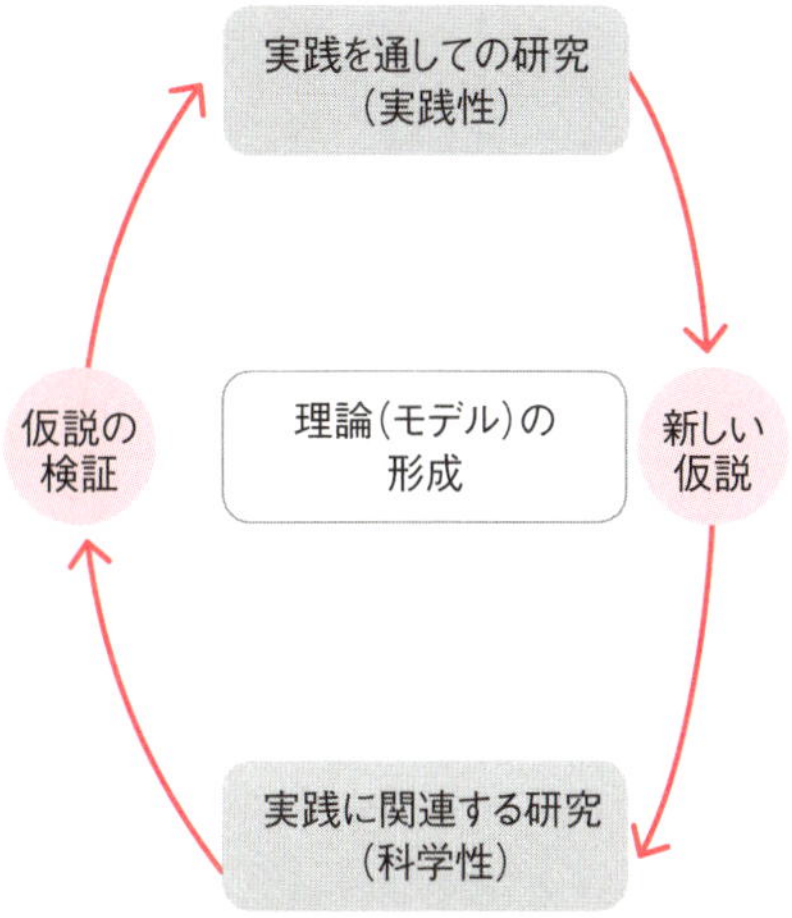

「実践を通しての研究」で新しい仮説を立ち上げ、「実践に関連する研究」でその仮説の内容を検討する。そのような過程を経て新しい理論（モデル）が形成され、臨床心理学がさらに発展していく。

臨床心理学の活動 4

臨床心理学の専門活動

ひとつの専門的な学問として社会的な貢献を果たすための活動を指します

学問的専門性と社会的専門性

臨床心理学が**ひとつの専門的な学問として、社会的な貢献を果たすための活動が「専門活動」です。**臨床心理学が市民生活にとって有効なものであることを説明し（＊1）、誰もが安心して利用できるように臨床心理士の教育制度などを整え、臨床心理学の活動を社会制度の中に組み込んでいく作業を指します。

臨床心理学は専門活動以外に実践活動、研究活動という、あわせて3つの活動から構成されています。これらの活動は左図のように、互いに影響し合い、一部が重なった構造になっています。

まず、基盤にアセスメントと介入からなる実践活動があり、それが「実践を通しての研究」として研究活動の一部を担っています。さらに、研究活動により臨床心理学の有効性を実証することで**「学問的な専門性」**を確立します。また、その専門性をいかして社会に貢献することで、**「社会的な専門性」**が認められるのです。

社会制度としての認知

近年、世界的に見て**臨床心理学は社会的な専門性のある活動として認知されてきています。**米国ではすでに1945年以来、臨床心理士の法制度、教育・訓練システム、倫理などが整えられてきました。また、英国でも英国心理学会によっ

これも知っておこう！

説明責任

（＊1）専門家が行う事柄について、社会に情報を提供し、その存在意義を市民が納得できるように説明する義務と責任のこと。アカウンタビリティともいう。たとえば医療や福祉のように、説明責任を果たして社会への貢献が認められ、社会システムの中に適切に位置づけられることで、社会的専門性が確立される。

て認定された臨床心理士は、国民健康サービスという機関に准公務員として採用され、国民の精神の健康を保つための専門家として広く活動しています。

日本においては、１９９０年代から受験戦争、不登校、いじめといった問題が多発していた教育の場でスクールカウンセラーの必要性が認められました。ここで初めて臨床心理学の専門活動に国家予算が出され、社会的専門職として認知されたのです。今日ではさらに、資格制度や教育訓練システムの整備といった専門活動としての発展のための動きが具体的に始まっています

臨床心理学の全体構造

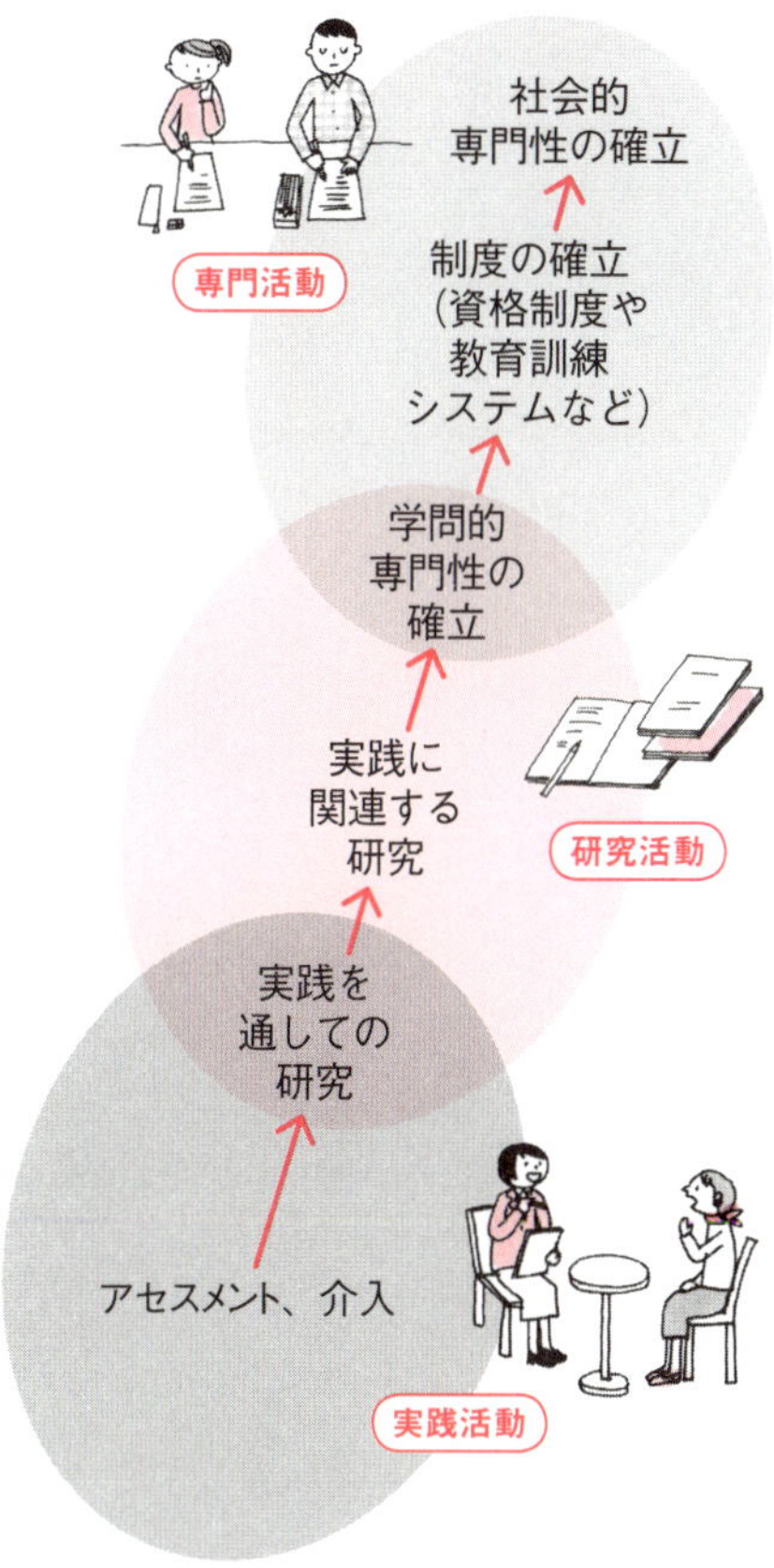

実践活動、研究活動、専門活動は別々ではなく、上図のように重なり合った構造をしている。臨床心理学が専門的な学問として社会に認められるために、学問的専門性と社会的専門性を確立することが必要とされる。

臨床心理学の基本理念
1

科学者―実践者モデル

科学性と実践性の両立が、臨床心理士に求められる基本姿勢です

「科学的な態度」の必要性

臨床心理学では**「心理学研究者としての科学的な態度」と「臨床心理士としての実践的な態度」の両方が求められます。**これを「科学者―実践者モデル」といい、1949年、米国でのボルダー会議（＊1）にて確立された、臨床心理士の専門性を表す基本理念です。

このふたつの視点のうち、日本では「科学」という言葉がもつ客観的で無機質な印象が、「心」を扱う臨床心理学のイメージには合わないと思われることもあるようです。確かに、臨床心理学では人間の心理的な問題を解決することを目指し、クライエントの主観性や自己を尊重することが実践の基礎となっています。しかし、取り扱う対象は主観的な苦悩だけにとどまりませんし、また主観性にこだわることによって、臨床心理士の活動そのものが主観的で独りよがりになる危険もあります。そうならないためにも、**問題は何かということを客観的に探り、分析する視点、つまり科学的な態度が必要**になってくるのです。

「科学性」と「実践性」の両立

臨床心理士に求められる科学性とは、たとえば数量化された自然科学的な研究だけを指しているわけではありません。事実を客観的に観察し、仮説を立ててそれを検証し、得られた証拠をもとに合理

もっと詳しく！

（＊1）この会議では、臨床心理士になるには、実践技能の訓練を受けるとともに、博士論文として科学性のある心理学研究論文を書く必要があるとされた。

的に進めていく考え方や手法もこれに含まれます。つまり左図にあるように、アセスメントと介入という**実践の場面においても、科学的な視点で行うことが求められる**のです。

ところが、今日の日本の臨床心理学においては科学性と実践性の両立ができているとは言い切れないのが現状です。また日本では、臨床心理士を育成する過程で研究に関する訓練が不十分である場合が多く、科学者としての姿勢を身につける必要性が軽視されがちです。この課題をクリアすることが、これからの臨床心理学に求められています。

実践活動での科学性な態度

アセスメントと介入のシーンでも、科学的な視点で行うことが求められている。

アセスメントのシーン

- アセスメントの方法は妥当か、不足はないか確認する
- アセスメントの結果を科学的に読みとく

介入のシーン

- 適切な介入方法を選択したか検証する
- その介入方法の有効性を検証する

アセスメントや介入などの実践活動でも、科学的な視点にもとづいて検証しながら実施することが必要である。

臨床心理学の基本理念 2

エビデンスベイスト・アプローチ

「科学的な根拠（エビデンス）」という視点を得て、臨床心理学は発展をとげました

実証にもとづく臨床心理学

近代的な臨床心理学の基本理念に、**「エビデンスベイスト・アプローチ」**があります。これは、**科学的な根拠（エビデンス）にもとづいて心理的なサポートを行おうとする考え方のことです。**

初期の臨床心理学はさまざまな学派の心理療法の寄せ集めでした。そのような臨床心理学に対し、心理療法の効果という点に関して疑問が呈されました。これに応えるものとして発展してきたのが、エビデンスベイスト・アプローチです。この考え方の登場によって、心理療法の学派間に起きていた対立（＊1）が解決され、臨床心理学がひとつの専門的な学問としてまとまる方向に向かったのです。

他職種とのコラボレーション

エビデンスベイスト・アプローチは臨床心理学内の統合に影響を与えただけではなく、**外部の他職種との間にコラボレーションを関係をつくりあげるうえでも役立ちました。**

たとえば、クライエントのかかえる状況の多くは、精神医学的な問題とも結びついています。そのため、精神科医をはじめとする他の専門職と連携するためのコミュニケーションを的確に行えることが臨床心理士に求められるようになりました。そのためには、エビデンスベイスト・アプローチという共通認識にもとづ

もっと詳しく！

（＊1）フロイトの精神分析（P174）による心のとらえ方は主観にもとづくものだった。それに対し、スキナーやアイゼンクによって提案された行動療法（P180）は、心を客観的に観察可能なものとしてとらえ、科学性を重視した。結果、両者との間に対立が起きた。

これも知っておこう！

DSM（精神障害の分類と診断の手引き）

（＊2）精神医学との協働作業を進めるにあたり、共通の判断基準として活用されているのが「DS

き、精神医学と臨床心理学がともに協力し合いながら問題のメカニズムとそれに対する介入法を研究し、有効な方法を開発することが盛んに行われるようになりました（＊2）。

このようなコラボレーションは専門的な活動としての臨床心理学をさらに社会に根づかせる原動力となっていきました。

エビデンスベイスト・アプローチの発展

エビデンスベイスト・アプローチの誕生

草創期　各学派がそれぞれの主張のもと活動

「どの学派の心理療法が有効か」をめぐって学派間の対立が表面化

↓

1952年　行動療法（➡P180）の研究者アイゼンクが発言

心理療法は効果がない

心理療法による介入の効果研究が注目される

↓

1977年　多数の科学的な分析をしたスミスによって、心理療法の有効性は比較的高いことが明らかに

「どの学派の心理療法が有効なのか」から
「どの心理療法がどの問題に効果があるのか」へ

「面接技術に関するエビデンス」「アセスメントに関するエビデンス」などの研究がすすみ、現代も発展し続けている。

エビデンスベイスト・アプローチにおける実践活動

エビデンスベイスト・アプローチでは、次の方法に準じて実践活動を行うことが推奨される。このような方法によって、それぞれの介入法の効果を検証することができ、また、その結果をほかの臨床心理士も実践にいかすことができるようになった。

1. **スタンダードなアセスメント法を用いて、クライエントの変化を客観的に検証する。**
2. **効果研究を通して、介入方法を吟味し、その介入方法をよりよいものにする。**
3. **その結果を系統的に整理し、社会に公表して、第三者が利用可能な状態にする。**

M」という分類方法である（➡P126）。

臨床心理学の基本理念 3

生物―心理―社会モデル

クライエントの問題を解決するため、各専門家が協力体制をつくります

3つの要素とアプローチ

かつて、医療の領域では病気に対して生物学的な要因しか考慮されず、身体のことだけが治療対象でした。しかし、このような生物医学モデル（＊1）の限界が指摘され、代わりに提案されたのが「生物―心理―社会モデル（＊2）」です。

このモデルは**生物、心理、社会という3つの要素**から構成されます。まず、生物的には、細胞や遺伝、神経、細菌などが問題の要因となります。これらに対し、医師、看護師などのスタッフを中心に行われる、手術や薬物治療やリハビリなどによってアプローチします。

次に、心理的には、認知、信念、感情、ストレスなどが要因となります。臨床心理士によって、心理療法や心理教育（➡P232）などの認知行動的アプローチが行われます。それにより、自分の病気や環境に適切に対応できるように考え方（認知）や行動の仕方を改善します。

そして、社会的には、家族や地域の人々のソーシャルネットワーク、生活環境、経済状況、人種や文化などが要因となります。社会福祉士や児童福祉司などの福祉職が、社会復帰への訓練や家族へのサポート、福祉サービスの提供などの社会福祉的アプローチを行います。

サポートネットワークの構築

このモデルで重要なのは、各専門家が

もっと詳しく！

（＊1）このような医療モデルでは、医師が中心であり、臨床心理士や看護師、社会福祉士は医師の補助的な役割（パラメディカル）として患者に接していた（➡P14）。

（＊2）1977年、ロチェスター大学の精神科医であったエンゲルが提案した理念。この理念が主張された背景には、生活習慣病や痛みに対するケアやストレスによる病気など、医学が取り扱う問題が多様化したため、細菌やウイルスといった生物学的な原因を治療するという考え方だけでは

ばらばらに自分の得意分野に特化したサポートを行うのではないということです。

人間は生物的側面、心理的側面、社会的側面が互いに関係しながら生活しています。はじめはひとつの側面だけでも、最終的には他の側面に影響が出てきます。

そのため、問題解決には**さまざまな専門職が互いの専門性を尊重しながらネットワークを築き、コラボレーションすること**が大切になってきます。

生物—心理—社会モデルの構成要素

各側面の専門家が下図のような枠組みのもとでネットワークをつくり、協力しながらクライエントの問題解決のサポートを行う。

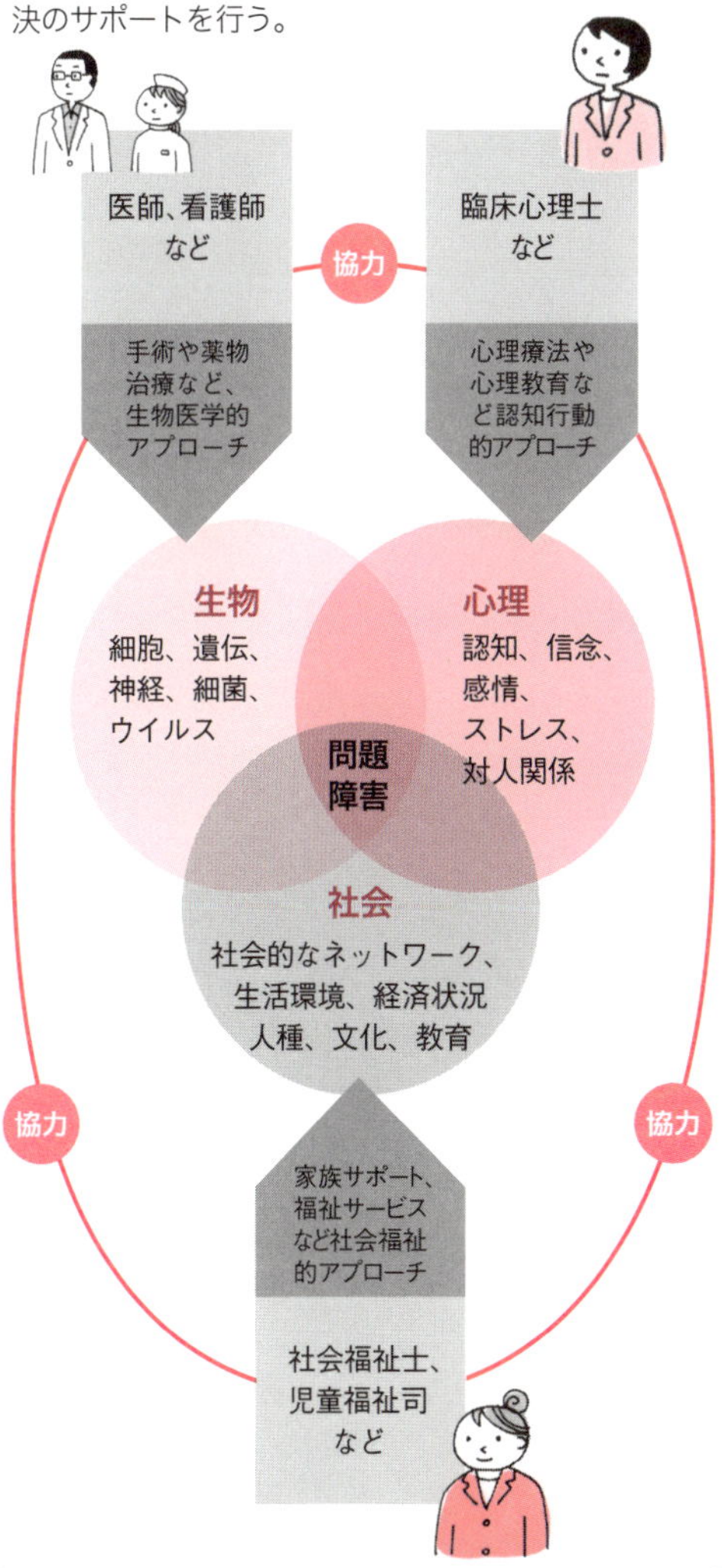

対応しきれなくなったことがある。

臨床心理学の基本理念 4

ナラティブ・アプローチ

客観的な事実よりも、クライエントの語る物語を重視するアプローチ法です

クライエント自身の「物語」に着目

1990年代、「ナラティブ・アプローチ」という概念が生まれ、それ以降、心理学や臨床心理学の世界で「物語」「ナラティブ」「ストーリー」「語り」といった言葉に注目が集まるようになりました。

この考え方では、事実そのものよりも、その出来事に関してクライエントがいだいている物語を重視します（＊1）。**たとえそれが事実ではなく、つくりごとが混じっていたとしても、クライエント本人が納得できる物語がクライエントにとっての真実である**と考えます（＊2）。

「ナラティブ・セラピー（⇒P198）」という語りを重視した介入法では、クライエントが自分について語ることを中心に行います。そうして語るうちに過去の認識や経験に新たな意味を見つけ、自分の過去の物語に納得することで、問題を乗り越える力を身につけていくのです。

近代化における「物語」の変化

もともと、近代化以前の社会では宗教や神話の物語（ナラティブ）が文化の中心となっていました。当時、人々は小規模な地域共同体で暮らし、その共同体がもつ宗教や神話の物語で語られる規律に従って生活していたのです。

しかし、近代化によって共同体が解体されたことで、宗教的な物語が弱体化していきます。このような近代化によって

もっと詳しく！

（＊1）「科学的な実証」を重視するエビデンスベイスト・アプローチでは、このような個人の物語を理解することが難しい。また、この枠組みでは社会で多数派の意見が力をもつことになり、社会的に抑圧された者や少数派の意見は見過ごされがちである。そのため、さまざまな意見をもつ人々がいるという現実をとらえきれないという、批判が生じた。

（＊2）ナラティブ・アプローチは客観的な事実ではなく個人の物語を重視するが、科学性を重視

人々はよりどころを失い、精神的な不安感や孤独感をいだくようになっていきます。それらを解消するために生まれたもののひとつが心理療法でした〔P19〕。
そして現在、グローバル化した情報社会を生きる私たちは、無数の情報にさらされて生活しています。インターネットや携帯電話といった情報ツールを通して、多様な生き方の物語を気軽に疑似経験できるようになりました。その結果、生き方についての自己の物語を見失う可能性も出てきました。このような状況では、改めて自分自身の物語をもつことが生きていくうえで重要となっています。

するエビデンスベイスト・アプローチと対立する考えというわけではない。臨床心理学ではエビデンスベイスト・アプローチが基本にあり、その限界を補うのがナラティブ・アプローチである。

物語(ナラティブ)の変化

近代化以前

- 地域共同体に伝わる宗教や神話の「物語(語り)」を通して自分の内面に目を向ける

↓

近代化以降

- 共同体の解体による宗教的な「物語」の弱体化
- 個人の「物語」を重視

↓

現代

- グローバル化した情報社会の中で自己の「物語」がより重要に

現代の情報社会を生きる私たちは、生き方に関する多様な「物語」を見聞きするようになった。その結果、自分自身の物語も見失う可能性も起こるようになった今、ナラティブ・アプローチが臨床心理学の重要なキーワードとなっている。

臨床心理学の基本理念 5

エンパワーメント

クライエントが主体的に問題を解決できるように、臨床心理士が援助していきます

法律用語から生まれた幅広い概念

「エンパワーメント」とは、医療・福祉・発展途上国の開発援助など、さまざまな分野で用いられる幅広い概念です。もともとは「権利や権限を与えること」という意味の法律用語でした（＊1）。それが、社会福祉学などに取り入れられて、現在では**「社会的に差別や搾取を受けて社会的弱者となり、自分自身で問題を解決していく力（パワー）を奪われた人々が、その力を取り戻すプロセス」**を意味するようになりました。

臨床心理学のクライエントは、まさに自分自身で問題を解決する力が弱っている人々です。臨床心理士は本来そのような人々が自ら問題を解決できるようにサポートする立場です。しかし、臨床心理士のサポートが一方的であれば、クライエントが自ら判断して問題解決をする力を奪って無力化させ、臨床心理士への依存度を高める原因となってしまいます。

そこで、必要となるのが**「インフォームド・コンセント」**です。サポートの内容を事前に説明され、いくつかの選択肢を提示されることで、クライエントの主体性が尊重されます。

エンパワーメントの留意点

エンパワーメントを実践するにあたり、サポート側が気をつけなければいけないのは、責任の放棄をしないことです。

もっと詳しく！

（＊1）この言葉は、1960年代になるとアメリカの公民権運動を契機とする社会改革活動のなかでも用いられるようになり、その後、医療・福祉など援助領域にも広がっていった。

（＊2）臨床心理士は問題の成り立ちの仮説を立て、介入の計画を立てる。これを「ケース・フォーミュレーション（⬇P48）」といい、インフォームド・コンセントの際に説明する。たとえその介入計画が、クライエントのニーズと異なっていても、責任をもって専門

選択肢を提示し、クライエント自身が解決方法を選択する権限をもったとしても、それは**単純にクライエントのいうがままにするということではありません**。

専門職としての見解を説明したうえで話し合い、クライエントと臨床心理士の双方が納得できるところを探り、合意していく作業が重要なのです（＊2）。

的な見解として提案することが臨床心理士の役割である。

エンパワーメントの過程

実践活動の以下のようなプロセスも、クライエントがエンパワーメントを実感するために重要である

1 アセスメントを行う

臨床心理士はクライエントの面接、観察、検査を行い、問題の成り立ちの仮説と介入の計画を立てる（ケース・フォーミュレーション）。

↓

2 インフォームド・コンセントを行う

臨床心理士はクライエントに、問題を解決・改善するためにどのような介入方法があるかという専門的な見解（ケース・フォーミュレーション）を提案する。

↓

3 クライエントのニーズを聞く

↓

4 話し合う

いくつかの選択肢の中から、双方納得できるところを探り、合意するまで話し合う。

↓

5 介入方針を決定する

介入方針の決定にかかわることでクライエントの主体性が尊重される。そのことがクライエントのエンパワーメントを実感する助けとなる

臨床心理学の基本理念 6

コラボレーション（協働）

専門が違う人々が、互いに協力し合いながら問題の解決を図ります

異なる職種での協力を表す

「コラボレーション（協働）」とは、「**立場が違う人々や機関が、共通の目的の達成のために責任と資源を共有し、対等な立場で意見を出し合って会話を重ねながら活動を発展させていく協力体制**」のことです。異なる職種や立場の人々（＊1）が、互いに対等にかかわり、影響を与え合うチームワークの形態を指します。

コラボレーションという考え方は欧米では1970年代から広まり、1990年代に医療・福祉・教育など人に対して援助サービスを行う領域で重視されるようになりました。日本でも2000年代に入ってから注目を集めています。

コラボレーションのほかにも、異職種間の協力体制には「コンサルテーション（⬇P228）」「リファー（⬇P230）」「コーディネーション（⬇P230）」など、さまざまなかたちがあります。

コラボレーションのメリット

コラボレーションがもたらすメリットは主に3つあげられます。第1に、**クライエントに利益がよりもたらされる**ということです。専門家によるチームワークにより相乗効果が生まれ、さまざまなサービスを提供することができます。

第2に、**サポートする側にもメリットがある**ということです。チームで支え合うことで、一部の専門家の負担が重くな

もっと詳しく！

（＊1）この異なる立場の中には、クライエントの家族などの専門家ではない関係者も含まれる。

（＊2）コラボレーションが成立するためには多くの課題もある。たとえば、チームで援助計画を立てるために、個人で行うより融通がきかなくなることがある。結果、各専門職がそれぞれの専門性を追求することや、クライエントの状態の変化に応じて方針や目標を細やかに調整することが難しくなることもある。こうした課題を乗り越えるには、情報共有の仕方を

ることを防げます。また、他職種の専門家とコミュニケーションをとることは自分の専門性を見直す機会にもなります。

第3には、**新たなサービスが生まれる可能性**があるということです。異なる立場の人々が直接顔を合わせ、クライエントのニーズを把握することは新たなシステムを開発する力となります（＊2）。

工夫することや、他分野の専門性を理解し尊重するなど、さまざまな工夫が必要である

コラボレーションのかたち

うつ病となった生徒へのコラボレーション

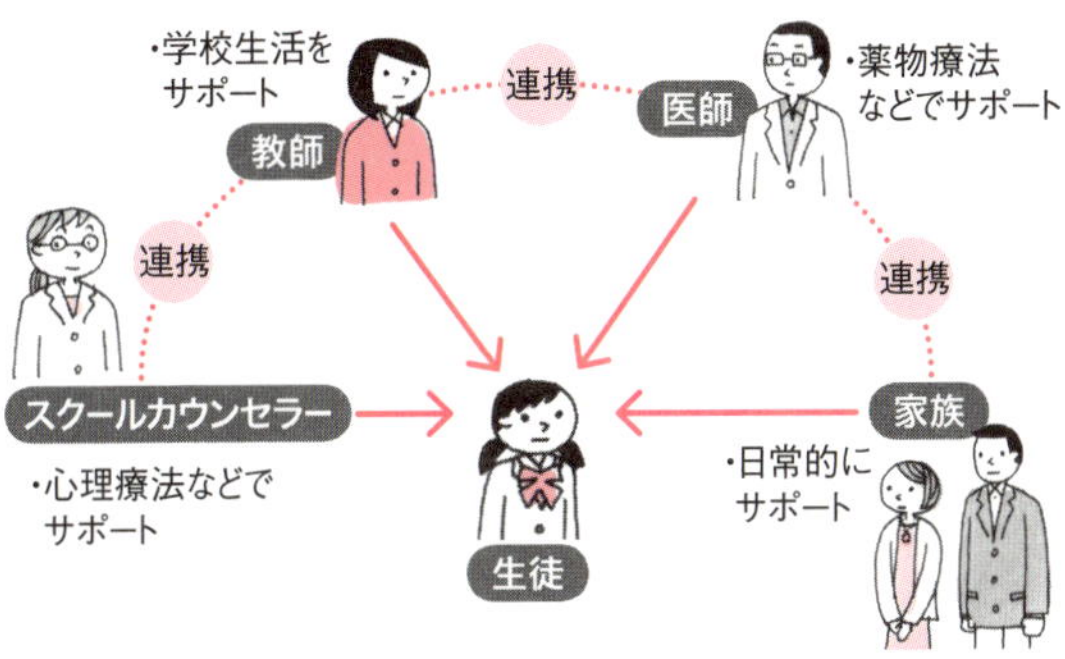

高齢者支援でのコラボレーション

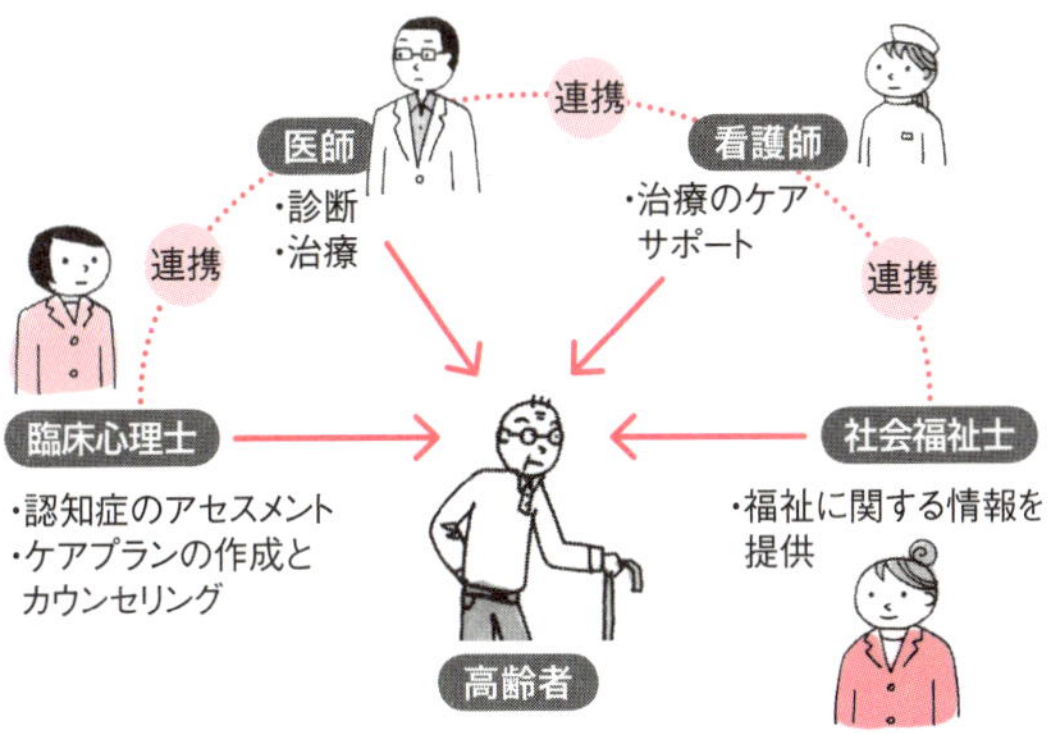

立場の違う人々がそれぞれの専門的な知識やサポート力をいかして、問題の解決にあたる。連携し合う人々に中には、臨床心理士や医師、看護師といった専門家だけでなく、家族などの関係者も含まれる。

事例に見る臨床心理士の仕事 1

初回面接

高校２年のマナミさんと母親は、精神科クリニックからの紹介で大学付属の臨床心理相談室を訪れました。担当となった臨床心理士が「どのようなことで困っているのか、お話ください」と、話を切り出したところ、主に母親が語り始めました。その内容は次のようなことでした。

- 中学２年から忘れ物をしていないかと登校時にチェックしはじめるようになった。現在では何回もチェックするため遅刻するほどの状態となっている。
- 加えて、自分の手が汚れていると何回も手を洗うようになった。寝る前には鍵や戸締まりの確認を何度もする。
- 最近では落ち込みがひどく、「死にたい」と漏らすこともある。

母親が話しているあいだ、マナミさんはとても緊張し、警戒しているように見えました。臨床心理士が「マナミさんとしてはどうですか」と質問したところ、小さな声で話し始めました。「学校から帰ってくると自分が汚れていていやな感じ。だから手洗いをするんだけど、自分でもちょっとおかしいとは思う。やめたいと思うけど、やめるよりも洗った方が安心する」

さらに、臨床心理士は以下のような質問を重ねました。

- いつごろから症状が出始めたのか。
- 家族構成や家族との関係。
- 過去の病歴や現在の身体疾患。
- これまでの治療歴。

相談室を紹介した精神科医の紹介状にもこれまでの経緯が明記されており、同時に「強迫性障害の患者さんです。病気という認識がなく、薬をのむことを拒否しています。ご本人より家族の方が困っています」と書かれていました。

ここでのPoint

臨床心理学で取り扱うようないくつかの事例を通して、実践活動の内容をみていきましょう。

初回面接では、まずクライエント本人や家族に自由に話してもらいます。そして、足りない情報を臨床心理士が質問するかたちで収集します。2章P50で述べたとおり、クライエントによっては緊張していたり、警戒していたりする場合もあります。このとき大切なのは、クライエントの様子を観察しながら問題の成り立ちを探ると同時に、クライエントとの間に信頼関係を築くことです。

PART 2

アセスメント

問題が何かを見極めるために行うアセスメントについて紹介します。

ここで扱うテーマ

- アセスメントとは何か
- アセスメントの進め方
- アセスメントの技法

アセスメントの基礎 1

アセスメントとは何か

クライエントの状態を調査し、問題解決のための方針を決める作業です

「診断」との違い

「アセスメント（査定）」または「心理アセスメント」とは、実践活動で最初に行う作業です。**クライエントの情報を収集・分析し、問題について総合的な評価を行います**（＊1）。心の問題を解決するためにどのような介入〔P168〕をするとよいのかを探るのに必要な過程です。

アセスメントは「診断」と混同されることがあります。たとえば、精神医学では心の問題を病気として診断し、治療が行われます。一方、臨床心理学では病気と診断されないような問題も取り扱います。さらに、アセスメントでは心の問題そのもの以外にクライエントの心理的な傾向も調査します。その点で、アセスメントは診断とは性質が異なります。

また最近では、アセスメントにおいて心の問題や心理的な傾向についてだけでなく、行動パターンや生活環境の特徴といった、さまざまな面から情報を収集するようになっています。

アセスメントの進め方

アセスメントの主な情報収集法には左図のように「面接法」「観察法」「検査法」といった3つがあります。また、基本的に次の5段階にそって進められます。

❶**受付段階**：基礎的な情報（状況や申し込み理由）を確認し、クライエントの申し込みを受け付けます。❷**準備段階**：受

これも知っておこう！

アセスメントの始まり

（＊1）心理学用語として初めて「アセスメント」が登場したのは、第2次世界大戦中のことである。ハーバード大学のマレーが、戦略事務局の適任者を選抜するために開発したプログラムがアセスメントの始まりといわれている。リーダーシップや勇気など、人格の中の価値ある面を見いだすことが目的だったため、あえて「診断」という用語を使用しなかった。

付で得られた情報をもとに、アセスメントの計画案を練ります。**❸情報収集段階**：必要な情報を得るため、クライエントへの面接、観察、検査などを実施します。

❹情報処理段階：情報の分析結果を総合して問題を把握し、仮説を立てます。**❺結果報告段階**：仮説を、必要に応じてクライエントや関係者に伝えます。

アセスメントの情報収集法

アセスメントにおいて情報収集の技法は、大きく分けて下の3種類がある。クライエントの状況により、さまざまな技法を組み合わせて多角的な分析を行う。

1 面接法 (➡P52)

- 臨床心理士とクライエントが直接顔を合わせ、会話することで情報を得る

主な種類
構造化面接法、半構造化面接法、非構造化面接法などがある

2 観察法 (➡P54)

- クライエントの行動を観察することで情報を得る

主な種類
自然観察法、実験観察法、参加観察法などがある

3 検査法 (➡P56)

- クライエントへのテスト結果から情報を得る

主な種類
知能検査、人格検査、神経心理学的検査などがある

アセスメントの基礎 2

ケース・フォーミュレーション

問題を解決するために仮説を立てることで、より適切な介入計画につなげていきます

いわば問題解決への地図づくり

「ケース・フォーミュレーション」(＊1)とは、クライエントになぜその問題が生じたのか、問題はどのように変化しているのか、問題が解決せずに続いているのはなぜか、改善するためにはどのような介入が必要かといった点に関して**仮説を立て、実際に問題解決のサポートを行う際に反映させること**です。目的地にたどり着くための地図づくりにも似た重要なプロセスといえます。

実際には、アセスメントで得られた情報をもとに、クライエントひとりひとりの問題や状態を個別にとらえ、オーダーメイドな介入計画の作成を目指すものです(＊2)。また、「仮説を立てる→その検証をする」という作業を繰り返し行います。そのうえで、問題の改善がみられないようであればより適切な仮説につくり直す必要があります。

基本プロセス

ケース・フォーミュレーションは次の3段階の手順で進められます。

第1段階は「問題の明確化」です。「生きている意味がわからない」といったクライエントの漠然とした訴えにも、質問を重ねることで、「今の仕事が嫌い」など具体的な理由に導き、どのような変化を求めているのかを明らかにします。

第2段階では、問題を改善するための

これも知っておこう！

事例定式化

(＊1)ケース・フォーミュレーションのことを、日本語では「事例定式化」と呼ぶことがある。

もっと詳しく！

(＊2)精神医学は、症状を一般的な診断分類に沿って診断するシステムである。これはサポートする専門家の間で認識を共有するのには適しているが、症状の成り立ちや原因については考慮しない。そのため、時間経過とともに変化しがちな心の症状には必ずしも有効とはいえない。ケース・

「仮説を探索」します。クライエントが抱える問題に対して改善のためのポイントを絞り込み、仮説を立て、その裏づけのためのアセスメントを行います。

第3段階では、情報を要約して問題解決のための「フォーミュレーション（仮説の形成）」をします。

その後、実際に介入を行ってクライエントの問題解決に働きかけていきますが、その効果については常に検証が必要となります。そして、クライエントの変化が滞ったら、そのつど第1段階から第3段階までの手順を繰り返し、より適切な介入が行われるように改善していきます。

フォーミュレーションはこのような診断のデメリットを考慮し、個別の症状や問題の変化に合わせることを重視している。

ケース・フォーミュレーションの進め方

第1段階

問題の明確化

- クライエントへの面談、検査、観察といったアセスメントを通して、情報を収集する
- 得られた情報から問題を特定する
- クライエントがどのような援助を求めているのか明確化する

第2段階

仮説の探索

- 問題の原因と成り立ちについて仮説を立てる
- 仮説を裏づけるため、さらにアセスメントを行う

第3段階

フォーミュレーション

- 問題全体と介入に関する仮説を立てる
- 仮説をもとにクライエントと話し合い、目標の確認を行う

実際に介入した後も常にその仮説を検証し、効果が得られない場合は第1段階から第3段階の手順を繰り返して、より適切な介入を目指す。

アセスメントの基礎 3

アセスメントでの初回面接

クラエイエントへ配慮しながら、問題を明確化するために情報収集が行われます

初回面接で求められること

クライエントと臨床心理士がじかに接する機会が面接であり、とくに初めて出会う場である「初回面接」は重要です。クライエントによっては大きな緊張や警戒心をもつため、リラックスして臨めるよう、臨床心理士が事前の準備を万全にして迎え入れることが大切です（＊1）。

情報収集と信頼関係の確立

初回面接の課題は、問題を明確化するために情報を収集することです。まずは困っていることや臨床心理士のもとを訪ねたきっかけなどを、クライエントに自由に語ってもらいます。後半ではそれまでに得た情報に補足したい部分や語られなかったほかの情報について臨床心理士が質問をします。クライエントが臨床心理士のもとで問題解決に取り組みたいと思えるような、しっかりとした信頼関係を両者の間に築くことが初回面接の最大のポイントです。

　クライエントが語ることは問題そのものではなく、問題の結果として起こっていることだったり、問題のある一面だけだったりすることが往々にしてあります。問題の核心を見極めるためにも、主訴、来談の経緯のほか、現病歴、生育史、現在までの生活環境、過去の病歴、身体疾《しっ》患《かん》、家族歴（遺伝負因）など、基本となる情報をていねいに収集して、問題の全

もっと詳しく！

（＊1）クライエントがリラックスして初回面接に臨めるよう、臨床心理士は面接室の環境や身だしなみに気を配ったり、クライエントの名前や申し込み時の情報をしっかり頭に入れておくことが求められる。このような事前準備が信頼関係づくりに大きな役割を果たす。とくにクライエントが思春期であったり、来談が自発的なものでない場合には、面接の目的や臨床心理士の役割、所要時間についても、開始時に十分な説明が必要。

貌をつかむ必要があります。

このとき**臨床心理士に求められるのは、「クライエントの情報を正しく聞き取る」**ことです。的確なサポートのために、会話のテクニックを磨くことはもちろん、何よりクライエントの言葉や、しぐさ、表情など言葉以外のコミュニケーションを大切にする姿勢が重要となってきます。

初回面接の進め方

クライエントは初回面接で臨床心理士に初めて会う。

臨床心理士が心がけること

- クライエントの情報を正しく聞きとる
- クライエントの言葉や言葉以外のしぐさなどにも注意する
- クライエント自身の言葉で自由に話してもらう
- クライエント自身からは語られなかった情報を質問する

↓

初回面接がうまくいくとクライエント側は……

- 「わかってもらえた」と感じる
- 「この臨床心理士と一緒に問題を解決したい」と感じる

↓

クライエントと臨床心理士の間に信頼関係が形成される

アセスメントの技法 1

面接法による情報の収集

クライアントの顔を見ながら質問し、会話やしぐさ、表情から情報を収集します

面接法ならではのメリット

「面接法」とは、クライアントと直接会って話をしながら、アセスメントのためのデータを収集することです。クライアントが語る言葉の内容だけでなく、しぐさや表情など言葉に表れないような情報も収集できるのが大きな特徴です。

クライエントが質問内容を確認したり、臨床心理士が回答に対してさらに発展的な質問をしたりすることもできるので、より確実性の高い、深みのあるデータを収集することが期待できます。そのためにも、クライエントが「話したい」という気持ちをもてるよう、クライエントの言葉に誠実に関心を示し、話が横道にそれたら優しく戻す、回答へのためらいを感じたら無理強いしないなどといった配慮が臨床心理士に求められます。そのような過程を経て築いた信頼関係を、臨床心理学では「ラポール」と呼びます。

面接の種類と選び方

面接法は、質問内容や順序がどの程度決まっているかという「構造性」によって、次の3つに分類されます。

臨床心理士が準備した通りに進めるのが「構造化面接」です。また、話の流れに応じて**質問内容を追加・変更しながら進めるのが「半構造化面接」**になります。そして、クライエントに**自由に話してもらいながら話を深めていくのが「非構造**

もっと詳しく!

(＊1)「構造化面接」は医療現場でうつ病などの精神障害の把握のために用いられる手法。誰が行っても同じなので客観性が高い反面、質問項目以外の情報は得られない。「半構造化面接」は一定の客観性をもちつつも、面接者による自由な質問による新たな発見の余地があるのが特徴。また、「非構造化面接」は想定外の情報も得られるが、そのときどきによって得られる情報にばらつきが出るといった面もある。

化面接」です。

一般に、問題の仮説づくりが目的の場合には非構造化面接、すでにある仮説の検証が目的の場合には構造化面接を選びます（＊1）。臨床心理士は半構造化面接や非構造化面接では左図のようなさまざまな「働きかけ」を用いて進めていくことになります。

面接における働きかけの例

臨床心理士は下記のように働きかけて面接を展開させる。

導入　まず「**〜について教えていただけますか？**」と促す。

フォローアップ　「**なるほど**」などのあいづち、重要だと思われる話を繰り返す

探索的質問　「**それについてもう少し詳しく教えていただけますか？**」など、探りを入れる

明確化質問　「**そのときどう思いましたか？**」など焦点をしぼってたずねる

直接質問　「**〜したことはありますか？**」など、あるトピックを直接たずねる

間接質問　「〜したことはありますか？」とクライエント自身についてきくのではなく、「**〜をする人の話をきいたことはありますか？**」など他者についてたずねることによって、クライエントの考えを把握していく

構造化　「**では、今までと逆のことをおききしますが**」といった、面接の流れをつくる

沈黙　臨床心理士がだまることによって、クライエントが休止中に連想したり内省を促したりするきっかけになることもある

解釈的質問　「**〜ということですね？**」という言い換えによる確認や、「**そのときの気持ちはたとえると〜のような感じでしょうか？**」といった明確化を行う

アセスメントの技法 2

観察法による情報の収集

クライエントの自然な行動を観察。クライエントの負担も少ないのが特徴です

日常生活での自然な行動をチェック

「観察法」とは、ある状況下で対象となる人や行動を観察してアセスメントの情報を収集する方法です。日常生活上の自然な行動を観察するので、個人が実際にどのように振る舞うかをアセスメントするには、もっとも適切な方法といえます。問題となる行動が起きる頻度や強度などを把握しやすいうえ、乳幼児や障害児、高齢者、精神障害をもつ人にも取り入れやすいのがメリットです。クライエントの負担が少ない方法といえます。

その反面、プライベートな行動は観察できないなどの限界があることや、集められる情報が多い分、客観性が失われがちになるのがデメリットです（＊1）。

観察法の種類と特徴

観察法はいくつか種類があり、「どのような場面で」「どのようにかかわるか」によって異なります。

場面の違いでは、クライエントの自然な行動を観察する**「自然観察法」**と、設定された環境のもとでクライエントの様子を観察する**「実験観察法」**があります。

かかわり方の違いでは、クライエントの行動に臨床心理士が加わって観察する**「参加観察法」**と、ワンウェイミラー（マジックミラー）やビデオなどを通してクライエントには気づかれない状況で観察する**「非参加観察法」**があります。

もっと詳しく！

（＊1）観察法では「何を見たか」だけでなく、「何を感じたか」といった臨床心理士自身の考えや感情も、クライエントの理解のために必要となる。観察する側次第で得られる情報にズレが生じないよう、臨床心理士は日ごろから自分がどのような感じ方、もののとらえ方をしがちなのかを知る訓練を積むことも大切である。そうすることでより豊かで厚みのあるアセスメントができるようになる。

観察の方法と種類

観察する場面による違い

自然観察法

日常生活でのクライエントを観察する。日々の自然な振る舞いを観察できる。学習障害児〔➡P104〕の自然な行動を観察するのも用いられる。

実験観察法

設定された環境下でのクライエントを観察する。どのような条件の場合にどんな行動をどの程度しているのかを観察するのに適している。

観察時のかかわり方による違い

参加観察法

クライエントにじかにかかわって観察する。臨床心理士が何を感じ、どう行動したかも情報の一部となる。

非参加観察法

観察する側の存在を意識させずに観察する。状況に応じて柔軟に対応できないというデメリットがある。

アセスメントの技法 3

検査法による情報の収集

何らかの課題に答えてもらうことで、知能や人格などについて調べます

検査法の3つの種類

「検査法」とは、クライエントに何らかの課題に取り組んでもらい、その結果からアセスメントのための情報を収集する方法です。クライエントがもつ性質のどのような面について調べるかによって、3つの種類があります。

まず、知能指数（IQ）を調べるのに使われる**「知能検査」**があります。図形や数字、言語、絵などを用いてテストを行います。

次に、**「人格検査」**ではクライエントの欲求、態度、情緒、性格などについて調べます。性格検査、またはパーソナリティ検査とも呼ばれます。

そして、言語障害、認知症など高次脳機能障害（⬇P66）をもつ患者の診断・治療計画に用いられるのが**「神経心理学的検査（⬇P66）」**です。

人格検査の「質問紙法」と「投影法」

人格検査には「質問紙法（⬇P62）」と「投影法（⬇P64）」といった、性質の異なる2つの技法があります。

「質問紙法」はその名の通り、体や心の状態についての質問が書かれた用紙にあてはまる答えを記入してもらうものです。客観的で数量的な処理ができることがメリットです。

それに対し、**「投影法」**は抽象的な図版などを用い、クライエントが感じたこ

もっと詳しく！

（＊1）質問紙法と投影法の大きな違いは「検査の意図のわかりやすさ」である。質問紙法はあらかじめ決められた選択肢から回答するだけであるのに対し、投影法ではどのように反応すればよいか明示されず、あいまいな状態のまま進められるため、ときにクライエントに不安を与えてしまう。その反面、質問紙法はクライエントに検査の意図を予測され、回答を意図的に操作されるおそれがあるというデメリットがある。

とを回答してもらうアセスメントの方法です。クライエントの無意識レベルの深層心理を理解するのに適しています。

一口に人格検査といっても、収集したい情報によって適している技法が違います。それぞれ技法のメリット、デメリットをしっかりと把握し、適切に選択することが大切となってきます（＊1）。

質問紙法と投影法の違い

	質問紙法	投影法
検査意図	伝わりやすい 明確	伝わりにくい あいまい 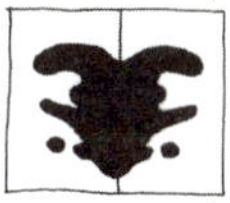
反応の自由度	多くは 「はい」「いいえ」など、 決まった答えを選ぶ	さまざまな反応が可能
検査時間	比較的短い 	比較的長い
検査の対象	集団の検査が可能	集団での検査に 向いていない
回答の操作	反応の操作が しやすい	意図的な操作が しにくい
採点や解釈	経験が未熟でも 比較的容易にできる	客観的で妥当性が 高い解釈をするのは 熟練を要する

質問紙法と投影法はともに人格検査の技法であるが、上記のように違いがある。どのような情報を収集したいかによって、適切に使い分けられる。

アセスメントの技法 4

検査法の種類①――知能検査の歴史と種類

知的能力を調べる検査。目的や対象によってさまざまな種類があります

ビネーの開発した検査から誕生

「知能検査」は、臨床現場、教育現場などでしばしば用いられる検査法です。

1905年に**フランスのビネーが、就学する子どもが授業についていけるかどうかを判別するための道具として開発した検査がその始まり**といわれています。

ビネーの検査に「精神年齢」「知能指数」といった概念を取り入れたのが、1916年に米国のターマンがまとめた「スタンフォード・ビネー式」です。いずれも、知能を「一次元の能力」としてとらえたもので、つまり、知能が高ければ知的作業に関しては優れていると想定された内容のものでした。それに反して「知能はさまざまな能力の総体である」という考え方が提唱され、1939年には「ウェクスラー式知能検査」が誕生しました。

このように、知能検査の開発は複雑な概念をもつ知能をどのようにとらえるか、その探求の歴史でもあるのです。現在は**知能を「脳の働きのうち、知的活動に関する側面」**というとらえ方が一般的です。この場合、感情や情動は含まれません。

IQの種類とその算出法

知能検査の結果を表す指標を知能指数(Intelligence Quotient:IQ)といいます。このIQには**「比率IQ」と「偏差IQ」があり**、算出方法が異なります。

比率IQはビネー式で採用されている

もっと詳しく!

(＊1) 比率IQは、最初に検査成績から精神年齢(その成績が何歳何か月程度の水準に該当するかの指標)を算出。これを生活年齢で割って100をかけて算出する。当該年齢の平均的な成績をとればIQ=100となる。

(＊2) 偏差IQは平均が100、標準偏差が15になるよう作成されている。理論上は85～115の間に約67%、70～130の間に約95%の人がおさまることになる。

もので、年齢ごとに並べられた課題に取り組み、その成績に精神年齢と生活年齢を用いて算出（＊1）します。実年齢より上の年齢の課題も解けているとIQが上がり、逆に実年齢より下の年齢の課題でつまずいていればIQが下がります。

一方、偏差IQはウェクスラー式で採用されているもので、同じくらいの年齢の大勢の人に検査を実施した際の得点分布を想定し、その分布の中でどのあたりにいるかを示す指標（＊2）になります。

いずれも一般的なテストなどの計算方法とは性質が異なるので、正しく理解することが大切です。

主な知能検査の種類と特徴

ビネー式

- いろいろ種類があるが、日本では「田中ビネー知能検査V」がよく利用される
- 2歳～成人が対象
- 比率IQを算出

ウェクスラー式知能検査

- 成人用の「WAIS」、学齢期用の「WISC」、幼児用の「WPPSI」の3種類がある
- 全体IQ、言語IQ（言語を用いて回答）、動作性IQ（主に作業によって回答）という3つのIQを算出できる
- 偏差IQを算出

K－ABC

- 米国のカウフマン夫妻が発達障害〔➡P102〕や学習障害の児童向けに開発
- 2歳半～12歳11か月が対象
- 能力不足なのか経験不足なのかを判断するときに利用される

日本で現在使用されている主な検査には、上記のようなものがある。なお、知能検査には個別実施式と集団実施式があるが、上記はすべて基本的に個別実施式である。集団実施式には「A式」「B式」などがあるが、「A式」は言語能力が大きく関与する検査で、「B式」は言語能力がそれほど関与しない動作性の検査である。

アセスメントの技法 5

検査法の種類②——知能検査の実施

子どもの発達状態をみるなど、さまざまな技法があります

知能検査の一種である「発達検査」

知能検査は就学や就職時の判断材料を得るための検査として開発された歴史があります。また、とりわけ**乳幼児や小学生の知的発達の問題を早期に発見するための検査**も開発されてきました。それが「発達検査」です。子どもの年齢や検査目的によってさまざまな種類があります。

幼い子どもの場合、知能だけを検査することが難しいため、発達検査では運動機能なども含めた発達を評価します。指標としては知能指数の代わりに「発達指数（DQ）」を、精神年齢の代わりに「発達年齢」を用います。その年齢に対してクライエントがどれくらいの標準的な発達ができているかをみることができます（＊1）。

IQを正しく理解する必要性

IQは日常でもよく用いられる言葉です。そのため、概念が一人歩きしてしまい、「賢さ」や「頭のよさ」が連想されがちです。

知能検査は「知能」を測るためのものではありますが、**それだけですべてを判断しないことが大切**です。検査結果には感情や意欲、人間関係といった、知能以外の要素や、そのときの状況も少なからず影響しているからです。

検査の使用や結果の解釈にあたっては、IQの値だけでなく、検査時のクライエ

もっと詳しく！

（＊1）乳幼児や就学までの子どもによく使われるのは「新版K式発達検査」である。姿勢や運動、情報処理や手指での対象操作、言語やコミュニケーションという3つの領域で発達をみるのが特徴。親や保育者が回答する形式のものとしては「乳幼児精神発達診断法（津守式）」などがポピュラーである。月齢ごとに「〜することがある」という行動指標が設定されており、子どもができる項目に○をつけ、集計することで発達をみる。

ントの様子や答え方などといった情報も合わせて、総合的に理解するように心がけます。

また、ある文化圏で同じ知能検査をするとIQの平均値は10年間で3点ほど上昇するといわれています。そのため、知能検査は**時代に合わせて改訂する必要があります**。

知能検査の特徴と注意点

知能検査と発達検査

知能検査の特徴は以下のとおりである。知能検査の一種に発達検査がある。

知能検査の特徴

- 脳の働きのうち、知的活動に関する側面を評価する
- 種類によって異なるが、2歳から成人を対象
- 「知能指数（IQ）」を使い、精神年齢と発達年齢で算出する

発達検査の特徴

- 知能を測定するのが難しい幼い子ども向け
- 運動などを含めて発達を評価する
- IQの代わりに「発達指数（DQ）」を使い、精神年齢の代わりに発達年齢で算出する

知能検査の注意点

知能検査の際には、以下のことに注意する

1. IQだけで判断せず、知能検査中の様子も判断情報のひとつとする
2. 検査結果は知能以外の要素（意欲、疲労、自信など）に影響を受ける。知能を判断するのに検査結果をすべてとしない

アセスメントの技法 6

検査法の種類③――人格検査・質問紙法

アンケート形式で情報を収集。研究や臨床の場面でよく用いられる技法です

回答を得点化してクライエントを把握

たとえば「体がだるい」「イライラする」などといった質問文に対して、**いくつかの選択肢の中からあてはまるものを回答するのが「質問紙法」**です。各選択肢に得点が振り分けられ、それらを合計することで**クライエントの人格や態度、行動上の特徴、心の健康状態を客観的にとらえる**ことができます。リッカート尺度（＊1）などが代表的です。

臨床心理学の研究や臨床では、質問紙法は面接法と並んでもっとも頻繁に使用されている技法ですが、左図のようにそれぞれにメリット、デメリットがあります。必要な情報の内容や時間、予算、クライエントへの負担などを考慮して、より適切な技法が使われます。

質問紙の選び方のポイント

質問紙はさまざまな研究者によって多くの種類が発表されており、**収集したい情報に対してよく使用されているものを選ぶことが大切**です。よく使用されているものは信頼性と妥当性が確認されており、一般人口における平均値や標準値が知られています。それらと比較して、クライエントのレベルをより正確に把握できます。

とくに心の異常を表す精神的な症状〔➡P124〕についてはスタンダードなものがいくつかあります。抑うつ症状である

これも知っておこう！

リッカート尺度

（＊1）回答にそれぞれの得点が振り分けられていることを質問紙尺度という。なかでも「リッカート尺度」は、あらゆる領域で広く使用されている質問紙尺度である。「あてはまる」「ややあてはまる」「どちらともいえない」「ややあてはまらない」「あてはまらない」といった5段階評定（5件法）で答えさせ、得点を合計して、そのデータをもとに統計を行う。場合によって、選択肢の数を変えた4件法や6件法などを採用する場合もある。

れば、「ベック抑うつ質問票（BDI－Ⅱ）」など、不安症状であれば「状態・特性不安検査（STAI）」などが国際的に広く使用されています。

逆に、新しい症状や障害の場合には、新たに質問紙を作成することもあります。その際には、扱う症状への深い理解と統計的な知識が求められます。

質問紙法と面接法の比較

質問紙法

メリット
- 時間とお金が比較的かからない
- クライエントの負担が軽い

デメリット
- クライエントの誤解や理解不足があると正確さに欠ける
- クライエントが回答の操作をしやすい

面接法

メリット
- クライエントの誤解や理解不足に対して、その場で対応できる

デメリット
- 面接した側の雰囲気や態度によって、回答に影響が出ることがある
- 時間と手間がかかる

質問紙法は、面接法と並んでもっとも頻繁に使用されている技法である。多数のデータを集めたいときや、臨床心理士との面接において、クライエントのそのときの状態を把握する場面に適している。クライエントが自分自身について回答するものを自記式の質問紙尺度と呼ぶが、子どもについて回答する親評定、生徒について回答する教師評定などもある。

アセスメントの技法
7

検査法の種類④——人格検査・投影法

抽象的な質問に対する反応から情報を収集。無意識レベルの深層心理を測定します

被験者をあいまいな状況に置く投影法

人格検査のひとつである「投影法」は、「受ける側があいまいな状態に置かれる検査」ということが特徴です。クライエントには検査の意図が明かされず、最低限の説明しか行われません。

たとえば「バウム・テスト」では「実のなる木を1本描いてください」と指示されますが、それが何の木か、どんな実なのか、どう描くのかは指定されず、判断はクライエント自身にゆだねられます。

このように**抽象的な質問や課題にクライエント独自の意味づけをさせ、その人の無意識の特徴を調べる**のが投影法で、さまざまな種類があります（＊1）。

投影法の3つの用途と注意点

臨床心理学での投影法の主な用途は、**「人格の傾向や心の状態を調べる」**こと、またその結果をもとに**「介入の方針を立てるためのアセスメントに利用する」**ことです。さらに検査でのやりとり自体が**「クライエントとの関係作りの一端を担う」**ことも重要な側面です。

投影法ではあいまいな状況にクライエントを置くので、検査自体が不安感や抵抗感を招くこともあります。今後の介入をよりよいものにするには、つねにクライエントへの配慮を欠かさないことが大切です。様子次第では検査を中止するといった判断も必要となります。

もっと詳しく！

（＊1）状況によっては、性質の異なる投影法を組み合わせて実施する場合もある。たとえば、家族関係や対人関係などといった、クライエントが比較的日ごろ意識している部分を調べる「SCT（文章完成法テスト）」と、ふだん意識していない深層心理を調べる「ロールシャッハ・テスト」との組み合わせなど。心の浅い部分と深い部分を知ることでクライエントの人格特性をより立体的にとらえることができる。

代表的な投影法

SCT（文章完成法テスト）

文章の先頭を見せて、続きの文章を書かせる

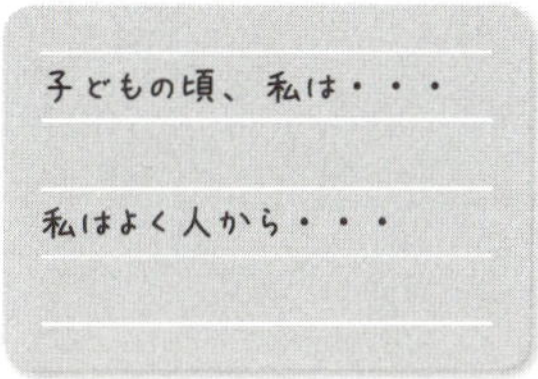

TAT（主題統覚検査）

人や風景が描かれた絵を見せて、物語を語らせる

ロールシャッハ・テスト

インクのしみでつくられた模様を見せて、何に見えるか問う

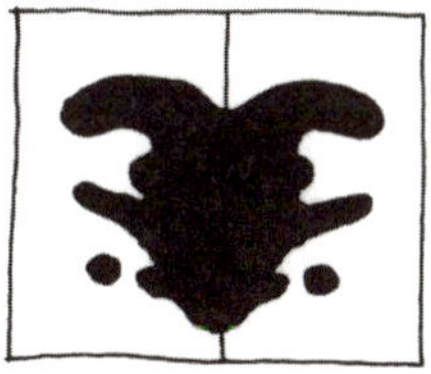

P-Fスタディ（絵画欲求不満テスト）

何も書かれていないマンガの吹き出しを埋めさせる

バウム・テスト

紙と鉛筆を渡し、「実のなる木」を描かせる

HTPテスト（家–樹木–人物描写テスト）

紙と鉛筆を渡し、「家」「木」「人」を描かせる。一枚の紙に全部描かせる場合と、それぞれ別の紙に描かせる場合がある

※TAT、ロールシャッハ・テスト、P-Fスタディで実際に使用するものは、検査の予備知識を与えないため、一般に公開されていない

アセスメントの技法 8

検査法の種類⑤――神経心理学的検査

脳に原因がある「高次脳機能障害」を診断するのが目的。症状に適した検査を選びます

「高次脳機能障害」とは

クライエントの問題が、脳に何らかのトラブルがあるために引き起こされていることがあります。たとえば、事故で頭を打ち、脳血管障害が起こると、脳が損傷を受けた結果として、失語や感覚失念、失見当識（＊1）、失行（＊2）、記憶力低下、健忘《けんぼう》症、注意障害といった症状が現れる場合があります。

このように、後遺症として**言語や行動、記憶などに障害が残った状態を高次脳機能障害といいます。**高次脳機能とは、言語や認知、行為、記憶など、大脳で営まれるさまざまな機能のことです。「神経心理学的検査」はそういった障害を診断するために開発された検査です。

神経心理学的検査の活用

神経心理学的検査は大脳の約30％を占める前頭葉の機能低下を診断する際や、認知症の患者にも用いられます。また、**心理的な問題が何らかの脳機能の低下によるものと考えられるときに、脳の損傷があるなしにかかわらず、実施されることもあります。**

神経心理学的検査では、それぞれの高次脳機能について個別の検査があります。その内容は、口頭での質問や文字や図形、絵などを書かせるほか、積み木を使うものもあります。医師が障害の診断をするだけでなく、他の専門家が治療やサポー

もっと詳しく！

（＊1）失見当識とは自分の置かれている状況が正しく認識できない状態。日時の認識がなくなったり、自分のいる場所がわからなくなったりする。脳損傷によって脳の機能が低下することが原因で、認知症にもみられる。

（＊2）失行とはある動作を行う能力の低下や喪失のこと。たとえば衣類を正しく着用できないなど。

これも知っておこう！

半側空間無視

（＊3）注意障害の一種。

ト、リハビリテーションなどの計画を立てたり、その効果を評価したりする際にも使われます。

まずは、簡単な内容の検査を使って、症状の有無をふるい分ける「スクリーニング」を実施します。その結果から左ページのような正確性の高いほかの検査を選択するのが一般的です。

高次脳機能と代表的な検査

高次脳機能	関連する主な脳部位	症状	検査
見当識・知能	大脳皮質全般	•失見当識 •知能低下	•改定長谷川式簡易知能評価スケール：HDS-R •Mini-Mental State Examination：MMSE •ウェクスラー成人知能検査改訂版：WAIS-Ⅲ
言語	上側頭回、下前頭回など言語領域	•失語（言葉を聞いて理解する、話す能力の低下や喪失） •失読	•標準失語症検査：SLTA •WAB失語症検査 •トークンテスト
記憶	海馬を含む側頭葉内側面	•記憶力低下 •健忘症	•ウェクスラー記憶検査改訂版:WMS-R •三宅式記銘力検査 •ベントン視覚記銘検査 •Rey-Osterriethの複雑図形検査 •自伝的記憶検査 •リヴァーミード行動記憶検査
注意	前頭葉、頭頂葉、右半球頭頂葉（半側空間無視（＊3）の場合）	•注意障害 •半側空間無視	•抹消検査 •Audio-Motor Method:AMM •ディジットスパンテスト •トレイルメイキングテスト：TMT •Paced Auditory Serial Addition Task：PASAT
実行機能（遂行機能）	前頭葉	•実行（遂行）障害 •前頭葉機能低下	•ウィスコンシンカード分類テスト：WCST •ストループテスト •トレイルメイキングテスト：TMT •流暢性テスト •ハノイの塔課題
視覚性認知	後頭葉、下側頭回	•失読	•標準高次視知覚検査：VPTA
行為	下頭頂子葉	•失行	•標準高次動作性検査

＊3 大脳の半球が損傷され、半側からのあらゆる刺激（視覚、聴覚、触覚など）を認識できなくなる。

アセスメントの技法 9

検査法の種類⑥——脳神経画像検査

脳のかたちや働きを実際に見る検査。障害の理解に必要な存在となっています

脳を直接的に調べる検査

心の働きと脳の仕組みには深い関係があることは昔からいわれていました。しかしかつては、実際に脳のかたちや構造を調べるには動物や死後の脳を解剖するしかありませんでした。

近年、脳科学の発達により脳の仕組みが明らかになるにつれ、その指摘が正しかったことが証明されました。また、**脳の神経画像を撮影する技術が登場したことで、生きている人間の脳を見ることが可能**となり、より深い理解ができるようになりました。さらに最近では、脳の働いている部位を血流量や電気信号の変化というかたちでリアルタイムに知ることもできるようになってきました。

こうした技術は年々進化し、臨床心理学のフィールドでも**脳神経画像はクライエントの症状を把握するうえでの重要なツール**となっています（＊1）。

脳神経画像検査の種類

脳神経画像検査はその目的によって大きくふたつの種類に分けられます。

ひとつは「構造神経画像」です。これは**脳の「かたち」、つまり脳の形態や構造を見るための検査**です。これには、コンピュータ断層撮影の「CT」と、核磁気共鳴撮影である「MRI」があります。どちらも体の断面図を映し出してくれますが、特にMRIは一方向だけでなく、

もっと詳しく！

（＊1）パニック障害（⬇P134）、強迫性障害（P140）、PTSD（⬇P142）といった障害についても、脳の形態や機能の面からの研究が始まっている。たとえば、PTSDの症状がみられるベトナム帰還兵はその症状を示さない帰還兵と比べると右海馬の容積が小さいという報告がある。記憶障害やフラッシュバック（⬇P142）などのPTSDの特徴的症状や、同じ体験をしてもPTSD発症の個人差があるなど、脳神経画像はこうした障害のメカニズムを解明するための、重要な鍵とな

あらゆる角度からの脳画像を見ることができるのが特徴です。

もうひとつは「機能神経画像」です。こちらは**脳の「働き」、つまり脳の活動状態や機能を空間的に見るための検査**で、陽電子断層撮影の「PET」や単光子断層撮影法の「SPECT」など、さまざまな技術が登場しています。なかでも機能的核磁気共鳴画像法「fMRI」は、脳の構造と機能の、両方の情報が得られるメリットがあります。そのため近年では、臨床心理学においてもfMRIを利用し、脳機能を調べる研究がなされるようになってきました

ると考えられている。

脳神経画像の種類

構造神経画像

脳の形態・構造をとらえるもの

コンピュータ断層撮影：CT

脳組織を透過したX線の伝導度を画像化。苦痛がほとんどないので、さまざまな疾患の検査のために広く使われている。

核磁気共鳴撮影：MRI

人体の構成要素である水素原子の性質を利用。CTよりも細かな差異を検出できる。

機能神経画像

脳の活動状態・機能をとらえるもの

陽電子断層撮影：PET

放射性同位元素化合物を対象者に投与し、その化合物から放射されるガンマ線をもとに画像化する。

単光子断層撮影法：SPECT

PETと同様に放射性同位元素化合物を対象者に投与し、その化合物から放射されるガンマ線をもとに画像化する。PETとはガンマ線の飛程方向を測定する方法が異なり、SPECTのほうが使用する薬剤の取り扱いが簡便。ただし、感度や機能はPETに及ばないといわれている。

機能的核磁気共鳴画像法：fMRI

MRI技術を脳の活動を測定するために開発されたもの。放射性同位元素化合物を投与しなくても、構造と機能の両方について、情報が得られる。血中ヘモグロビンの磁性の変化を利用して画像化する。

脳磁図：MEG

頭蓋表面の磁場の変化を測定する。脳の状態の時間変化をとらえるのに適している。

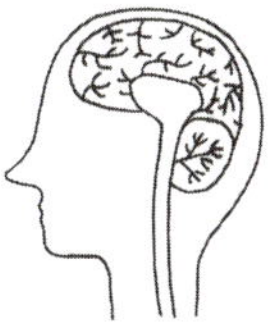

データの
分析技法
1

応用行動分析

クライエントをとりまく環境にも目を向けて、データを分析します

「刺激―反応」の連鎖に着目

介入の方針を決めるには、それまでにアセスメントなどで収集したデータの分析が必要となります。

「応用行動分析」は、データ分析の技法のひとつです。米国の心理学者スキナーをはじめとする行動療法学派〔➡P180〕の考え方から生まれた（＊1）もので、**問題を「個人」だけでなく「環境」との相互作用としてみる**ことが特徴です。

この技法では、環境側からの刺激によって個人に反応（行動）が生じ、その反応に対して環境側に変化が生じ、それがまた個人への刺激となる、と考えます。

つまり、クライエントの問題は、環境と個人の間で起きている**「刺激―反応」**という連鎖であるととらえるのです。

応用行動分析による介入

環境からの刺激を先行刺激、それに反応してクライエントが行動した結果生じる刺激を後続刺激と呼びます。介入を検討する際には、まず**クライエントの問題行動はどのような先行刺激によって生じているのか、さらにどのような後続刺激によって続いているのか、データ収集の段階から意識することが大切**です。そのためにもクライエントの行動だけでなく、問題が起きている環境を詳細につかんでおくことが重要となります。

そのうえで、左図のようなステップで

もっと詳しく！

（＊1）「オペラント条件づけ〔➡P180〕」から発展した行動療法のための、理論モデルである。

（＊2）具体的な介入法としては、計画的に先行刺激を与えてクライエントの反応をみたり（プロンプト）、その行動が次回からも生じるよう後続刺激を与えたり（強化）するような手法がとられる。自閉症などの発達障害をもつ児童の教育や福祉などの場で多く用いられている。

介入の方針を決定していきます。介入は「環境を整える」という、環境に働きかける方向と、「適切な行動を学習する」「行動のバリエーションを増やす」という、個人に働きかける方向のふたつがあります。いずれか、または両方の介入を行うことで、反応や刺激を変化させ、問題行動の軽減を目指します（＊2）。

応用行動分析による介入

応用行動分析の進め方

介入の目標を設定する

目標設定 誰が、何を、どのような状況で、どのような行動をしたら目標を達成したといえるのかを確認。

↓

行動の構成要素を細かく分ける

課題分析 目標とする行動は多くの場合、複雑な要素で構成されているので、細かく分析する。

↓

介入法の決定

目標とする行動の達成のために、どのようなステップを踏まなければならないか、どのような要素の介入をしなければならないかが見えてくる。

環境と個人の相互作用

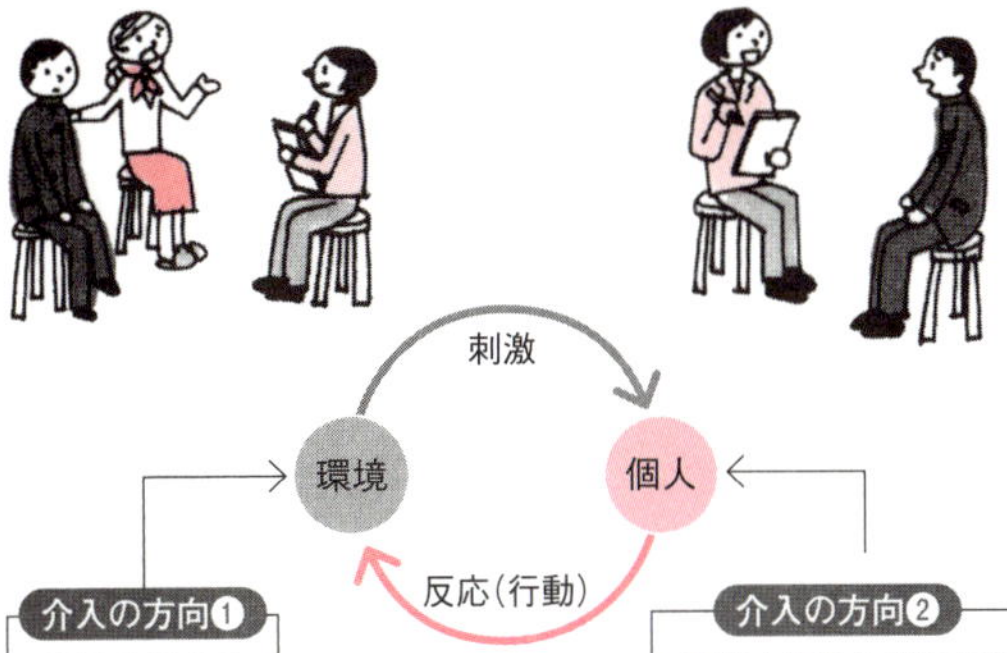

介入の方向❶
- 環境を整える

例
- 家族療法を行う〔➡P188〕
- 学校の教師や職場などに働きかけをする
- 利用できる公共サービスの情報を提供する

介入の方向❷
- 適切な行動を学習する
- 行動のバリエーションを増やす

例
- 認知行動療法を行う〔➡P184〕
- SSTを行う〔➡P234〕

データの分析技法 2

機能分析

問題行動がどうして続いているのか、そのメカニズムを探り、問題を分析します

問題行動のメカニズムに着目

「機能分析」とは、問題への介入方針を立てるうえで**「客観的にみると問題行動であっても、クライエントにとっては何らかの機能を果たしている」と考え、その機能は何かを探る分析技法**です。機能分析では、問題行動だけに着目することは避け、それよりもその行動を成立させ、続けさせているメカニズムこそが問題であると考えます。そして、そのメカニズムに潜んでいる問題の意味を探るのです。

反応の分析で問題を明確化

応用行動分析〔⬇P70〕が問題行動の「刺激―反応」という二者の関係性に着目するのに対し、機能分析は個人の反応の仕方を重視します。**「行為的―動作的」**反応、**「生理的―身体的」**反応、**「認知的―言語的」**反応といった、3つの反応を分析したうえで、その関連性を検討し、問題を継続させている悪循環を明らかにすることを目指します。

たとえば、左図の女の子のケースをみてみましょう。この子の問題行動は「とくに学校関連のものに触れた後に、手洗いを繰り返す」というものです。

分析にあたって、「繰り返される手洗い」に着目します（＊1）。この例では「学校から家に帰る」ことが刺激となり、「学校関連のものは汚染されている」という「認知的―言語的」反応が生じています。

これも知っておこう！

ミクロ的分析とマクロ的分析

（＊1）このように、あるひとつの問題行動に対する分析をミクロ的分析と呼ぶのに対し、問題行動をより広い視野でとらえるのがマクロ的分析である。マクロ的分析でとらえることで最終的には母親との対立、夫婦対立など、複数の問題が悪循環の連鎖によって維持されているという全体のメカニズムも明らかにされる。このような分析を行うことは介入の方針を立てるうえで大きな手がかりにもなる。

それにより生理的に耐えがたい不安感や不快感という「生理的ー身体的」反応が生じ、さらに不安感や不快感を振り払うための手洗いという「行為的ー動作的」反応が生じています。

こうした反応同士の関連性を知ることで問題が続いているメカニズムが明確になり、介入方針も立てやすくなります。

機能分析の具体例

例「とくに学校関連のものに触れた後に、手洗いを繰り返す」という女の子のケース

学校から家に帰る 先行刺激
▼
「汚染されている学校関連のものによって家が汚染される」と考える 反応
▼
不安・不快になる 感情反応
▼
手洗いを繰り返す 反応
▼
一時的に不安が解消する 結果
（しかし手を洗うのをやめると…）
▼
しかしまた不安になり、手洗いを繰り返す

母親がその行為を非難

洗浄行為が制限される状況に置かれる 新たな先行刺激
▼
「手を洗わないから家の中が汚れる」と考える 反応
▼
不安、不快になる 感情反応
▼
「学校のものに触らない。家族にも触らせない」という新しいルールにとらわれていく 反応
▼
一時的に不安が解消する 結果
（しかし少しでもルールに反することが起きると…）

家族をルールに従わせるように巻き込んでいく
▼
家族との関係や学校との関係が悪化する

データの分析技法 3

生態学的アセスメント

「人と生活環境の相互作用」に着目し、問題を分析します

生態学の考え方を応用

生態学とは、生物が生活環境にどのように適応しているかを研究する生物学の一分野で、いわば「生き物とその環境との相互関係」を扱う学問です。生態学的アセスメントはこの考え方をモデルに、「**すべての行動はその人が置かれている生活環境との相互作用の中に生じる**」という観点で、問題の分析を行います。

つまり、クライエントの行動にはその人の性質だけでなく、その人をとりまく環境すべてが関係していると考えるのです。実際には、左図にあげたような、ある環境におけるクライエントの行動の観察や、環境のとらえ方の調査などによって、環境とのかかわりを探っていきます。

環境改善のための介入に効果的

左図は、生態学的な視点で子どもの発達をとらえた「**ブロンフェンブレナーのモデル**」です。彼は、子どもをとりまく環境は、家族のようなミクロレベルから国などのマクロレベルまで、いくつかのシステムで構成されていると考えました。それぞれのシステムは独立せずに相互に関連していて（＊1）、子どもの発達に大きな影響を与えていると説いたのです。

こうした考え方はさまざまなコミュニティでの人間行動を把握できるだけでなく、環境をよくするための介入法を考えるうえでも有効です。

もっと詳しく！

（＊1）「ブロンフェンブレナーのモデル」の重要な点は、影響の方向は一方的ではなく、相互的であるということである。たとえば、子どもは親から影響を受けるのと同時に、子どもは親に影響を与えている。家庭での子育ても、子どもが参加していないはずの親の職場での人間関係や、職場の経験を抜きにして考えられない。行動の分析をする際は、こうした相互的な影響も加味する必要がある。

子どもの発達についての生態学的モデル

生態学アセスメントの技法

主な技法として次のようなものがある。

行動場面調査法（バーカーが提唱）

- 研究者が操作を加えない日常環境で、人間の行動を観察する（自然観察法）
- 調査時間内に起きた行動場面を、可能なかぎりあげていき、吟味し、記述する

社会風土尺度（モースが提唱）

- ある環境にいる人々が環境をどのようにとらえているか、質問紙によって明らかにする

ブロフェンブレナーのモデル

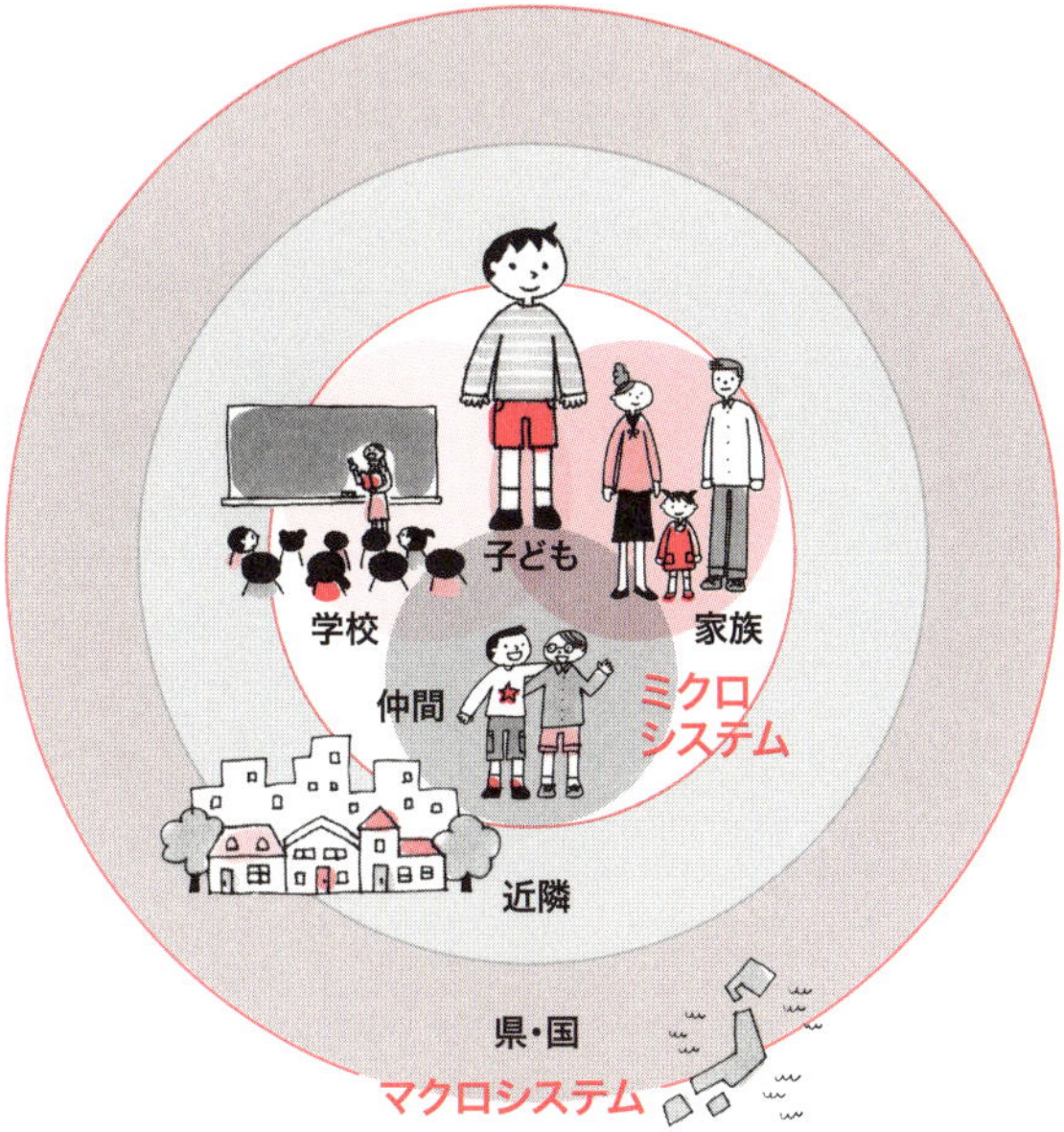

子どもの発達には家庭などのミクロレベルのシステムだけでなく、それらを包む大きなマクロシステムも影響を与えていることを考慮して問題をとらえる

事例に見る臨床心理士の仕事 2

質問紙の実例

27歳のカツヒロさんは精神科医から紹介されて臨床心理士のもとを訪れました。精神科医の紹介状には「強迫性障害の患者」とありました。初回面接のあと、臨床心理士はカツヒロさんに次のような質問紙検査を受けてもらいました。

強迫性障害症状チェックリスト

記入日　　年　　月　　日　　記入者：　　　　　　　　　　　（関係：本人）

以下は、強迫性障害の方によく見られる症状です。あてはまると思うものにチェックをしてください。症状は、強迫観念と強迫行為からなります。

強迫観念

☐ 汚れやトイレ、ばい菌に関することが過剰に気になる
☐ ねばねばするものが過剰に気になる
☐ 針のようなものが身体にささっているのではないかと過剰に気になる
☐ 自分が汚れをまき散らし、家族や周りの人が病気になるのではないかと心配になる
☐ 自分や他人を傷つけてしまうかもしれないと心配になる

強迫行為

•清潔さを保つことへの過剰なこだわり
☐ 長時間、一日に何度も手洗いを行う。あるいは洗い方に儀式的な決まりがある
☐ 手荒れがひどい
☐ 入浴、歯磨き、トイレなどに過度な時間をかける
•過剰な確認行為
☐ 戸締まりやスイッチ、コンセントなどを何度も確認している
☐ 忘れ物をしたのではないかと何度も確認する

〜一部省略〜

ここでのPoint

アセスメントの際、臨床心理士は面接や質問紙などを使って、クライエントに関するデータを収集します。上記は強迫性障害の症状がどの程度あるのかを探る、質問紙の具体的な一例です。このとき、質問紙を受ける様子も観察します。カツヒロさんはドアノブに触ることができず、ドアが閉まっているかを確認していました。その姿からも、臨床心理士は強迫性障害との判断で進めることにしました。

PART 3

人の発達と心の問題

発達臨床心理学について

発達にともなう心の問題と、臨床心理学のかかわりについて解説します。

ここで扱うテーマ

- 発達心理学の基礎知識
- 各発達段階の特徴
- 発達段階での心の問題

発達臨床心理学の基礎 1

発達臨床心理学とは何か

人の発達を研究し、その成果を心の問題解決の支援に役立てます

人の発達のプロセスを研究

人は一生を通じてさまざまな経験をしながら発達していきます。**人の発達を心と行動の両方からとらえ、そのプロセスを明らかにしようとするのが「発達心理学」**です。そして、発達心理学の見解や知識をもとに、心の問題解決を支援するのが「発達臨床心理学」です（＊1）。

ライフサイクルと心の問題

発達臨床心理学では人の一生を発達段階によって分け、各段階での心理的、社会的、身体的な発達の様子とそのための条件を研究します。また、その過程で生じる発達を阻害する要因や発達障害などの障害についても扱います。このように**人生をいくつかの段階に分けたものをライフサイクル（人生周期）**と呼びますが、これは発達臨床心理学者のエリクソンが著書で取り上げて以来、広く浸透するようになった考え方です。

臨床心理学の実践活動〔➡P24〕では、心の問題の原因を探り、どのような介入方法で問題解決のサポートができるかを検討します。その際、心の問題はその人が自分の人生を生きるうえで生じてくるもので、それはライフサイクルで起こるさまざまな出来事と深くかかわっているという視点は欠かせません。そのため、問題を理解するうえで発達臨床心理学の知識が重要となってくるのです。

これも知っておこう！

臨床心理学と発達心理学の連携

（＊1）臨床心理学でも発達心理学でも、人と人、人と社会といった関係性を重視する。発達における関係性のありかたを研究するのが発達心理学であり、その関係性に介入して発達のサポートを行うのが臨床心理学である。このように臨床心理学と発達心理学は共有している知識も多く、近年、学問として連携し合うことが社会的にも求められてきている。

人生の過程と主なできごと

人の誕生から死に至るまでのライフサイクル（人生周期）には、発達段階に沿って出来事が起こり、心の問題もまたそのライフサイクルと深く関わっている。

年齢	時期	主なできごと	発達の過程で生じる問題
0〜1	乳幼児期	人見知り　離乳	脳性麻痺　遺伝疾患　知的障害〔➡P100〕 広汎性発達障害〔➡P102〕 愛着障害　子ども虐待　情緒障害
1〜6	幼児期	反抗期	
6〜12	児童期	入学 仲間関係の形成	学習障害〔➡P104〕 不定愁訴（頭痛、腹痛、だるさ） 不登校〔➡P110〕 いじめ〔➡112〕AD/HD〔➡P106〕
12〜18	思春期	受験 異性への興味	非行〔➡P114〕 気分障害（うつ病）〔➡P160〕 家庭内暴力　強迫性障害〔➡P140〕 摂食障害〔➡P148〕
12〜30	青年期		
18〜30	成人前期	就職	アイデンティティの拡散 ひきこもり〔➡P116〕
30〜40		結婚 転職　脱サラ 子どもの誕生 昇進	仕事によるストレス 離婚
40〜65	中年期	子どもの受験 管理職への昇進 子どもの結婚・別居 孫の誕生 定年　退職 再就職	燃え尽き症候群　過労死 中年の危機・自殺〔➡P118〕
65〜	老年期	配偶者の死	認知症

発達臨床心理学ではクライエントが人生の過程で生じた問題を解決するための手助けをする。クライエントの問題を深く理解するために、その人が現在どの発達段階にあり、どのような問題が生じやすいのか、発達心理学の知識を参考にしながらサポートを行う。

発達臨床心理学の基礎 2

ライフサイクルと発達

「人は生涯を通じて発達していく」という考えが主流となっています

生涯発達という視点

かつて発達心理学では、能力や機能の発達が重視され、乳幼児から成人までを主な研究対象としていました。しかし、現在では**中高年といった人生の後半も含め、一生涯の発達を対象にした「生涯発達」という考え方が主流**となっています。

たとえば、これまでは中高年には「衰退」という印象が強くありました。確かに身体的機能という面では衰えがみられます。しかし、人格や人徳、知恵といった人間性のレベルでは向上や成長がみられると指摘されるようになりました。

加えて、幼児期だけでなく生涯いつの時代も大切な転換期であり、人には一生を通じて柔軟に変わる順応性があることなどが認識されるようになり、生涯発達という考え方へと変わってきたのです。

エリクソンの発達理論

フロイトの発達論をはじめ、発達という視点から多くの理論が考えられてきましたが、生涯発達の視点を取り入れた代表的なものがエリクソンの発達理論です。彼は左のように**8つの発達段階からなる発達図式**を提示しました。**フロイトが性的な要因を重視**したのに対し、**エリクソンは心理的・社会的な視点から発達をとらえた**という点で画期的でした。

人格を形成し、社会的に順応するうえで各段階に達成しておくべき課題を発達

もっと詳しく！

（＊1）発達課題という概念は、米国のハヴィガーストが初めて提唱した。

（＊2）エリクソンはマイナスの面も、成長するために必要なものとしている。そのうえで、プラスとマイナスのバランスを重要視した。

課題（＊1）と呼びます。エリクソンの理論では内面的な成長に注目した発達課題となっています。彼は、発達にはプラスだけでなくマイナスの面もあると考え、プラスがマイナスを上回ったとき発達課題が達成され、成長するとしました。反対に達成できないと、心理的な問題が生じると考えたのです（＊2）。

さまざまな発達理論

人の発達についてさまざまな理論がある。なかでもエリクソンの発達論は、身体的ではなく心理的・社会的な要因を重視した点で画期的なものであった。

フロイトの発達論

フロイトは、体の中の性にかかわる部位の発達によって、乳幼児から青年期まで5つの発達段階があると考えた。

1. **口唇期** 授乳が必要な乳児期
2. **肛門期** 排泄のしつけを受ける1～3歳
3. **男根期** 性の識別をする4～5歳
4. **潜伏期** 自分の欲求を抑える小学生の時期
5. **性器期** 心理的に自立する12歳以降の青年期

エリクソンの示した8つの発達段階

エリクソンはライフサイクルを８つに分け、それぞれに達成すべき発達課題が想定した。そして、発達にはプラスだけでなくマイナスの面もあると考えた。プラスの面が上回ると発達課題が達成されて成長する。反対に、達成できなかった場合は心の問題が生じる。

	発達課題		課題を達成できなかったときの心の問題
⑧ 老年期	統合性	→	絶望
⑦ 成人期	生殖性	→	停滞
⑥ 成人前期	親密性	→	孤立
⑤ 青年期	アイデンティティの確立	→	アイデンティティの拡散
④ 学童期	勤勉性	→	劣等感
③ 遊戯期	自主性	→	罪悪感
② 初期幼児期	自律性	→	恥・疑惑
① 乳児期	基本的信頼	→	基本的不信

発達臨床心理学の基礎 3

家族とライフサイクルのかかわり

家族というひとまとまりは、その中のメンバーとともに発達していきます

家族ライフサイクルという考え方

ある個人にアプローチすると、その背景には多世代にわたる家族の問題があることがあります。個人の発達問題は、家族の抱える発達問題と分けては考えられないものです。

そこで生まれたのが、**「家族ライフサイクル（家族人生周期）」という考え方**です（＊1）。「ライフサイクル」という言葉を家族にもあてはめ、家族が誕生してから、時間の流れとともに訪れる変化や節目を段階ごとに分けたものです。

この家族ライフサイクルは、**家族というひとまとまりが発達していくと同時に、その内部で家族の各メンバーも発達していくという、二重構造**になっています。たとえば親子関係は、左図のように人生の節目ごとに変化し、子どもはやがて親となり新しい家族を形成していきます。

個人のライフサイクルに発達段階や発達課題があるように、家族ライフサイクルにも各発達段階で課題があります。それらを乗り越え、循環しながら家族として成長していきます。

家族の機能の変化

「家族」とは一般的に血縁的なつながりをもち、日常生活をともにする関係を指します。しかし、そのような定義があてはまらないような家族も増加しています。

また、かつて家族に求められている機

もっと詳しく！

（＊1）1973年に、家族療法の研究家であったヘイリーが提唱した。

能は「性的機能、経済的機能、生殖的機能、教育的機能」が中心でした。それが近年、家族は情緒的な安心感を得るための場となり、**精神的なつながりという機能が重視**されてきています。

そして、現代社会の家族に期待されている機能の中には、矛盾した要素が含まれる場合もあります。たとえば、家族が緊密な関係を維持しようとする一方で、家族それぞれが適切に距離を保ち、相互の自立をさまたげないようにすることも求められているのです。家族をアセスメントする際、現代の複雑化した状況も念頭に置く必要があります。

親子関係でみる家族ライフサイクル

親子関係は人生の節目ごとに変化していく。やがて子どもは親となり、新しい親子関係が生まれる。

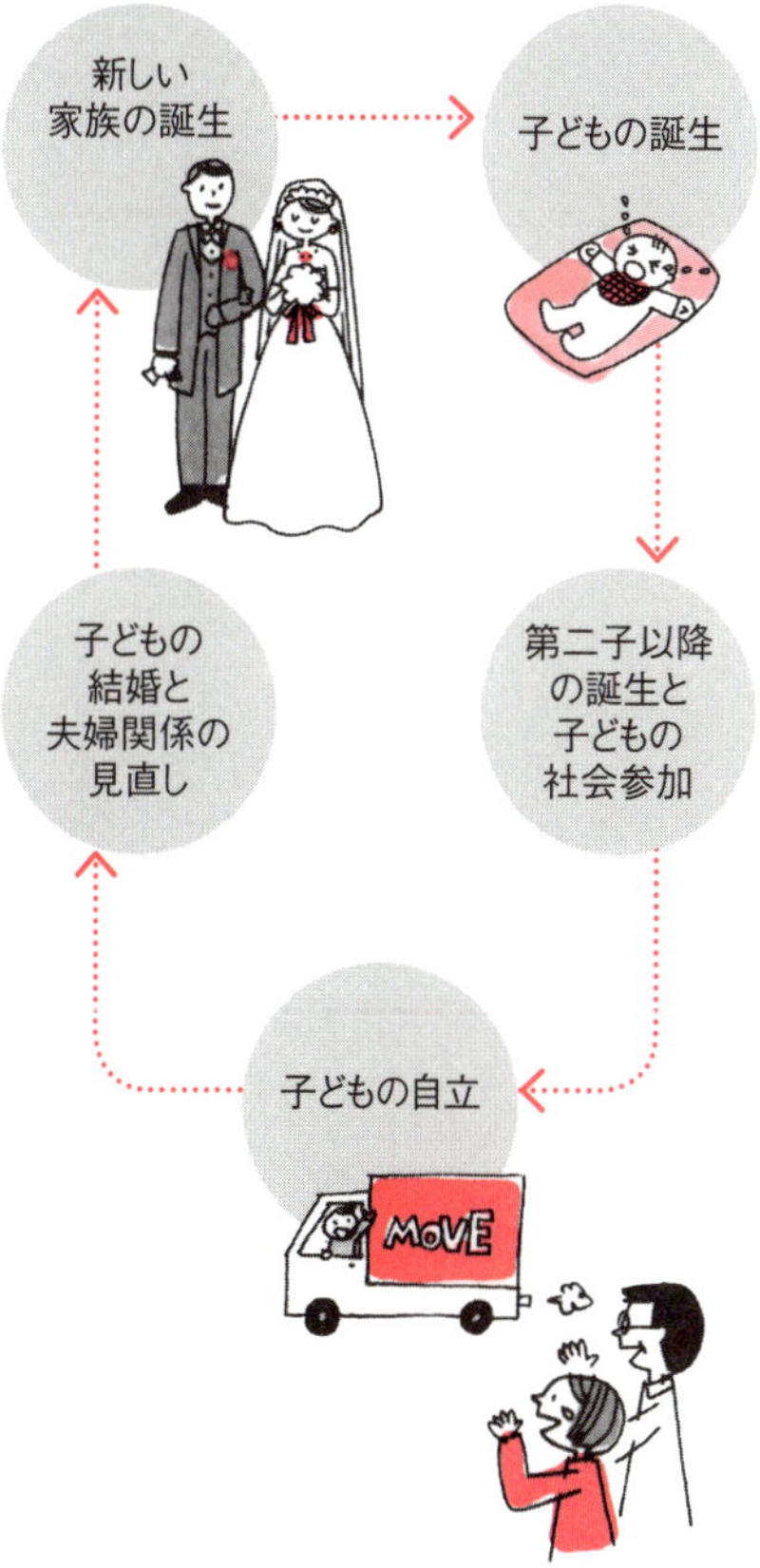

家族というひとまとまりが発達していくと同時に、家族の各メンバーも発達していく。

発達臨床心理学の基礎 4

家族ライフサイクルの課題と問題

家族ライフサイクルの各段階でさまざまな発達課題があります

ライフサイクルの各段階

家族ライフサイクルは6～7段階に分けて論じられることが多いようです（＊1）。子どものいる一組の夫婦をモデルにすると、発達の各段階で左図のような課題と問題が生じることが考えられます。

課題の達成と問題

各段階に設定されている課題が達成できないときは家族に問題が生じたり、次の発達段階にスムーズに進めなくなったりすることもあります。たとえば、出産直後は、親としての役割を受け入れて子育てをするという課題がありますが、夫婦の片方が子どもにかかわりすぎた場合、もう片方に不満がたまることもあります。また、逆に夫婦どちらも子どもの世話を適切にできないという場合もあります。このとき育児のためのシステムづくりに失敗すると、虐待（➡P108）、育児不安、産後うつ病に至ることもあるのです。

また、ライフサイクル移行期はストレスが生じやすい時期です。家族にとって幸福やチャンスも多く訪れますが、同時にそれまでの安定していた状態が壊されることを意味するからです。

さまざまな困難はどの家族にも起こることで、健康な家族とはそのような危機に直面しながら乗り越えてきた家族といえます。ウォルシュは「ノーマルな家族」の基準のひとつに「家族メンバーの相互

これも知っておこう！

7段階の家族ライフサイクル

（＊1）左図は6段階だが、これに結婚前の独身期を加えたものが「7段階の家族ライフサイクル」である。ほかに、独身のカップルが結婚により家族を形成する「家族の形成期」、子どもの誕生と成長によって家族が拡大・発展する「家族の拡大期」、子どもの巣立ちと老いによる死によってメンバーが減少する「家族の収束期」という、大きく3つの段階にまとめる考え方もある。

作用によって家族ライフサイクルの変化に適応していること」をあげています。

個人の心の問題が起きたとき、臨床心理士は家族という背景についてもアセスメントします。そして、家族ライフサイクルでの位置や、発達課題の達成度を検討しながら、家族や個人が危機を乗り越えられるように働きかけをしていきます。

6段階の家族ライフサイクル

家族ライフサイクルを6段階に分けると、それぞれの課題と生じやすい問題は以下のように考えられる。

ステージ	主な課題	生じやすい問題
1 結婚から第一子誕生まで	・夫婦としての関係を育てる ・双方の家族からの自立 	・相手に対する期待と現実のズレとの葛藤 ・相手の親や兄弟との葛藤
2 子の出産から子の小学校入学まで	・子どもを加えた家族のかたちの再編成 ・育児のためのシステムづくり	・育児不安、育児放棄、虐待 
3 学童期の子どもを育てる	・子どもの自立 ・家族の間の適切なバランスづくり 	・親の役割の変化に対応できない ・子どもの退行（夜尿、ぜんそくなど）や不登校
4 10代の子どもをもつ	・子どものアイデンティティの確立 ・親は子どものアイデンティティを認め支える	・子どものひきこもり、不登校、非行、犯罪 ・親の向老期うつ状態
5 子どもが巣立つ	・子どもの自立を信じ、見守る ・親離れ、子離れへの対処 ・両親の死	・子どもが自立できない（ひきこもり、親の過干渉） ・結婚した子どもの家族との葛藤 ・熟年離婚、初老期うつ病
6 加齢と配偶者の死	・加齢や老化への適応 ・配偶者の死を受け入れる 	・病気や介護による困難 ・身近な死による喪失からのうつ状態

各発達段階の特徴 1

乳幼児期①（誕生～6歳頃）

人間のいちばん最初の段階で、さまざまな能力を身につける大切な時期です

乳児期（誕生～1歳半頃）の発達

乳児は周囲の保護が不可欠な存在であり、他者との関係を育てていくことが重要な課題となります。たとえば毎日母親の世話を受けることによって、乳児は母親に特別な絆を感じ、母親といると「自分は安全である（＊1）」という感覚をもちます。このような特定の人に特別な結びつきを求め、それを維持しようとする関係を**「アタッチメント（愛着）」**と呼び、英国のボウルビィが最初に提唱しました。

また、乳児が泣いたとき周囲がいつも適切に解消してくれると、やがて乳児に「危険なときには頼れるから大丈夫」という肯定的な期待が育ちます。**この期待をエリクソンは「基本的信頼感」と呼び、乳児の発達課題としました。**

他者とかかわることで、乳児は「自己」という感覚を覚えます。「自分の行為の主体は自分」という感覚や、「自分の感情が動く感覚」を通じて、自己感が形成されます（＊2）。**こうした自己感が「自分は自分である」というアイデンティティ**（➡P94）**の感覚へ結びつく**のです。

幼児期（1歳半～6歳頃）の発達

家族以外の他者とのかかわりが増えるこの時期には、自己感がさらに発達します。多様な意志が現れ、「やりたい気持ち」と「できない現実」との間に葛藤が生じることもあります。それが、たとえば「おし

もっと詳しく！

（＊1）アタッチメントの対象は「安全基地」としての役割を果たす。たとえば乳幼児は母親と離れていて不安になると、安全基地である母親のところへと戻り、安心感や勇気の心理的エネルギーを補充する。エインズワースが提唱した。

（＊2）「自分の行為の主体は自分という感覚」とは、たとえば自分の腕は自分が動かしたいときに動くというような感覚のこと。また、「自分の感情が動く感覚」とは、たとえばいやなことがあれば自分が不快になるとい

っこを我慢してトイレに行ったら、お母さんが喜んだ」というような葛藤を対処した経験から、**行動や欲求をコントロールする自己制御力が身につく**のです。

この背景には、目の前になくても頭の中にイメージできる力（象徴機能）の発達があります。結果をイメージすることで、現在の行動を制御しやすくなります。

乳幼児期の心の発達
基本的信頼感が育つ仕組み
不快・不安で泣く
周囲が適切に解消してくれる
「危険なときには頼れるから大丈夫」という肯定的な期待が育つ
いつまでも助けてくれない
期待の代わりに警戒心や不安を育ててしまう
幼児期の自己制御が育つ仕組み
おしっこしたいけどトイレに行くまで我慢しよう
TOILET
・スッキリした
・お母さんも喜んでくれた
こうした成功体験によりコントロールする力が身についていく
乳児や幼児のとき、周囲とかかわった経験が、心を発達させる糧《かて》となる。

うような感情の動きのことを指す。

各発達段階の特徴 2

乳幼児期②（誕生〜6歳頃）

乳幼児期の心理的な問題は、身体と環境というふたつの要因が関係しています

乳幼児期の心の問題

乳幼児期に起こる心理的な問題には、脳・神経系、筋・骨格系など身体に原因がある「器質因」と、環境に原因がある「環境因」というふたつの背景からなる要因があります。また、それらを組み合わせて、問題を3つに分けることができます。

1番目は**器質因が大きい問題**です。脳性まひやてんかん、遺伝疾患、知的障害などがここに入ります。

2番目は**器質因と環境因がそれぞれかかわっている問題**があります。AD／HDや広汎性発達障害などがそれらの中に含まれます。

3番目は**環境因が大きい問題**です。アタッチメント（愛着）障害（＊1）などがあげられます。

乳幼児期の心のケア

乳幼児期に起こる3つの心理的な問題には、左図のようなケアが必要です。器質因が大きい問題には医療的な身体ケアが中心となり、環境因が大きければ心理的なサポートが中心となります。

とくに、AD／HD、広汎性発達障害といった発達障害は早期に発見し、療育（＊2）につなげるのが現在の主流です。

また、虐待やその結果として生じてくる反応性愛着障害は、深刻な問題のひとつです。生涯にわたって影響を及ぼすばかりか、自分の子にも同様の虐待をして

もっと詳しく！

（＊1）アタッチメント（愛着）障害とは、乳幼児期に安定したアタッチメント〔➡P86〕が受けられなかったことで引き起こされる障害のこと。他人とうまくかかわれない、相手に対する尊敬の念や責任感が乏しいなどといった傾向がある。適切な環境で養育されることによって改善が期待できる。

（＊2）療育とは、障害をもつ子どもに対して社会的に自立することを目的に行われる医療と保育のこと。

それが何世代にもわたるおそれがあります。子どもの心理的ケアと同時に、虐待をする側のケアも重要になります。

いずれにせよ、本人だけでなく家族全体がサポートの対象となります。そのため、臨床心理士、学校、病院、療育機関、保健センターなど関係機関が互いに連携して支えることが大切です。

乳幼児期の心理的な問題

乳幼児期の心理的な問題は、その原因から下のような3つのタイプに分けることができる。

	主な問題	主なケア
器質因によるものが大きい問題	・脳性まひ ・てんかん ・遺伝疾患（ダウン症etc.） ・精神発達遅滞	・子どもには身体ケアを優先させる（医療的治療、リハビリテーション、療育） ・心理的援助は母親や家族を中心に行う
器質因と環境因がそれぞれかかわっている問題	・AD／HD ・広汎性発達障害 ・チック障害（トゥレット症候群etc.） ・排泄障害（夜尿症） ・緘黙など	・器質によるものは医療的治療を行う ・早期に発見して療育につなげる ・訓練と同時に心理療法、心理教育を行う
環境因によるものが大きい問題	・アタッチメント（愛着）障害（分離不安障害、反応性愛着障害） ・子どもの虐待 ・情緒障害（かんしゃく、反抗etc.）	・心理療法などを用いてケアする ・虐待を受けた子どもだけでなく、虐待をする側にもケアが必要

器質因が大きければ医療的な身体ケアが中心となり、環境因が大きければ心理的なサポートが中心となる。いずれもこの発達段階では、本人だけでなく家族に対するケアも十分に配慮される。

各発達段階の特徴 3

児童期（6〜12歳頃）

環境や対人関係が広がり、心がさらに発達して複雑化します

他者との葛藤を経験

児童期になると認知能力がさらに発達します。幼児期は物事を自分中心にしかみられなかったのに対し、児童期には社会的な見方ができるようになってきます。また、幼児期は自分の中での葛藤が主でしたが、児童期には**自分対他者、自分対社会など、自分と何か別の対象との間で生じる葛藤へと変化**します。この葛藤を乗り越える体験を通じて、子どもは**有能感**（＊1）を獲得するのです。

児童期の心の問題とケア

学校生活を送っていくうちに**学習障害、AD／HD、広汎性発達障害**といった障害が判明することがあります。こうした障害があると子どもは有能感を得にくいため、二次的障害（＊2）が起こりやすくなります。

環境や対人関係が広がり、子ども自身の心もさらに発達して複雑になるため、問題も複雑化しやすくなります。たとえば、最初はちょっとした対人関係のつまずきだったのに、親を心配させたくないという気持ちや本人のプライドから我慢を続け、不登校という深刻な状況に陥ることもあります。まだ発達途上であるため、自分の気持ちや問題をうまく表現できずに、身体の症状や行動上の問題へとつながるケースもしばしばみられます。

医学的な対応が必要な心の問題が、背

もっと詳しく！

（＊1）有能感とは、自分ができることを実感し、自分の能力に自信をもつこと。

（＊2）二次的障害とは、本来の障害がきっかけでさらに生じる問題のこと。たとえば知的には問題のないAD／HDの子どもが、落ち着きがないため授業に集中できず、よい成績がとれなくて自信を失ってしまったとする。このときの自尊心の傷つきが二次的障害にあたる。

景に隠れていることもあります。うつ病や不安障害（➡P132）、摂食障害などが低年齢化していることも大きな問題です。周囲の大人は小さな変化やサインを見逃さず、また、変化や悩みを安易に考えないで、早めに対応することが重要です。場合によっては専門家に相談をすることも必要となってきます。

児童期の心理的な問題

児童期は環境や対人関係が広がり、心も発達して複雑になるため、問題も複雑化していく。

児童期にしばしば生じる問題

そんなつもりでいったんじゃないのに
ぽつん…
おなかが痛い。学校に行きたくない

対人関係のちょっとしたつまずきも、本人のプライドや親を心配させたくないという気持ちから我慢する

不登校などさらに深刻な状態へ

発達障害と二次的障害

ぼくだけわからない
しかられてばかり…
ぼくは何をやってもダメなんだ

学習障害やAD/HDなどの発達障害が判明するのが児童期。適切なサポートがないと、さまざまな困難にぶつかってしまう

自尊心が傷つき、有能感が育たなくなってしまう

各発達段階の特徴 4

思春期（第二次性徴～17、18歳頃）

体が変化し、心理的に自立する時期。友人関係が重要なテーマとなります

心身が大人へと変化

子どもから大人への体に変化していく時期が思春期です。発達理論によっては、思春期は青年期に含まれます。

この時期、**第二次性徴**（＊1）**による身体の変化を受け入れる**ことが発達課題のひとつとなります。性への関心の高まりや、初潮や精通といった生理的な変化が起きますが、それらを肯定的にとらえることが健やかな成長のために大切です。

思春期の心の問題とケア

思春期には**対人関係の変化と親からの心理的独立**が起こります。アイデンティティ〔➡P94〕確立の準備をし始め、親から心理的に離れようとして、反抗期を迎えます。自分の価値観をつくり始めますが、自立は簡単ではありません。そこで生き方のモデルとなってくるのが友人の存在です。この時期、**友人関係のもつ意味と影響力はとても大きく、友人とのトラブルが不登校や心の問題のきっかけとなることも多くあります**。

また、両親の不和、嫁姑問題、失業や介護による親のストレスなど、家庭内のさまざまな問題に巻き込まれやすい時期でもあります。しかし、思春期特有のプライドや大人への反抗心・不信感により、自分の心のうちを表現することを嫌ったりもします。その悩みや不安は、やがて暴力や自傷行為、不登校や精神障害のよ

もっと詳しく！

（＊1）第二次性徴とは、男女の性器・生殖腺以外の違いを指す。男性では精通、声変わり、性毛の発現、筋肉の発達など。女性では初潮、乳房の発達、性毛の発現など。

これも知っておこう！

スチューデントアパシー

（＊2）学生が勉強などに関して無気力になり、授業に出席できなくなったりする状態。学生無気力症ともいう。

うなかたちで現れることもあります。

このように、**思春期は左のような心の問題が発症しやすい時期**です。そして心理的な面接の場面でも思春期特有の依存と反抗という、両極端な態度がみられます。サポートをする側は焦らず信頼関係を築きながら、友人関係や家庭環境など背景を深く探っていくことになります。

心の問題の発症しやすい時期

以下のような心の問題が思春期から起こる。生じやすい問題には、不登校、家庭内暴力、いじめ、対人恐怖、性的問題がある。また、発症しやすい精神障害には、摂食障害、強迫性障害、うつ病、統合失調症がある。

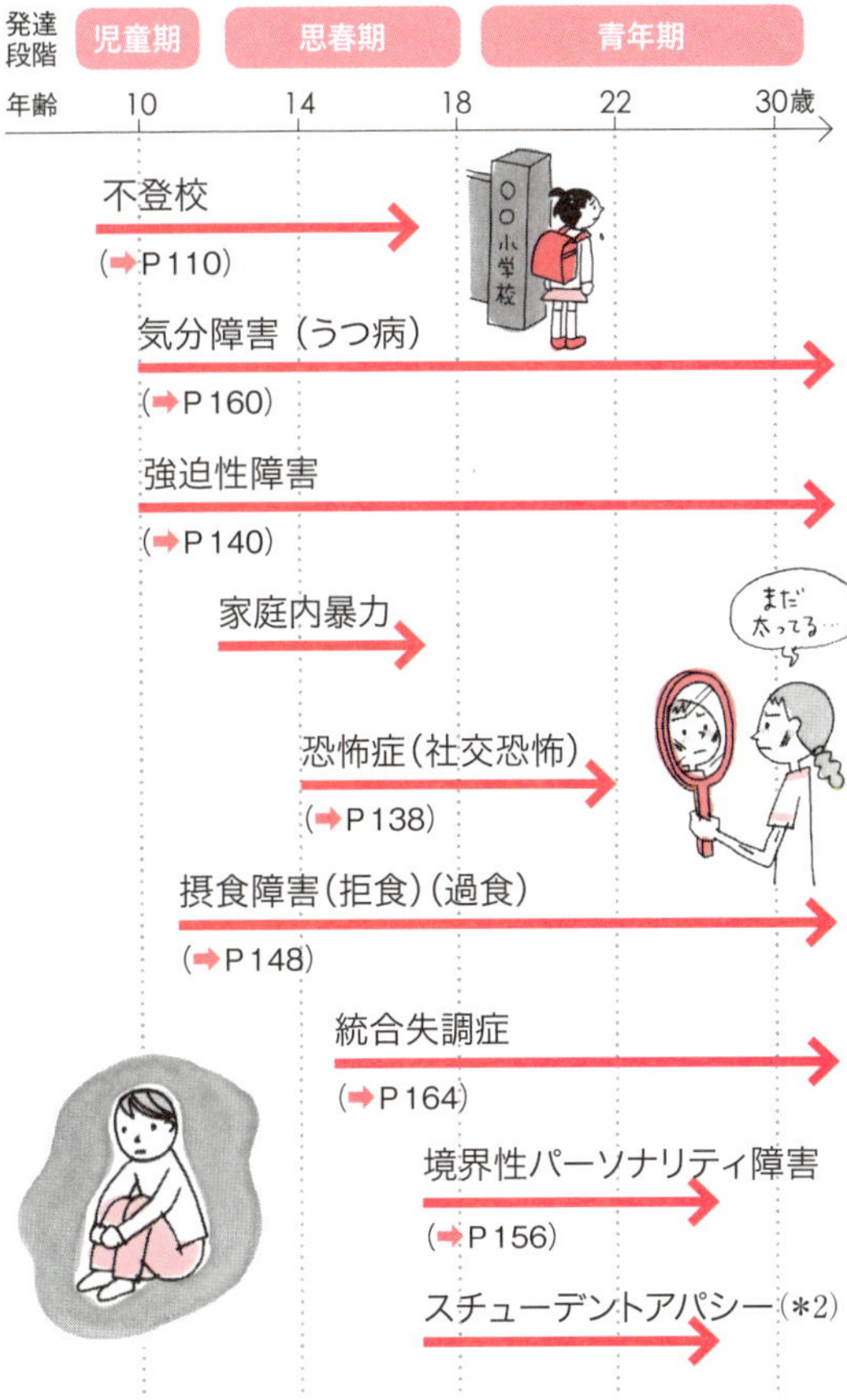

各発達段階の特徴 5

青年期（10歳前後〜30歳前後）

アイデンティティ確立が最大の課題。心身ともにゆれ動く時期にあたります

アイデンティティの確立を模索

青年期は、**近代社会になって誕生した発達段階の概念**です（＊1）。青年期に相当する時期は時代により変化していますが、昨今では10歳から30歳前後とされることが多く、思春期とも重なります。

この青年期の心理的な発達において重要なキーワードが「アイデンティティ」です。エリクソンは青年期を**「アイデンティティ確立を模索する心理的モラトリアム（＊2）の時期」**と表現しました。アイデンティティとは「自分は何者であるか」という問いかけであり、「自分が自分である」という自我の統一感を指します。この発達課題に取り組むなかで対人関係にも変化が起こり、不安定感や孤独感を解消するために、友人や恋人との親密な関係を求めたりもします。それ以外にも、左のようないくつもの発達課題をへて、アイデンティティ確立に至るのです。

青年期の心の問題

時代の流れや社会的影響を受けて、青年期の内容も変化しています。現代青年の特徴に**「対人関係の希薄化」**があります。これはコミュニケーションに変化が生じ、摩擦のない表面的な仲間づきあいが好まれるようになっている傾向を指します。そのため、異なる価値観を認め合うような成熟した人間関係を育てる機会が奪われているという指摘もあります。

もっと詳しく！

（＊1）青年期は心身ともに大きく変化する時期で、不安定なゆれ動く時期でもある。このような青年期危機説に対し、ほかの発達段階に比べて危機が少ないと主張する青年期平穏説もある。また、さまざまな要因により、危機にも平穏にもなりうるという考察もある。

これも知っておこう！

モラトリアム

（＊2）元は借金返済までの猶予期間を表す経済用語。転じて、取り組むべき課題を先延ばしするという意味。モラトリア

また、**「悩みの切り離し」**という特徴もあります。悩まない、悩みを抱えない青年が増加し、欲求不満に対して思い悩むことなく、ただちに行動の問題として表すようになったという説もあります。現在増加しているニート、ひきこもり、摂食障害、社交恐怖〔⇒P138〕などは、このことを表している問題といえます。

それらの心の問題に加え、青年期は不安障害や気分障害を発症しやすい時期でもあります。アイデンティティ確立という観点と同時に、現代青年特有の心理的な状況も考慮したうえで、心理的なサポートをすることが求められます。

ム期は社会が与えてくれた猶予期間であり、さまざまな社会的責任を免れ、アイデンティティ確立のために試行錯誤することができる。

青年期の発達課題

① 両親からの自立
物理的にも情緒的にも親と距離ができる。そのために生じる不安定さから安定に向けて自分をコントロールしていく。

② 性役割の同一性
思春期に続き、第二次性徴で生じた身体的変化を受け入れる。異性にどうみられるかという点でも性役割を意識する。

③ 道徳性の確立
社会の既存の価値観と自分のそれとを合致させながら、自分なりの価値観を再構成する。

④ 職業選択
自分の職業観や能力適性を吟味し、職業を選ぶ。

⑤ アイデンティティの確立
①～④のほか、友人関係、趣味、自分の性格など、さまざまなことを吟味し、自分というものを問い直す。これらを統合し、アイデンティティ(自我同一性)を確立する。

以上を経験しながら「自分とは何者であるか」というアイデンティティを確立していくことが最大の課題である。

各発達段階の特徴
6

中年期（40～65歳頃）

円熟の一方で衰退・喪失・下降を体験。危機をはらんだ転換期でもあります

円熟と衰退の時期

ユングは40歳前後の中年期を「人生の正午」と呼んで、**大きな変化が起こる時期**としました（＊1）。中年期はこれまでの実績が実る円熟のときです。しかし一方では衰退・喪失・下降といった変化が生じる時期でもあります。

中年期の心の問題とケア

中年期では記憶などの認知能力の低下が起こり、女性の場合は更年期のホルモンバランスの変化で心身の不調を感じる人もいます。また、親世代や同世代の死を経験することも急増します。他人事と思っていた死を身近に感じ、自分の人生に焦りや不安をいだくこともあります。

家庭においても変化がみられます。心身ともに不安定な思春期または青年期の子どもの子育てがあり、あるいは子どもの自立によって空虚感や抑うつ感を感じる人も出てきます。さらに親の介護も重くのしかかってきます。

仕事面でも、思うように昇進できず抑うつ的になる人（上昇停止症候群）、昇進しても過剰に頑張りすぎた人（バーンアウト）（⇩P290）、昇進してもうまくいかずうつ病になる人（昇進うつ）、さらにはリストラなどのケースが考えられます。

こうした変化に耐えられず自殺（⇩P118）を選ぶ人もいます。とくに日本では中高年の自殺率が高いのが特徴的です。

もっと詳しく！

（＊1）生物的成長を重視していた過去の発達心理学では、中年期を対象としていなかった。本格的に研究が行われるようになったのは1970年以降で、レビンソンは中高年男性の個人史を分析し、40～45歳までを「人生半ばの過渡期」と位置づけた。

人によっては、**今の自分についてアイデンティティの問い直し**が生まれることもあります。このような**中年期の危機**を乗り越えるには、年齢や体力的な限界をふまえつつ、これからどう歩むのか人生を見つめ直す必要があり、自分の人生を主体的に生きられるための心理的援助が求められます。

中年期の心理的問題

中年期には身体的にも心理的にも、そして環境的にも劇的な変化が起こりやすく、下のような問題が生じやすい。

中年期に起きやすい変化

身体的・心理的変化

- 体力の衰え
- 記憶力の低下
- 身近な人の死
- 女性の場合、更年期によるホルモンバランスのくずれ

家庭における変化

- 思春期～青年期の子どもへの対応
- 学費などの経済的負担
- 子育てから解放される反面、空虚感
- 親の介護
- 熟年離婚

仕事における変化

- 昇進できない挫折感
- 頑張りすぎて燃えつきてしまう
- 過労死
- 時代の流れについていけない
- リストラ

⇓

中年期に生じやすい心の問題

- 抑うつ的になったり、「今の自分はこれでいいのだろうか」「こんな人生が私の望んだものだったのだろうか」といった青年期のアイデンティティの問い直しが生まれたりする。
- 変化に耐えられず、自殺を選ぶ人もいる。とくに日本では中高年の自殺率が高い傾向がある。

中年期のこのような問題に対し、「これからの人生をどう歩むのか」「何をあきらめて、何を大事に生きるのか」を見つめ直す必要があり、適切な心理的サポートが求められる。そのような軌道修正によって、再び適切なアイデンティティが獲得される。

各発達段階の特徴 7

老年期（65歳〜）

役割の転換期。「衰退と喪失」と「成熟と充実」というふたつの面があります

社会的役割の喪失に直面

高齢化が進む国や地域では、老齢期は年齢幅が広すぎるといえます。日本では65歳〜75歳未満を前期高齢者、75歳以上を後期高齢者と呼んでいます。

たいていの男性は60〜65歳の間に定年退職を迎え、仕事から解放されます。仕事一筋で生きてきた人にとって充実感を見いだす対象がなくなり、危機的な状況に陥ってしまいがちです。また、女性は外での仕事からの解放に加え、子や孫の成長によって母親役割や祖母役割からの解放があります。このように老年期の前半は**社会的役割の喪失に直面し、残りの人生の過ごし方にどのような価値や意味を見いだすのかが、重要な課題**です。

衰退と喪失へ向かうのが老年期とする考え方とは対極的に、成熟と充実へ向かう時期として考える立場もあります（＊1）。いずれにせよ、老いのプロセスにはさまざまな見方が可能であり、高齢者本人の受け止め方も人それぞれです。

老年期の心の問題とケア

この時期の心の問題は複雑な要因が絡み合って生じます。心理的なサポートを行う場合は社会的背景、経済的状況、日常の生活動作（＊2）、家族歴、病歴、対人関係など、その個人の背景を深く、具体的に理解する必要があります。

また、**老年期の代表的疾患に認知症**が

もっと詳しく！

（＊1）老年期を成熟と充実に向かう時期ととらえるのは、バルテスらによる「サクセスフル・エイジング」によるもの。これは1990年ごろから広まってきた考え方で、「何ができるのかを活発に試してみる」余生の送り方を提唱する。

（＊2）食事、着替え、移動、寝起き、トイレ、入浴など日常生活に必要最低限の動作のこと。ADLとも呼ばれる。高齢化や障害の程度をはかる指標とされる。

あります。認知症は左のような特徴があり、近年では認知症の心の安定と生活の質を向上させるのに芸術療法などの心理療法の有効性が指摘されています。加えて、高齢者の介護にあたる家族を心理面で支えることも重要です。高齢化社会を迎え、認知症を含む老年期の心理的サポートの必要性がますます高まっています。

認知症の特徴

老年期の代表的疾患に認知症がある。近年では認知症への心理療法の有効性が指摘されている。

認知症とは…

それまであった知的機能が脳の器質性の障害によって低下し、日常生活が営めなくなっている状態。認知症を引き起こす代表的な障害が**アルツハイマー病**である。

初期のアルツハイマー病の症状

もの忘れが頻発
（記憶障害）

スーパー
あれ？
何買いに
来たんだっけ？

それまでできていた仕事や家事のミス
（実行機能障害）

日付や日曜の感覚の混乱
（時間の見当識障害）

あれ、
今日は
何日？

高齢化社会を迎え、認知症を含む老年期の心理的サポートの必要性がますます高まっている。また家族に対する支援も重要である。

発達過程で生じる問題 1

知的障害

知能に関する能力障害。現状ではほとんどの場合、根本的な治療が困難です

知的機能の能力障害

知的機能（知能）とは、人間の脳神経系がもつ機能のひとつです。物事を考えたり、覚えたり、表現したりする能力全般を指します。

「知的障害」について、世界保健機構（WHO）は**「水準より知的機能の遅れがあり、そのために日常的な社会生活に適応する能力が乏しい」状態**と定義しています。また、この分野で研究が進んでいる米国精神遅滞学会（定義第10版）では「知的機能および適応行動の両方に明らかな制約がある能力障害」であり、「18歳までに生じる」と定義しました。一般的な診断指標は左のようになります。

知的障害が起こる原因はさまざまですが、現状では根本的な治療や改善が困難な場合がほとんどです。

知的障害の区分とケア

知的障害は、その程度によって状態が大きく異なります。必要なサポートを提供するため、障害の程度により区分されます。軽度（IQ50～70）、中等度（IQ50～35）、重度（IQ35～20）、最重度（IQ20未満）の4等級に分けるのが一般的です。

知的障害へは幼少期には療育〔➡P88〕によって発達を促します。同時に家族へのフォローも重要であり、育児支援やレスパイト（＊1）などでサポートします。

もっと詳しく！

（＊1）レスパイトとは「息抜き」という意味。障害者を一時的に施設や行政サービスなどに預けること。介護疲れを防いだり、介護者を含めた家族全体のQOL（生活の質）を高めたりするうえで重要である。

しかし、こうした公的なサービスが十分に周知されていないのが現状です。**知的障害の場合、適応スキルなど行動に対するケアが優先され、心のケアはおろそかになりがち**です。しかし、幼いころから漠然と感じている「ひけめ」が劣等感へ発展するのを防ぐためにも、心理的な面接を行うなどしてサポートし、本人らしいあり方を模索するために援助していくことが大きな意味をもちます。

知的障害の診断指標

「知的機能」と「適応スキル」をもとに、知的障害を診断する。なお、適応スキルとは、社会において標準的な生活を営むのに必要とされる技能のことである。

知的機能

知能検査の結果、IQ（知能指数）がおおむね70未満である

適応スキル

下にあげたような行動などで判断する

コミュニケーション	言語、表情、身ぶりでやりとりができる
自己管理	排泄、食事、着脱、清潔保持などが自分でできる
家族生活	家事、家の安全管理、保全などができる
社会的・対人スキル	マナーを守り、人の気持ちを理解できる
地域社会への適応	買い物や交通機関の利用、機械の操作ができる
自律性	自分のことを自分で管理し、表現できる
学習したことの活用	読み書き計算など学校で学んだことをいかせる
労働	仕事することができる
余暇	余暇活動を楽しみ、参加することができる
健康	病気の予防や病気になってしまったときの対処ができる
安全	事故やトラブルを防ぐような配慮ができる

発達過程で生じる問題 2

広汎《こうはん》性発達障害

「社会的関係」「コミュニケーション」「想像力と創造性」に問題があるのが特徴です

4つの主な分類

「広汎性発達障害」はDSM—Ⅳ（⬇P126）で、幼少時に現れる症候群として定義されています。広汎性発達障害には以下の4つの障害が含まれます。

ひとつ目は、1943年に米国の児童精神科医カナーが報告した**自閉症**です。原因は不明ですが、遺伝子がかかわる脳神経系の障害と推察されています（＊1）。

ふたつ目は**アスペルガー障害**です。1944年、オーストリアの小児科医アスペルガーによって報告されました。「著しい言語の遅れがない」点で典型的な自閉症と区別しますが、治療法に違いがないため同じものとして扱われたりもします。

3つ目は**小児期崩壊性障害**です。生後2年以上は正常な発達を示しますが、10歳以前に言語や対人技能、排泄、遊び、運動能力のうち複数の領域で問題が発生するのが特徴です。発症後は自閉症と似た症状を示します。

4つ目は**レット症候群**です。生後6カ月ごろまでは正常に発達しますが、一度身についた知能や運動能力が退行していきます。女子のみに発症する進行性の神経疾患で、呼吸障害・脳波異常・筋萎縮《いしゅく》などをしばしば併発することもあります。

広汎性発達障害へのケア

広汎性発達障害は、原因と同様に治療法も決定的なものは発見されていません。

もっと詳しく！

（＊1）自閉症は、左にあげた「三つ組の障害」に加え、知的障害、脳波異常、睡眠障害、感覚のアンバランスさ（皮膚感覚が敏感である一方で、痛みには鈍感な場合がある）などをしばしばともなう。なお、知的機能に遅れがない場合には「高機能自閉症」と呼ぶこともある。

脳波異常や睡眠障害などの合併症を薬物療法でコントロールしながら、左にあげた「三つ組の障害」に対する療育を組み合わせるのが標準的なケアです。

また近年、人とかかわる技術を習得する療育と平行して、人とかかわりたいと思う気持ちを育てる心理療法〔➡P16〕の重要性も指摘されています。

広汎性発達障害に共通する問題（三つ組の障害）

英国の児童精神科医ウイングは、下のような３つの領域における問題を、広汎性発達障害に共通するものとして、「三つ組の障害」と名づけた。

❶ 社会的関係の問題

人の表情や暗黙の了解が理解できず、目を合わせなかったり、場面にふさわしくないことをしてしまったりする。

顔を近付けても
視線が
合わないわ

❷ コミュニケーションの問題

言語の習得が困難であったり、言葉の遅れがなくても堅苦しいいい方をしてしまったりする。会話が成り立たず、質問に対してそのままオウム返しすることもある。

お年は
いくつ？
お年は
いくつ？

❸ 想像力と創造性の問題

変化が苦手で一定の手順に従わないと落ち着かない。ごっこ遊びができない。比喩や冗談が通じない。

雨が
降っていなくても
傘をもってないと
怒るのよね

発達過程で生じる問題 3

学習障害（ＬＤ）

古くから存在は知られていた障害。知的な遅れはないのに、学習上に問題が生じます

「読む」「書く」などの学習が困難

「学習障害（ＬＤ）」は古くからその存在が知られていました。19世紀後半、視力や学力に問題がないのに文字を読むことが困難な「先天性語盲」が認識されており、ＬＤのルーツと考えられています。その後、脳炎罹患後や脳損傷の子に学習上の問題が発見された流れを受け、20世紀半ばには学習障害は「微細脳損傷」あるいは「微細脳障害」（＊１）とされていました。微細な脳の損傷や脳の機能の障害によって、読み、書きなどの学習上の問題や、多動などの行動上の問題が起こると考えられていたのです。しかし診断基準が曖昧という問題点がありました。

１９６０年代、米国のカークは、**知的な遅れがないにもかかわらず、学習上に極端な障害をきたす生徒を、Learninng Disabilities**と呼びました。以後、ＬＤという概念が教育の場でよく知られるようになったのです。

日本では、１９９０年代になってＬＤへの注目が高まりました。１９９９年には文部科学省によってＬＤが定義されています（＊２）。

ＬＤの子どもへのケア

ＬＤの主な症状が学業上の困難であるため、問題が明確化するのは就学後がほとんどです。学校での生活は授業中心であり、ＬＤの子どもは学校生活で多

もっと詳しく！

（＊１）「微細脳損傷」あるいは「微細脳障害」はいずれもＭＢＤと略される。

これも知っておこう！

文部科学省による学習障害（ＬＤ）の定義

（＊２）文部科学省では１９９９年に次のように定義している。「学習障害とは、基本的には全般的な知的発達に遅れはないが、聞く、話す、読む、書く、計算するまたは推論する能力のうち特定のものの習得と使用に著しい困難を示すさまざまな状態を指すものである。学習障害は、その原因と

くの困難を抱えて過ごします。**その結果、自信をもてなかったり、自己評価が下がったりという、二次的障害**〔⬇P90〕**が生じやすくなります。**

こうした子どもの困難に対応するために、個別的できめ細やかな問題把握と、それに応じた課題設定が必要となります。

そして、周囲の大人や本人が障害を正しく理解し、「無理をしすぎない・させすぎない」ことにより、二次的障害を予防することも大切です。

日本では、2006年の学校教育法改正により、新たにLDも特別支援教育〔⬇P242〕の対象となりました。学校教育の場で障害に配慮した指導と教育が実施されています。

して、中枢神経系に何らかの機能障害があると推定されるが、視覚障害、聴覚障害、知的障害、情緒障害などの障害や、環境的な要因が直接の原因となるものではない」。

学習障害（LD）の主な特徴

1999年に文部科学省がまとめた学習障害（LD）の特徴は以下のとおりである。

❶ 読字障害

- ひらがなの識別に手間どって、拾い読みになる
- 書かれた単語の意味の把握が困難

みず、のなか、には、さかな、がた、くさん、いまし、た、
水の中には魚がたくさんいました

- 行を飛ばしたり、同じところを読んだりして、読んでいる箇所がわからなくなる

❷ 書字表出障害

- 文字の左右が反転する

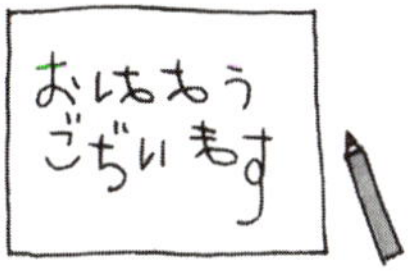

- 句読点などの使い方がわからない
- 漢字を自己流の書き方で書く
- 文法の誤りが多い

❸ 算数障害

- 数を正確に数えられない
- 計算はできても文章問題ができない
- グラフが読みとれない

発達過程で生じる問題 4

AD／HD（注意欠陥／多動性障害）

大人になってから診断されるケースも。行動上の3つの特徴があります

「不注意」「多動」「衝動性」が特徴

「AD／HD（注意欠陥／多動性障害）」とは発達障害のひとつで、次のような行動上の3つの特徴があります。ひとつ目は**「不注意」**で、ひとつのことに注意を向けられず、気が散りやすい傾向にあります。ふたつ目は**「多動」**です。じっとしていられず、不適切な状況で走りまわってたりしてしまうことを指します。3つ目は**「衝動性」**で、順番や適切なタイミングを待つことなどができません（＊1）。原因は神経伝達や脳に機能の障害がある可能性が指摘されています（＊2）。

昔からほかの子に比べて落ち着きのない子はいましたが、20世紀初頭には医学の分野で、多動などの特徴をもつ症候群が取り上げられるようになりました。そして、さまざまな見解を経て、1994年のDSM—Ⅳにより多動と衝動性を含めたAD／HDが定義されました。

AD／HDの子どもへのケア

AD／HDへの主な介入法は、適切な対人関係を築く方法を学ぶSST（⬇P234）や、適切な行動をいかし、不適切な行動を消去していく行動療法（⬇P180）などがあります（＊3）。このような子ども本人への心理的・教育的アプローチと同時に、子どもに適した環境を整えることが求められます。日本では2006年の学校教育法改正によって、AD／

これも知っておこう！

AD／HDの分類

（＊1）3つの特徴から、どれが強く現れているかによって「不注意優位型」、「多動─衝動性優位型」、「混合型」の3つのタイプに分けられる。

もっと詳しく！

（＊2）有病率は学齢期の子どもで3〜7％とされている。とくに男子に多く、男女比では2対1から9対1ともいわれている。

（＊3）医師による対応では、多動・不注意の症状を軽減する薬物の処方が行われる。

HDも特別支援教育の対象となっています。

集団のルールに合わないことが多いため、AD／HDの子どもたちはほめられる機会より叱られることが多く、自己評価が傷つきがちです。母親もストレスを強く感じ、育児困難に陥りやすいといわれています。しかし、**AD／HDの症状は周りの状況によって変化しやすく、肯定的に認められている環境であれば、症状が目立たなくなる**ことも指摘されています。だからこそ、臨床心理士をはじめ専門家と子どもをとりまく大人たちが協力して、対応していくことが重要です。

AD／HD（注意欠陥／多動性障害）の特徴

AD／HD（注意欠陥／多動性障害）は、行動上に以下の３つのような特徴がある。

1 不注意

- 学習、仕事などにおいて、細かく注意しながら行うことができない
- 課題や活動を順序立てることが、困難である
- 課題や活動に必要なものをしばしばなくしてしまう
- 外からの刺激によってすぐ気が散る

もう
やーめた！
まだ5分もたってないのに…

2 多動性

- しばしば手足をそわそわと動かし、椅子の上でもじもじする
- 教室やそのほか座っていることを要求される状態で席を離れる
- 不適切な状態で、余計に走りまわったり高いところへ上がったりする

まだ授業中だよ！
ふら～

3 衝動性

- 順番を待つことが困難である
- しばしば質問が終わる前にだし抜けに答え始めてしまう

みんな並んでるんだよ

発達過程で生じる問題5

虐待

虐待で受ける心の傷は大きく、周囲が連携してサポートしていく必要があります

4つの虐待のかたち

「虐待」は乳幼児や児童に対するものだけでなく、大人、高齢者、ある人種、部族も対象となり、人類史上よくみられる悲劇です。20世紀に入ってから、世界的にも、人間の尊厳や基本的人権がうたわれて初めて、罪の意識が社会の中で共有されました。

現在、親から子どもに加えられる虐待は、主に次のような4つに分類されます。ひとつ目は身体に直接的な暴力をふるうなどの**「身体的虐待」**です。ふたつ目は**「心理的虐待」**で、冷淡な態度、情緒的な応答の否定、宗教の強要などがそれにあたります。ドメスティックバイオレンス（＊1）を目撃させることも含まれます。3つ目が**「性的虐待」**です。4つ目が**「ネグレクト」**で、適切な食事を与えないなど育児の放棄を指します（＊2）。

虐待の実態が明らかになるにつれ、法改正が進められました。現在では**児童虐待の「疑い」があれば周囲には通報義務があり、実父母の合意がなくても、児童相談所や都道府県知事の判断で親権を停止して子どもを隔離することが可能**になっています。

虐待へのケア

虐待を受けた心の傷は大きく、他者がそばに寄り添うことにすら不安と恐怖を感じたりもします。なるべく安心・安定・

もっと詳しく！

（＊1）家庭内における暴力行為のことで、とくに、夫や恋人など近しい関係にある男性から女性への行われることが多い。DVとも呼ばれる。

（＊2）2009年の全国の児童相談所が対応した虐待件数は4万4211件であり、統計をとり始めた1990年の総数1101件の約40倍にあたる。そして、子どもに虐待を加えるのは実母がもっとも多く、2番目が実父である。

（＊3）虐待は世代にわたって受け継がれる可能

一貫した環境を提供しながら、心の傷をいやす心理療法を行うことが重要になります。それには、臨床心理士をはじめ児童相談所、社会福祉士、精神科医、福祉、行政など専門家同士が連携しながら、サポートをすることが必要です。

虐待が起こる要因は主に左にあげた4つがあります（＊2）。こうしたリスクが認識されていると、適切な支援が行われやすくなります。生命が危険な状況や性的虐待が疑われる場合には、まず心理療法を行う以前に子どもを家庭から切り離してから、長期的な視野での治療プログラムが必要です。とはいえ、親や血縁者を失う喪失感の影響もまた考慮しながら進めることになります。

性がある（➡P88）。虐待を受けている子どもと同時に、心理教育（➡P232）や心理療法や育児支援など虐待する側へのサポートも必要である。

虐待が起こる主な原因

下のようなリスクがあると虐待が起きやすくなる。

1 親が精神障害やアルコール依存症など何らかの依存症に罹患《らかん》している。または、虐待を受けた経験がある。

2 親の意に沿わない子どもである（誕生を望まれなかった子ども、発達に遅れがある子ども、育てにくい子どもなど）。

3 生活の危機・ストレス（とくに経済的危機、夫婦間暴力、離婚問題）がある。

4 社会的に孤立している家庭である。近隣とのつきあいがない。

発達過程で生じる問題 6

不登校

1970年代ごろから社会問題化。現在では、特殊な現象ではなくなっています

不登校の出現と移り変わり

「不登校」について、文部科学省は**「何らかの心理的、情緒的、身体的、あるいは社会的要因・背景により、登校しない、あるいはしたくともできない状況にあるため年間30日以上欠席した者のうち、病気や経済的な理由による者を除いたもの」**と定義しています。

1960年代ごろから「学校に行かない子どもたち」が話題になりました。そして、高度経済成長期に下降していた長期欠席率が1975年を境に上昇し、健康面にも経済的にも問題がないのに学校へ行くことができない子どもたちの存在は、**「不登校」として社会問題化**されたのです。

しかし、1990年には「不登校は誰にでも起こりうる」といわれ、特殊な現象ではなくなりました。価値観の多様化にともない、多彩な生き方が社会的にも認められてきています。また、子どもの勉学に対する意欲や学校へ行くモチベーションも低下していると考えられます。

不登校へのケア

不登校は左のようにその背景も要因もさまざまで、個別の対応が必要です。登校しなくとも学習できる環境が整ってきており、適応指導教室（＊1）やフリースクール（＊2）、自治体主催のキャンプ（＊3）など、**学校以外の居場所が用意**されています。保健室登校や相談室登校など

これも知っておこう！

適応指導教室
（＊1）不登校の子どもたちに対する学校復帰を支援する取り組みとして、市町村の教育委員会によって設置・運営されている。学習やスポーツなどの活動を通じて仲間関係を体験することを目的とする。

フリースクール
（＊2）不登校の子どもたちに居場所を提供する民間施設の総称。

都道府県・市町村主催のキャンプ
（＊3）地方公共団体による不登校対策の一環

を認める学校もあります。

子どもや保護者との相談では、「行く、行かない」という二者択一を超えたアプローチが必要となります。自分なりの登校の意味や学校の楽しみ方を見いだしたり、社会参加の仕方や人生の歩み方、人との関係の築き方を考えたりするためのサポートが求められています。

で、不登校の子どもたちが集まって数日間、共同生活を営む。

不登校のタイプと要因

不登校とはひとつの現象を表す言葉であり、その理由や状態は以下のようにそれぞれのケースによって異なる。

1 学校生活上の影響
いやがらせする生徒の存在や、教師と人間関係がうまくいかないなど、明らかにそれと理解できる学校生活上の理由から登校しない（できない）。

2 遊び、非行
遊ぶために非行グループに入って登校しない。

3 無気力
無気力で何となく登校しない、登校しないことへの罪悪感が少なく、迎えに行ったり強く催促したりすると登校するが長続きしない。

4 不安などの情緒的混乱
登校の意志はあるが身体の不調を訴えて登校できない、漠然とした不安を訴えて登校しないなど、不安を中心とした情緒的混乱によって登校しない（できない）。

5 意図的な拒否
学校に行く意義を求めず、自分の好きな方向を選んで登校しない。

6 複合
不登校状態が継続している理由が複合していて、いずれが主であるかを決めがたい。

7 その他
上記のいずれにも該当しないタイプもある。

発達過程で生じる問題 7

いじめ

いじめは昔からありましたが、現在、その深刻さは世界的な問題となっています

被害者の心と体に深刻な影響

「いじめ」について、文部科学省は**「当該児童生徒が一定の人間関係のある者から、心理的、物理的な攻撃を受けたことにより、精神的な苦痛を感じているもの」**と定義しています。日本では１９８０年ごろから、社会問題として取り上げられるようになりました。

いじめには、**軽いふざけやからかいから、刑法に触れるような暴行、傷害、恐喝まで、内容や被害の程度に大きな幅があります**。被害者となった子どもの心と体には深刻な悪影響が及び、最悪の場合には自殺や殺人事件にまで発展することさえあります。

いじめられる子の特徴に、「いじめられても反発しない」「我慢する」ことがあげられます。子ども自身の性質に加え、「告げ口したといわれる」「恥ずかしくていじめられているなんていえない」などの思いから、周囲に相談せずにひとりで抱え込む場合が多いといわれています。

一方、いじめる側の子は、いじめることで自分自身のストレスや欲求不満を発散している場合があります（＊1）。

いじめへのケア

いじめを全くなくすことは困難です。ですが、いじめが発生したときは、二次的な被害や再発を防ぎ、いじめが起こりにくい環境づくりを目指します。

もっと詳しく！

（＊1）いじめは「いじめる子―いじめられる子」の二者関係だけで成り立つものでない。いじめを面白がって見ている「観衆」の子どもたちと、見て見ぬふりをしている「傍観者」の子どもたちの態度も大きな影響を与えている。

（＊2）「いけにえ」のこと。現代では、スケープゴートになった子を一緒にいじめるという行為によって、互いの共通点を見いだし、かろうじて集団を維持しようとする。

まずは、いじめられた側の心の傷をケアし、ストレスから精神障害が生じていないか見極め、自殺を予防することが重要です。そして、子ども自身にはいじめられたときの対処法を学ばせます。さらにいじめた側にもケアが必要です。気持ちをコントロールする力や、他者の痛みに共感する力が育つように援助します。

仲間関係の発達といじめの構造

児童期から思春期の仲間関係の発達を表すのに、「ギャング・グループ」「チャム・グループ」「ピア・グループ」という概念がある。「ギャング・グループ」「チャム・グループ」でさまざまな仲間関係の経験を積み、「ピア・グループ」へと成長する。

児童期後半（小学生） → 思春期前半（中学生） → 思春期後半（高校生）

ギャング・グループ
同じ遊びを一緒にするのが仲間と考える。親から自立しようとすることで生じる不安を乗り越えるために仲間を必要とし始める時期に現れる。男子に特徴的。

チャム・グループ
共通の趣味、関心を通じてつながっている仲よしグループ。互いの共通点や類似点を言葉で確かめ合う。女子に特徴的。

ピア・グループ
互いの価値観や理想・将来の生き方について似ている点、違っている点を認め合い、自立した個人として互いを尊重し合う。

通常は、ギャング・グループやチャム・グループで短期間に順ぐりに仲間からはずされていく「仲間はずし」を経験する

→ 仲間はずしとはどういうものか、どんな気持ちになるかを体験的に学ぶ

→ 精神的に成長 → ピア・グループ

しかし現代は

ギャング・グループが消失、チャム・グループが希薄化。
「いじめ」の対象が集団を維持するための「スケープゴート（*2）」に。

発達過程で生じる問題 8

非行

少年による犯罪にかかわる行為のこと。教育的な働きかけや環境調整が重視されます

条件により3つに大別

一般的に、「非行」とは未成年者による社会に反する行為を指します。

少年法では非行少年を「犯罪少年」「ぐ犯少年」「触法少年」の3つに大別しています。**「犯罪少年」**は14歳以上20歳未満で罪を犯した少年のことです。**「触法少年」**は14歳未満で刑罰法令に触れる行為をした少年のことです（＊1）。**「ぐ犯少年」**とは、保護者から不当な扱いを受けていないのに保護者のいうことを聞かないなどといった条件（＊2）にあてはまる少年を指します。

ぐ犯少年への対処でも明らかなように、成人では犯罪ではない行為であっても、未成年では非行とみなす場合があります。非行とは、「将来罪を犯すリスク」にまで踏み込んだ概念であるといえます。

非行へのケア

非行に至るメカニズムはケースによってさまざまですが、「生物―心理―社会モデル」（⬇P36）の視点から、左図のように3つの要因に分けられます。

心身の両面において発達途中にあり、成長や改善の可能性があるため、**非行少年に対しては教育的な働きかけや環境調整が重視**されます。家庭裁判所、少年鑑別所、保護観察所、少年院、児童相談所、児童自立支援施設、警察の少年相談などの機関が、指導や援助を行います（⬇P

もっと詳しく！

（＊1）14歳に達していない者は、罪を犯しても刑事責任に問われないため「触法」と表現される。

（＊2）「ぐ犯少年」にあたる事由は主に次のようなものがある。①保護者から不当な扱いを受けていないにもかかわらず、保護者のいうことを聞かないこと。②保護者から不当な扱いを受けていないのにもかかわらず、家出や外泊をしていること。③犯罪性のある人や不道徳な人と交際していたり、いかがわしい場所に出入りしていること。④自分や他人の徳性を害

282)。加えて、非行に至る前の段階で、学校や地域社会が予防のための働きかけを行っていくこともたいへん重要です。非行というと否定的にとらえがちですが、実は少年たちが抱えている問題を解決し、発達を促す機会でもあります。発達の過程のひとつとして、周囲は更正に向けてサポートしていくことが大切です。

非行に至る主な原因

非行に至る過程はケースによりさまざまだが、主に以下のような要因をあげることができる。

大人だって勝手をしているのだから自分だって勝手なことをしてやる！

心理学的要因

- 養育者に大切にされた経験の乏しさ、みじめさ、無力感、絶望感、不安感などの否定的感情体験

上記のほか、学習障害やAD／HDなどの発達障害があり、生きにくさを抱えているのに適切な支援を受けられなかった場合、これまでの問題が反社会的行動となって現れることもある。

反社会的な行為

WINE
BEER

生物学的要因

- アルコール・シンナー・覚せい剤などの乱用

アルコールなどの物質乱用は、それ自体が非行にあたるだけでなく、さらなる非行の要因となる。

社会的(環境的)要因

- 家庭的問題
(貧困、虐待、家族の機能不全)
- 地域社会の問題
(不良文化が根づいている学校や地域)

少年にとって仲間関係からの影響が大きく、不良文化が根づいているコミュニティでは非行が広がりやすい。

する行為をする性癖があること。

発達過程で生じる問題 9

ひきこもり

6か月以上家庭内にとどまっている状態。精神障害との関係も指摘されています

ひきこもりによる苦悩を重視

厚生労働省では2010年に「ひきこもり」について「さまざまな要因の結果として社会的参加（義務教育を含む就学、非常勤職を含む就労、家庭外での交遊など）を回避し、**原則的には6か月以上にわたっておおむね家庭にとどまり続けている状態**」と定義しました。

ひきこもりは簡単にはひとくくりにできない状態であり、また、ひきこもっていること自体は必ずしも問題ではありません。この状態に**当事者が苦悩を抱えている場合に、心理的なサポートが必要**になってきます。左にひきこもりの状態で生じやすい苦悩をあげました。

ひきこもりへのケア

現在の日本で、ひきこもりの子どもがいる家庭は全国で少なくとも約26万世帯に及ぶと推計されています（＊1）。そのような状況を受け、厚生労働省では2009年より「ひきこもり対策推進事業」を創設し、各地方自治体にひきこもりに特化した第1次相談窓口の「ひきこもり地域支援センター」を整備しました。これは、地域の中で最初にどこに相談したらよいかを明確にして、より支援に結びつきやすくなることを目的としたものです。各センターには社会福祉士などによる「ひきこもり支援コーディネーター」が配置され、各関係機関とのネットワークの構

もっと詳しく！

（＊1）20歳以上を対象とした場合。「こころの健康についての疫学調査に関する研究（厚生労働科学研究、2006年）」による。

（＊2）厚生労働省では、ひきこもりは原則として統合失調症のひきこもり状態とは一線を画したものとしているが、「実際には確定診断がなされる前の統合失調症が含まれている可能性は低くないことに留意すべきである」と補足している。また、精神障害によってひきこもりが引き起こされ

築や、ひきこもり対策にとって必要な情報を広く提供する役割を担います。臨床心理士はそのようなネットワークの一員として支援活動を行うことになります。

また、ひきこもりについて調査が進むなか、さまざまな精神障害が関与していることが報告されるようになりました。

ひきこもりと関連が深いのは、広汎性発達障害、不安障害、身体表現性障害〔⬇P144〕、気分障害、パーソナリティ障害〔⬇P152〕、統合失調症などです（＊2）。ひきこもり支援と同時に、このような精神障害や発達障害そのものへのケアも必要となってきます。

る場合があるが、逆にひきこもりによって精神障害の発症が促されるケースもあるとしている。

ひきこもりの問題点

ひきこもりは、当事者が以下のような苦しみを抱えている場合がある。

1 対人関係から孤立している
- 孤独感をいだいている

2 社会的な役割がない
- 当事者は劣等感や自信喪失、アイデンティティの混乱といった状況に陥る
- 当事者の家族は「世間体が悪い」と感じたり、当事者の扱いに困る

3 経済的な問題がある
- 働いていない当事者を養うことによって家計を圧迫し、家族の負担となる
- 「家族の負担となっている」という意識が、当事者の苦悩となる

4 精神障害、発達障害をもつ場合もある
- 不安障害、パーソナリティ障害、うつ病といった精神障害がひきこもりの状況を悪化させることもある
- 高機能の発達障害をもつために、周囲とうまくいかずにひきこもる

「ひきこもること」自体ではなく、その状況によってどのような問題や苦悩を引き起こしているかに注目して心理的なサポートを行うことが大切である。

発達過程で生じる問題
10

自殺

自殺率が高い日本。年間自殺者数が3万人を超えている現在、対策が急がれます

自殺の実態と日本の現状

年間の自殺者数は、世界全体では約100万人、日本では約3万人（2010年度）にのぼります。女性よりも男性に多く、年齢とともに高くなる傾向があります（＊1）。**世界的にみて日本の自殺率は非常に高く、とくに働き盛りの40～50歳代に多いのが特徴**です。未成年は全体の2％ほどですが、増加傾向にあります。こうしたなか、2006年には自殺対策基本法が施行されました（＊2）。

自殺の動機はさまざまですが、30歳未満では学校・家庭での問題によるものが多く、中高年では主に借金など社会的な問題によるものが目立ちます。どの年代においても気分障害や統合失調症などの精神障害との関連が認められることがしばしばあり、なかでもとくに**うつ病と睡眠障害とアルコール依存・乱用は自殺の危険因子**と指摘されています（＊3）。

「自殺すると周囲にいう人ほど自殺しない」などといいますが、**そのような世間の認識は誤っていることが多くあります**。死に関する発言や身辺整理、自殺未遂は自殺のサインでもあります。左にしばしばみられる誤解の例をあげました。

自殺予防のためのケア

臨床心理学の実践活動では、自殺を防ぐことが何よりも優先されます。自殺方法を具体的に話すクライエントほど実行

もっと詳しく！

（＊1）未婚者、離婚者、最近配偶者と死別した人の自殺率は、結婚して家族のいる人に比べて3倍ほど高い。また、自殺未遂については女性に多く、子どもや若者にも多くみられる。

（＊2）自殺対策基本法とは、自殺防止のための社会的な取り組みを、国や地方自治体の責務とした法律。具体的な内容は、自殺に関する調査研究の推進、自殺防止のための広報活動、教育活動、職域や学校や地域等における体制の整備、医療体制の整備、自殺防止活動を

する危険性が高いと考えられ、守秘義務の例外として、家族や学校の教師など関係者と連絡をとるなどの対応が行われることもあります。そして、自殺以外にも問題解決につながる選択肢があることを気づかせていくような介入が行われます。何らかの精神障害が認められるときは、その障害の治療に焦点をあてる方法でケアが進められます。

また、家族だけでなく友人や知人という間柄でも身近な人間の自殺は、残された人の自殺のリスクを高めるおそれがあります。近年、そのような人々へのケアの重要性についても指摘されています。

する民間団体への支援などがある。

（＊3）「自殺予防と遺族支援のための基礎調査（国立精神・神経医療研究センター、2010年）」による。

自殺に対する一般的な誤解

世間における自殺に対する考え方には、しばしば**誤ったもの**がある。以下はその例である。

1 自殺を考える人はごくわずかである

→ 一般人の40〜80%は自殺を考えたことがあると研究されている。

2 自殺は本人が力つきた状態のとき行われる

→ 自殺は心身のエネルギーが回復しはじめたころが多い。

3 「自殺する」といっている人は自殺しない

→ 自殺者の4分の3は生前に自殺の意志を周囲に話している。

4 自殺する人は自殺の兆候といえるような行動はしない

→ 自殺を考えている人は、大切にしていたものを突然他者に贈るなどの特異な行動をすることがよくある。

5 自殺する人は死にたくて仕方のない人である

→ 自殺者の多くは死ぬか死なないか決めかねていたと推測されている。

6 致命的と思われない方法で試み、未遂で終わった人は本気で自殺を考えていない

→ 本当に死にたいと思っていた人が、知識不足のために未遂で終わった可能性もある。

事例に見る臨床心理士の仕事 3

発達障害とアセスメント

小学6年生のとき、タダシ君は引っ越してきました。偏食が多く、いつも給食を残すことで同級生にからかわれたタダシ君は、からかった子に殴りかかることがしばしばありました。また、タダシ君は一番前の席にこだわりがあり、母親は前の学校では認められていたので新しい学校でも前の席にするように配慮を求めました。しかし、担任はそれを「わがまま」として認めなかったため、タダシ君は反発し、音楽室に閉じこもってしまうことが続きました。

その様子をみた同級生による、タダシ君へのいじめが始まりました。タダシ君の持ち物が隠されたり、机に落書きされたりしたのです。タダシ君はやがて不登校となり、家にひきこもるようになりました。そのため、タダシ君の担任がスクールカウンセラーである臨床心理士に相談しました。

スクールカウンセラーはまず母親に来てもらい、タダシ君のこれまでの様子をたずねました。母親は次のように語りました。

- 小さいころから不思議な子どもで、人見知りがなく、母親に執着がなかった。
- 言葉が遅かった。数字にこだわりがあり、数字を丸暗記することが多かった。
- 集団行動や他人と交流することが苦手で、幼稚園でも一人で遊んでいた。
- こだわりが強く、気に入らないことがあるとパニック状態になることがあった。

最近では父親がタダシ君の不登校を「怠けている」といい、無理に学校に行かせようとしたところかえって、ひきこもるようになったといいます。臨床心理士は家までたずね、タダシ君と面談したところ、タダシ君は昼夜逆転した生活を送っていて、食欲も減退しているということがわかりました。また、かなり自分をだめな人間とみなしていることも、その面談から判明しました。

ここでのPoint

タダシ君の行動や生育史から、発達障害という脳機能の障害が想定されます。しかし、担任や家族に発達障害の知識がないため、タカシ君の行動を「わがまま」や「怠け」という心理的な要因で片づけようとしました。それによって、二次的障害である自己否定や抑うつが生じ、それまでできていた学校に通うという生活機能の障害が引き起こされてしまったのです。

このように、表面的には「いじめによる不登校」にみえても、その裏には発達障害が問題を成り立たせている原因となっていることがあります。また、周囲の反応という社会的な要因によって、より問題が悪化してしまうこともあります。タダシ君のようなケースを扱う場合、発達障害に対する理解なくして、問題を解決することは難しいといえます。

PART 4

精神障害と臨床心理学
——異常心理学について

心の異常を扱う異常心理学と、臨床心理学のかかわりについて解説します。

ここで扱うテーマ

- 異常心理学の基礎知識
- 精神障害の判断基準と介入
- 各精神障害の特徴

異常心理学の基礎
1

異常心理学とは何か

心の異常を取り扱う心理学の一分野。その知識はアセスメントを行うのに必須となります

異常心理学の位置づけ

臨床心理学の実践活動では、アセスメント〔➡P46〕によって心の問題の成り立ちを探り、問題解決のための仮説を立て、その結果をもとに実際に介入〔➡P168〕していきます。そのときに参考にするのが「異常心理学」です。臨床心理学や発達心理学と同様に**心理学の一分野であり、アセスメントの作業を有効に行うためにその知識が必要**となります。

異常心理学は心理的異常、つまり心の異常をテーマとしています。心の異常とは何か、どのような成り立ちで起こるのか、主な症状はどのようなものか、といったことについて研究します。そして、心の異常を判断する基準や、それにもとづいたアセスメント技法や研究法、さらに心理的な原因による異常行動に関する理論（＊1）などについても追究する学問です。

正常と異常の基準

心の状態が正常か異常かを診断する基準はさまざまありますが、そのなかに、**適応的基準**、**価値的基準**、**統計学的基準**、**病理的基準**という4つの基準があります。

臨床心理学では、心の異常を抱えてどのように生活していくかをテーマにしており、そのためのサポートに焦点があてられます。従って、病理的基準だけでなく、生きていくうえで重要な適応的基準、

もっと詳しく！

（＊1）クライエント中心療法〔➡P170〕や精神分析〔➡P174〕、分析心理学〔➡P178〕といった臨床心理学の各理論それぞれにおいても、心理的な問題が発生する理由が考察されている。たとえば、クライエント中心療法では、「自分の考えと合わないような体験をし、かつ受け入れられないことが続いたとき、さまざまな心理的な問題が発生する」としている。

価値的基準についても検証します。

また、心の異常はその人がそれまで生きてきた発達のプロセスや、あるいは対人関係や社会とのかかわりの中で生じてくることがほとんどです。そのため、発達の過程や社会システムとの関連についても考慮しながら、正常か異常かの判断を行います。

アセスメントで考慮する正常と異常の基準

下の４つの基準それぞれの情報からクライエントの心の状態を判断し、問題解決のための仮説づくりを行う。

① 適応的基準（適応―不適応）

社会に適応しているのが正常で、社会生活が円滑にできなくなったのが異常とする。

具体的基準

- 社会的判断：社会的に機能しているかどうかを他者によって判断。
- 主観的判断：自分が社会的に機能できているかどうかを本人が判断。

② 価値的基準（規範―逸脱）

道徳観や法律といった規範のうちで行動している状態を正常、その規範からはみ出している場合を異常とする。

具体的基準

- 生活的判断：道徳観や社会通念にもとづく規範によって判断。
- 理論的判断：法律などにもとづく規範によって判断。

③ 統計学的基準（平均―かたより）

集団の中で平均に近い標準的な状態を正常、平均から大きく外れている状態を異常とする。

具体的基準

- 検査法を用いて、多量のデータを収集し、それを数量化。統計的手法によって決定した標準にもとづき判断。

④ 病理的基準（健康―疾病）

病理学にもとづく医学的な見地から健康と判断されたら正常、疾病《しっぺい》と診断された場合を異常とする。

具体的基準

- 精神病理学に裏づけられた診断分類にもとづき、専門的に判断。

異常心理学の基礎 2

心理機能の障害（精神症状）

かつては精神障害を「原因」で分類していましたが、現在は「症状」で分類します

診断の移り変わり

かつて、狂気が生じるのは悪魔のような邪悪な存在に心が支配されたためだと信じられてきました。それが19世紀の後半になると、**ドイツの医学者クレペリンが狂気を「精神疾患」とみなし**、身体的な疾患と同様に一定の原因や症状や経過などがあると仮定しました。

また、クレペリンは体系的な分類も提案しました。彼は精神疾患を3つに分け、**身体的な原因による外因性、遺伝的な要因による内因性、心理的な原因による心因性**に分類したのです。これは病気の原因を基準としているので、病因論的分類と呼ばれています。

しかし、いまだに心の異常の多くは身体的原因が確定されていません。ほとんどの場合、血液検査やレントゲンなどの身体的な検査ではなく、クライエントの言葉や表情、行動などを通して判断するほかないのです。そのため、今では病因を問わずに、症状を基準として分類する症候論的分類が一般的です（＊1）。

症状の分類

心の働きにはさまざまなものがありますが、この働きが正常に行われない場合、心の異常として症状がでてきます。

左図は、**異常心理学の基本となる心の働きとその機能障害としての精神症状**をまとめたものです。

もっと詳しく！

（＊1）病因ではなく症状を基準とする流れがでてきたことから、「精神疾患」という語は病因論的なニュアンスがあるとして避けられた。その代わりに、現在は「精神障害」という語が用いられるようになっている。

心理機能の障害
(精神症状)の主な種類

1 知覚の異常

錯覚や幻覚、幻聴、幻視、幻味、幻触など、現実とは違うように感じたり、見たり、聴いたりする。

2 思考の異常

考えがまとまらなくなったり、話がわかりにくくなったりする。強迫観念〔➡P140〕をいだいたり、恐怖や不安がコントロールできなくなったりする。妄想をいだく場合もある。

3 記憶の異常

意識障害、知能低下などがある。記憶の一部分または全部を失ってしまう(健忘)。

4 知能の異常

先天性、早期後天性の障害による知能の遅れ(精神遅滞)や、脳の障害による知能の低下(痴呆)がある。

5 自我の異常

「自分の行為が他人に操られている」「自分の考えが周囲に知れ渡ってしまう」などと感じる。同一人物に別々の人格が生まれたり(多重人格)、自分の存在に現実感がなくなったりする(離人症)。

6 感情の異常

抑うつ気分、高揚気分など著しい気分の上下が起きたり、漠然とした不安をいだいたりする。または喜怒哀楽がなくなり、周囲に無関心となる。

7 欲動・行動の異常

活動力、性欲、意識の低下がある。拒食や過食を行う。無気力で、終始ぼんやり過ごす。

異常心理学の基礎 3

精神障害の診断分類

米国精神医学会の「DSM」が、精神障害の診断基準として世界的に用いられています

分類の必要性

臨床心理学では、異常行動や精神障害を正確に分類することが非常に重要です。なぜなら、たとえばひとつの研究グループがある症状に対して有効な介入方法が発見したとしても、その症状の分類をほかの研究者と違う方法で定義していたならば、その発見は共有されないまま、埋もれてしまうからです。

これまでも、異常行動や精神障害を分類しようと、さまざまな試みが繰り広げられてきました。**世界保健機関（WHO）は、1948年にあらゆる死因や疾病をまとめた「疾病・障害・死因の国際統計分類（ICD）」を発表**しましたが、これには異常行動の分類も含まれています。この最新版が「ICD10」と呼ばれるものです（＊1）。

世界的な診断基準

WHOのICDに対して、**米国精神医学会がまとめた精神障害の診断基準が「DSM（＊2）」**です。これは現在、病理的基準〔P123〕による心理的異常を判断するのに世界的に用いられており、異常心理学において必須とされるものになっています。

この分類基準でも以前は病因によって分類されていましたが、1980年に発表された「DSM-Ⅲ」から症状にもとづいた分類が採用されました。2000

もっと詳しく！

（＊1）現在2015年改訂（ICD11）に向けて作業が進められている。

（＊2）"Diagnostic and Statistic Manual of Mental Disorders"の略で、日本語では「精神障害の分類と診断の手引き」と訳される。最新版の「DSM-Ⅳ（第4版）」は1994年に改訂されたもので、その一部改訂版である「DSM-Ⅳ-TR」が2000年に出版されている。そして、2013年には「DSM-5」が発表される予定である。

年に発表された、最新版である「DSM-Ⅳ-TR」では、左図のような多軸分類が採用されており、ひとりのクライエントの症状を5つのそれぞれ異なった面から判断します。つまり、クライエントの障害についてより多くの情報を探り、深く理解するよう求められるようになっているのです。

DSMでの分類

DSMとは…

米国精神医学会による精神障害の分類基準。病因ではなく症状によって精神障害が分類されている。下記の5つの軸についてクライエントの状態を探り、分類する。

第Ⅰ軸　精神障害（第Ⅱ軸を除く）

パーソナリティ障害〔➡P152〕および知的障害〔➡P100〕以外の精神障害が含まれる。面接や質問紙などでアセスメントする。

第Ⅱ軸　パーソナリティ障害と知的障害

パーソナリティ障害、知的障害についてアセスメントする

第Ⅲ軸　一般身体疾患

精神障害に影響するおそれがある、一般的な身体疾患についてアセスメントする。

第Ⅳ軸　社会心理的問題やストレス

家族関係、社会生活、行動特徴、ストレスについてアセスメントする。

第Ⅴ軸　機能の全体的評定

過去1年間の社会的適応状態をアセスメントする。

異常心理学の基礎 4

精神障害への介入

精神医学と臨床心理学が連携して、精神障害の治療とサポートをします

精神医学による治療

精神医学は医学的検査や問診によって精神障害の症状を明らかにし、診断名を確定します。そして、**薬物療法などにより治療、または症状の管理を目指します。**「生物ー心理ー社会モデル（↓P36）」の枠組みでとらえると、精神医学は生物学的要因からのアプローチを担います。

そのために、生物学的精神医学、臨床精神医学、社会精神医学など、さまざまな精神医学をはじめ、診断と治療法、薬理学などの知識が必要とされます。

臨床心理学による介入

臨床心理学では、精神障害を抱えて生きていくことへのサポートを目指します。精神障害に対して、認知のゆがみを正す認知行動療法（↓P184）や、抑圧された無意識への働きかけを行う精神分析（↓P174）などの**心理療法を用いて介入**を行っていきます。また、本人だけでなく家族に対しても障害への知識を深める心理教育（↓P232）を行い、障害に向き合うための援助をしていきます。「生物ー心理ー社会モデル」という枠組みでとらえると、心理的要因にアプローチし、患者（＊1）本人が障害とともに生きやすいような手助けをします。

精神医学と臨床心理学は専門家として互いにコラボレーション（↓P42）しながら、精神医学が薬物療法などによって

もっと詳しく！

（＊1）精神障害に対しては精神医学の診断のもと治療が行われるため、クライエントではなく患者という表現を用いた。

治療を試み、臨床心理学が多方面から生活の支援をしていくかたちとなります。

さらに医師、臨床心理士、看護師、社会福祉士などの複数の専門職がコラボレーションしながら問題に対処していく時代となっています。そのような連携においても米国精神医学会によるDSMが共通の基準となります。

精神医学と臨床心理学の違い

問題行動があって、精神障害と判断されたとき、精神医学と臨床心理学ではそれぞれ下記のような対応をとる。

問題行動

ドアのかぎが閉まっているかなど、点検、確認を繰り返して日常生活に支障をきたす

↓

強迫性障害と診断

臨床心理学では…

- 本人に認知行動療法などを行う
- 家族に家族療法を行う
- 医師とサポートネットワークをつくる

多方面から心理的援助を行う

精神医学では…

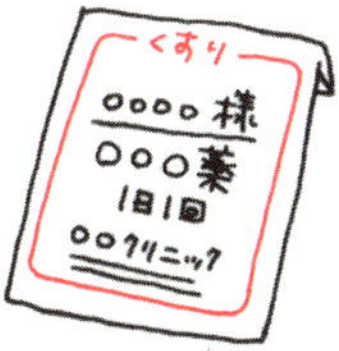

薬物療法などで症状を管理する

精神医学と臨床心理学の両方のケアを同時に行う。

異常心理学の基礎
5

精神障害と薬物療法

精神障害がある場合には、心理的介入と同時に薬物療法が行われます

薬物療法の3つの目的

精神障害に対して、**「精神症状を軽減し、社会生活を送るうえでの困難や苦痛を緩和する」「心身の状態を下支えして、自己治癒力を高める」「再発防止」**の3点を目的に薬による治療が行われます。

精神障害をもつ患者には、多くの場合、心理療法などの介入と同時にこの薬物療法が行われます。臨床心理士は薬物を処方する立場ではありませんが、薬物療法に関する知識は必要です。

向《こう》精神薬の分類

人間の精神活動を司る脳の中枢神経系に働きかけ、精神・心理状態に作用する薬を**「向精神薬」**と呼びます（＊1）。向精神薬は「催《さい》幻覚薬」と「精神治療薬」に分かれますが、催幻覚薬の多くは日本では違法薬物なので、精神治療薬のみが処方されます。そして精神治療薬には抗うつ薬、抗不安薬、睡眠薬、抗精神病薬、気分安定薬などがあります。

薬物は病名ではなく症状に応じて処方されます。たとえば、抗うつ薬がうつ病〔➡P160〕だけでなく不安障害〔➡P132〕に処方されることがあります。

薬には作用と副作用とがあります。向精神薬は長期間服用しても比較的安全な薬だといわれていますが、定期的な検査が必要です。「薬物に依存してしまうのでは？」という不安を感じる患者がいま

これも知っておこう！

脳内の神経伝達物質

（＊1）脳の中枢神経系に関連する代表的な神経物質には次のようなものがあり、向精神薬に使用されている。

①GABA：不安やイライラを取り除き、てんかん発作を抑えるなどの働きがある。

②セロトニン：気分と関係するといわれている。うつ病の患者は脳内のセロトニン量が少ない。

③ノルアドレナリン：不安や意欲と関係する。不安が強くなると、この働きが強まる。

④ドーパミン：情緒、意欲、幻覚、妄想と関係す

すが、そのような不安は誤解にもとづく場合が多い傾向にあります。正しい知識を伝え、医師の診察を受けながら服用すれば問題ないことを説明する必要があります。また、あらかじめ副作用について処方される本人が理解しておくことが重要です。投薬の自己中断による症状の悪化などを防ぐことにつながります。

精神障害で処方される薬の分類

診断された病名ではなく、精神症状に応じて用いられる。

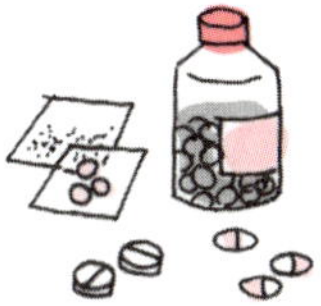

向精神薬

→ **催幻覚薬**

多くが日本では違法薬物として使用禁止

→ **精神治療薬**

●抗うつ薬
抑うつ気分、不安、焦燥といった症状の緩和。うつ病以外に不安障害、摂食障害〔➡P 148〕にも使用。

●抗不安薬
不安、緊張の緩和、鎮静・催眠作用、筋弛緩作用、抗けいれん作用、自律神経調整作用など。不安障害をはじめ、あらゆる病気に使用。

●睡眠薬
眠気を促し、睡眠を持続する作用。不眠状態に使用。

●抗精神病薬
幻覚、妄想といった異常体験などを改善。統合失調症〔➡P 164〕などに使用。

●気分安定薬
抗躁《そう》効果。双極性障害（躁うつ病）〔➡P 162〕状態の予防のために使用。

る。これが適度に働いていれば気分よく活発に生活ができる。

精神障害の分類 1

不安障害①——どのような障害か

「不安」が症状の中心。異常心理学の中でもっとも多く扱われる障害です

かつての神経症を分類

かつて、フロイトが病的な不安に関する問題を「神経症（ノイローゼ）」という概念でまとめました。しかしその後研究が進むにつれ、神経症にまとめられていた障害はそれぞれ異なるメカニズムをもっている、とされるようになったのです。その結果、DSM-Ⅲ以降は神経症の概念は用いられなくなり、代わりに不安障害、身体表現性障害（➡P144）、解離性障害（➡P146）、気分障害（➡P160）という障害名に分類されました。

なかでも**不安感が症状の中心となるのが「不安障害」**です。

不安障害はさらに、現在のDSM-Ⅳ-TRによって、**パニック障害**（➡P134）、**全般性不安障害**（➡P136）、**恐怖症性不安障害**（➡P138）、**強迫性障害**（➡P140）、**PTSD**（➡P142）などに分けられます。

不安障害へのケア

不安障害の原因はまだ十分にはわかっていません。ただし、以前は心理的な要因によるものとされていましたが、近年では脳機能の異常などの身体的な要因も深く関係があることがわかっています。

かつて神経症と呼ばれていた当時は精神分析による介入が中心でした（＊1）。現在では、薬物療法と認知行動療法による介入が基本となります。

認知行動療法では、恐怖の対象にあえ

もっと詳しく！

（＊1）かつて、不安症状は葛藤が無意識下で抑圧された結果生じると考えられていた。ゆえに葛藤を意識化させれば不安症状は消えるとされ、抑圧を取り去るための精神分析による介入が中心であった。

（＊2）「選択的セロトニン再取り込み阻害薬」ともいう。不安障害はうつ病も併発する傾向があるので、不安症状の改善だけでなく、抑うつ症状にも効果を発揮するSSRIの使用が適している。

て直面することで不安を取り除く曝露《ばくろ》法や、不安を引き起こす認知のゆがみを正す認知療法などを用います。

薬物療法では一般的にＳＳＲＩ（＊２）という抗うつ薬が処方されます。また、抗不安薬は服用後すぐに薬効が現れるため、急性の不安感や恐怖感を鎮めたり、緊張を緩和したりするのに用いられます。

不安障害への心理的援助

不安障害のケアには、薬物療法と心理療法を用いる。臨床心理士は、以下のような認知行動療法と認知療法によって心理的なサポートする。

曝露法での介入

〔➡P216〕

「不安」や「その不安を回避するための行動」は誤った学習の結果、身についたものである

↓

「不安」や「その不安を回避するための行動」を取り除くために、恐怖の対象にあえて直面させる曝露法を用いる

認知療法での介入

〔➡P184〕

出来事を過剰に否定的にみるとらえ方（認知傾向）が不安を引き起こしている

↓

過剰に否定的にみるとらえ方を修正するために、認知療法の介入技法であるセルフモニタリング（自己観察）や、認知の再構成法などを用いる

誤った学習や出来事を過剰に否定的にみた結果として不安症状は生じてきたものと考え、その原因を取り除いたり、認知傾向を修正したりする介入が行われる。

精神障害の分類
2

不安障害②――パニック障害

特別な理由なく突然生じるパニック発作が主症状。近年増加傾向にあります

突然起こるパニック発作

「パニック障害」とは、パニック発作を主な症状とする不安障害の一種です。パニック発作とは、内科的な異常がないのに、動悸、窒息感、発汗、めまい、死ぬのではないかという恐怖感など、複数の反応が突発的に起こる状態を指します。

100人に2～4人ほどの割合で発症し、女性の発症率が高く、男性の約2倍という調査結果があります（＊1）。

パニック障害の特徴

パニック発作という予期しない発作があるかどうかが、パニック障害と診断する基準となります。パニック発作が理由なく突然起こるため、何度か発作を起こしているうちに**「また発作が起こるかもしれない」**という**「予期不安」**が強くなります。そして次第に、パニック発作を起こしたときに助けてもらえないような場所への外出や、そのような状況になることに強い恐怖心をもつようになります。

その結果、電車などの乗り物に乗ったり人ごみへ外出したりすることを避けるようになり、日常生活に支障をきたすこともあります。こうした症状を**「広場恐怖」**と呼び、パニック障害の約半数にともなうといわれています。

この障害に介入する際は、予期不安と回避行動を取り去ることを目標とします。具体的には、恐怖の対象にあえてさらす

もっと詳しく！

（＊1）パニック障害発症者数の年齢分布をみると、18歳から60歳までの年齢層ではあまり変わらず、60歳以上になると減少する傾向がみられる。

（＊2）現在では不安障害は脳の機能障害とかかわりがあることがわかっている【➡P132】。

ことで恐怖を取り去る曝露法を主に用います。また、「不安・恐怖に関係する脳の機能障害（＊2）であって、本人の性格や気のせいではない」「この発作そのもので命を落とすことはない」「薬や精神療法で効果的に治療できる」といったことをしっかり本人とその家族に伝えることがとても重要です。

パニック障害の特徴

- 100人に２～４人ほどの人が発症
- 女性が多い（男性の２倍の発症率）
- 主な症状…突発的なパニック発作

パニック障害の発症

1 以下のような症状のパニック発作を起こす

その他
- 不安感
- 死への恐怖感

↓

2 予期不安が生じる
また発作が起きるのでは、と不安になる

↓

3 広場恐怖が生じる
助けを求められない不安から、電車などの乗り物に乗ったり、人ごみへ外出したりすることが困難になる

↓

4 日常生活や社会生活に支障が生じる

パニック障害では、パニック発作が何度も繰り返される。そのうちに「また発作が起きるのではないか」という予期不安が生じ、電車や人ごみといった助けを求められない場面への恐怖（広場恐怖）が起こる。結果、社会生活を営むのが困難になっていく。

精神障害の分類 3

不安障害③──全般性不安障害(GAD)

理由がないのに、過剰な不安や緊張を感じる障害です

過剰な不安感が長く続く

不安は漠然とした恐れの感情であり、誰にでも経験があるもので、ある期間を過ぎるとなくなるのが通常です。ところが**「全般性不安障害(GAD)」では、日常生活のさまざまな出来事に対して、理由がはっきりしないまま、過剰な不安感が長期間続きます**。そして、それが日常生活に営むうえで支障をきたすようになるのです。しかも、この不安は自分ではコントロールできません。不安を感じる対象は、仕事や学校、家庭生活など身近なことから、天災、外国での戦争のことなど、多岐にわたります。

GADは100人に3~8人という決して少なくない割合で発症します。女性のほうが男性より発症率が高く、男性の約2倍といわれています。

GADの主な症状

強い不安感が身体や精神にも影響を及ぼし、症状として現れます。身体的な症状には、疲れやすい、筋肉の緊張、首や肩のこり、頭痛、ふるえ、動悸、息苦しさ、めまい、頻尿、下痢、睡眠障害などがあげられます。精神的な症状には、イライラ、慢性的な不安、過敏になる、過緊張、落ち着きのなさ、集中困難などがあります。

GADへの対処は、「慢性的な不安」と「過緊張」の2点を取り去ることに焦

これも知っておこう!

(GAD)の全般性不安障害薬物療法

(*1)「ベンゾジアゼピン誘導体」や「タンドスピロン」などの抗不安薬が用いられることが多い。ベンゾジアゼピン誘導体は依存症になりやすいので最小限にとどめ、アルコールとの併用を避ける。うつ症状を合併した際は抗うつ剤が用いられる。

点があてられます。まず、不安を軽減するための投薬が行われます（＊1）。そのうえで認知行動療法によって、不安を引き起こしてしまう認知のゆがみを正し、

自分自身で不安をコントロールできるようトレーニングします。また、過緊張の軽減には、深呼吸や筋肉をゆるめるリラクセーション法が有効とされています。

全般性不安障害（GAD）の特徴

- 100人に３～８人ほどの割合で発症
- 女性に多い（男性の約２倍の発症率）
- 主な症状…過剰な不安、心配、緊張

身体的な症状

精神的な症状

精神障害の分類 4

不安障害④――恐怖症性不安障害

通常は恐れる必要のない対象や状況に、たいへんな恐怖感をいだく障害です

特定の状況に恐怖心をいだく

通常は恐れる必要のない**ある特定の刺激や状況に対して、過剰な恐怖感をいだき、それらを回避しようとする不安障害が「恐怖症性不安障害」**です。恐怖を感じる刺激に直面すると、不安反応（＊1）が引き起こされ、パニック発作（⬇P134）が生じることもあります。

恐怖症性不安障害の主な症状

DSM-Ⅳ-TRでは、恐怖症性不安障害と左ページのように恐怖を感じる対象ごとに**「特定の恐怖症」「広場恐怖」「社交恐怖」**の3つに分類しています。

特定の恐怖症は、①へびなどの動物、②雷、嵐、高所などの自然環境、③血液・注射・外傷、④閉所や高所などの状況、⑤その他、といった対象に強い恐怖感をいだきます。

広場恐怖は、逃げ場がない、または人ごみで助けが得られないといった状況に強い恐怖を感じます。パニック発作がある場合、助けを求められない状況を恐れ、外出できなくなることもあります。

社交恐怖は、「対人恐怖」とも呼ばれ、他人と接する場面に恐怖を感じます。

介入の際、特定の恐怖症と広場恐怖には曝露法を用い、恐怖の対象にあえてさらすことで恐怖を取り去ります。社交恐怖には認知行動療法により、認知のゆがみを正していくことが中心となります。

もっと詳しく！

（＊1）不安反応とは、不安からくる緊張、発汗、ふるえ、頭がふらふらするといった症状が6カ月以上続く、慢性の症状のこと。

恐怖症性不安障害の特徴

- 10人にひとりが発症
- 女性に多い（男性の約２倍の発症率）
- 主な症状…不安反応、パニック発作

3つの恐怖症

特定の恐怖症

1. 動物型（特定の動物や虫への恐怖）
2. 自然環境型（嵐、雷、高所、水への恐怖）
3. 血液、注射、外傷型（血を見ることや注射などを受けることへの恐怖）
4. 状況型 (閉所や高所、人ごみ、飛行など特定の状況への恐怖)
5. その他の型（①～④以外の刺激への恐怖）

社交恐怖

「対人恐怖」ともいう。見知らぬ人たちの中で注目をあびたり、何らかの行為をしなければいけなかったりすることに、強い恐怖心をいだく。視線恐怖、赤面恐怖、表情恐怖、スピーチ恐怖などがある。

広場恐怖

「外出恐怖」ともいう。ひとりで人ごみに出かけたり、乗り物に乗ったりすることに極度の恐怖を感じ、外出を避けようとする。パニック発作がある場合、助けを求められない状況に不安感をいだく。

精神障害の分類 5

不安障害⑤──強迫性障害(OCD)

強迫観念と強迫行為のふたつの症状からなる障害です

強迫観念と強迫行為

「強迫性障害(OCD)」とは、「強迫観念」と「強迫行為」というふたつの症状をもった不安障害の一種です。

強迫観念とは、ある思考やイメージ、衝動などが繰り返し浮かんで、強い不安や苦痛におそわれることです。あり得ないことと頭ではわかっていても、自分の意志で無視したり抑えたりすることができません。「心配のしすぎ」というレベルを超えているのが特徴です。

強迫行為とは、強迫観念によって引き起こされた不安や苦痛をなくすために、何かの行為を繰り返し続けることで、儀式行動とも呼ばれています。

OCDの主な症状

強迫観念の内容は人によってさまざまですが、よくみられるのは、「ばい菌などに汚染されたのではないか」という不潔恐怖や、「誤って人を傷つけたり殺人を犯したりしないか」という加害恐怖です。こうした強迫観念によって、繰り返し何度も手を洗う洗浄強迫や、人を避けようとする回避行動が起こります。

行為を行うことで不安や苦痛がなくなったと納得すれば、強迫行為はいったん終了しますが、強迫観念が生じると、また強迫行為がスタートします。そのため**強迫行為だけに1日の大半を費やすこともあり、社会生活はもちろん、日常生活**

これも知っておこう!

曝露反応妨害法

(*1) あえて強迫症状が出やすい状況に直面させながら(曝露法)、不安を軽減するための強迫行為をさせないこと(反応妨害法)で不安を引き起こす刺激に継続的に慣れさせる方法。その場から逃げずにいることで徐々に不安が減っていく体験を繰り返させる。曝露法のひとつ。

を送るのも困難になります。本人の感じる苦痛も大きく、うつ病をともないやすい傾向があります。

治療には、SSRI〔⇒P133〕を中心とした薬物療法と心理療法が用いられます。強迫観念には認知のゆがみを正す認知療法が、強迫行為には曝露反応妨害法（＊1）が有効と考えられています。

強迫性障害（OCD）の特徴

- 100人にひとり〜ふたりの割合で発症
- 男女比はほぼ等しい
- 主な症状…強迫観念による強迫行為の繰り返し

強迫観念と強迫行為

1 強迫観念が起こる

ある考えやイメージが繰り返し浮かんでくる。

例
- 汚れがとれていないのではないか
- 火の元は大丈夫か
- 鍵をしめ忘れていないか
- 暴力的なことをしてしまうのではないか

強い不安が生じる

↓

2 強迫行為（儀式行動）を行う

不安や苦痛を和らげるために、何らかの行為を繰り返し行う。

例

●何度も手を洗う
●点検、確認を繰り返す
●物を決まったとおりに並べかえる

不安が一時的に解消する

↓

3 再び強迫観念が起こる

①と②を繰り返す。

精神障害の分類 6

不安障害⑥——PTSD（外傷後ストレス障害）

命が危険にさらされるようなストレスを受けたあとに生じる障害です

トラウマ体験により発症

「PTSD（外傷後ストレス障害）」とは他人からの攻撃、事件や天災などによる**強烈な身体的または精神的なショックが心の傷（トラウマ）となり、その体験に対して強い恐怖を感じ続ける不安障害**です。そのような体験を「トラウマ体験」とも呼びます。近年、日本でも震災や犯罪事件の被害者、目撃者のPTSDが注目されるようになりました。

PTSDの主な症状

PTSDの主な症状は**「回避」「侵入」「過覚醒」の3つ**です。回避とは、トラウマの原因になった障害や関連する事物を避けることです。感情や感覚の麻痺《まひ》なども含まれます。侵入とは、トラウマ体験が突然思考に侵入してきたり（フラッシュバック）、悪夢によって再現してしまったりすることです。過覚醒とは、物音や刺激に対して過敏になり、集中力の低下や不眠が起こる状態を指します。

このような症状がトラウマ体験後の4週間以内に生じた場合は、ASD（急性ストレス障害）と診断されます。そして、それが4週間以上続く場合はPTSDと診断されます。

介入には、あえて恐怖の対象にさらすことで恐怖心を取り去る曝露法、眼球運動を利用したEMDR（＊1）といった技法を用います。

これも知っておこう！

EMDR

（＊1）眼球運動を使った、新しい介入法。視界の中で動く2本の指を目で追いながら、トラウマ体験をイメージする。そのときに生じる心と体の反応に注意を集中し、不快感が軽減してきたら肯定的なイメージと置きかえることによって、トラウマを克服する。

PTSDの患者の中には被害にあったことに関して自分を責める人もいて、それも被害のあとに生じる反応のひとつといえます。また、家族や周囲の人間からの不用意な言動で二次被害を受けていることもあります。サポートを行う際には、そのような患者の状況をよく理解する必要があります。

PTSD(外傷後ストレス障害)の特徴

- 日本では1990年代の地下鉄サリン事件、阪神大震災で広く認知されるようになった
- 主な症状…感覚の鈍麻などの「回避」、悪夢やフラッシュバックによるトラウマ体験の「侵入」、物音や刺激に過敏になり、集中力の低下や不眠が起こる「過覚醒」

PTSDの発症

1 強烈なショックを受ける体験(トラウマ体験)をする

- 災害

- 事故

- 犯罪の被害

- 戦争

↓

2 そのショックが心の傷(トラウマ)となり、PTSDを発症する

体験を思い出すような状況や場面を回避するため、家に閉じこもる

物音や刺激に対して過敏になり、集中力の低下や不眠が起こる

トラウマ体験が本人の意志に反して思考に侵入してくる

精神障害の分類 7

身体表現性障害

痛みや吐き気などの症状があるのに、身体的な原因がみつからない障害の総称です

かつての転換ヒステリー

「身体表現性障害」とは身体にかかわる苦痛を訴えるものの、医学的な検査では原因は見つからず、身体的な疾患としては説明できない病の総称です。かつては、神経症（ノイローゼ）の中の「転換ヒステリー（＊1）」として扱われていました。しかし、DSM-Ⅲ以降、ヒステリーの概念が用いられなくなり、身体表現性障害と改められました。

身体表現性障害の症状

身体表現性障害は**「身体化障害」「転換性障害」「疼痛性障害」「心気症」「身体醜形障害」**の5つのタイプにわかれます。いずれも、症状を身体的に説明する原因がないことを本人が受け入れられず、医療機関を転々としてしまうことも多いのが特徴です。

左図にあるように、5つのタイプの症状はさまざまですが、いずれにせよ「不安」が関係していると推測されており、背景には心理的な要因が存在すると考えられています。

身体表現性障害では心理的な介入が重要な役割を果たします。しかし、本人が自分の苦痛は身体的なものであると強く信じる傾向にあるため、心理的な介入が困難なことも多いようです。まずはその人にとって症状が現実のものであるということを理解し、自尊心に配慮する必要

これも知っておこう！

転換ヒステリー
（＊1）かつては、症状が「不安」や「恐怖」というかたちではなく、身体的なものとなって現れることを転換ヒステリーと呼んだ。

があります。そのうえで、身体化障害と心気症には認知行動療法を、疼痛性障害には精神分析的なアプローチやリラクセーション法を行います。

この障害そのものに有効な薬物療法はありませんが、併発しやすい抑うつ症状や不安症状のために向精神薬を用いる場合があります。

身体表現性障害の分類

主に５つの障害に分類される。

❶ 身体化障害

さまざまな身体的症状が数年間にわたり続いているもの。症状は主に、頭痛、腰痛、腹痛、発汗、疲労感、アレルギーなど。発症率は女性が男性の約20倍。

❷ 転換性障害

生理学的原因がみあたらないのに、視力の喪失、失声、感覚まひ、皮膚のうずき、立ったり歩いたりできなくなるなどの症状を訴える。発症率は女性が男性の約２倍。

❸ 疼痛性障害

医学的原因が存在しないにもかかわらず痛みを訴え続けるもの。痛みの訴えによって利益（周りからやさしくしてもらえる、困難を回避できる）がある場合が多いとされる。発症率に男女差はない。

❹ 心気性

重大な疾患への恐怖や不安にとらわれ、ささいな身体的違和感に固執するもの。６カ月以上続くことが目安。満足する診断が得られるまで治療機関を訪れる。発症率に男女差はない。

❺ 身体醜形障害

自分の容貌に欠陥があると強く思いこみ、抑うつ的になったり対人接触を避けるようになったりすることもある。繰り返し整形手術を受けても悩みが解消されない。青年期から成人初期に多く、発症率に男女差はない。

精神障害の分類 8

解離性障害

自分が誰かがわからなくなるといった、「解離状態」を主な症状とした障害です

かつての解離性ヒステリー

「解離」とは、その人の記憶や思考、感情といった体験がすべて、あるいは部分的に失われた状態をいいます。つまり自分が自分であるという感覚が失われた状態です。「解離性障害」は解離状態が主な症状となります。かつて「解離性ヒステリー（＊1）」として扱われていたものが、DSM-Ⅲ以降に改められました。

発症の背景とケア

解離性障害は左のように**「解離性健忘《けんぼう》」「解離性とん走」「解離性同一性障害」「離人症性障害」**の4つに分類されます。

この障害が発症する背景には、かなり高い確率で、トラウマ体験（↓P142）があるといわれています。そもそも解離という状態は本来、トラウマ体験を処理するために必要な心の防衛反応であり、心の働きとして正常な一過程と考えられます。それが長期間持続する場合、病的な状態となっていくのです。

治療に関しては身体表現性障害（↓P144）と同様に、有効な薬物療法は認められていません。心理的な介入が重要な役割を果たします。

かつては、葛藤や不安などを無意識下に抑圧することが発症の原因と考えられ、介入には精神分析が用いられてきました。しかし、今のところ有効性がはっきりと実証された介入法はなく、さまざまなア

これも知っておこう！

（＊1）以前は女性特有の心の病気といわれていたが、現在では性別に関係なく発症することがわかっている。

プローチが用いられています。
また、解離性障害は「障害を理解してもらえない」「演技と思われてしまう」という問題が起こりがちです。また、本人が障害について理解していない場合も少なくありません。そのため、本人やその家族がこの障害を理解するための心理教育が必要となります。

解離性障害の分類

解離性障害は主に以下の４つに分類される。

1 解離性健忘

情緒的なショック体験により記憶を喪失してしまう。ある一定期間のみ忘れてしまう場合と、その人個人のこれまでの記憶すべてを忘れてしまう場合とがある。大半はやがて記憶が回復する。解離性障害の中でもっとも多い。

2 解離性とん走

仕事や家庭から突然逃げ出して放浪し、自分の過去の記憶を喪失してしまう。

3 解離性同一性障害

多重人格障害ともいわれる。ひとりの人間の中に少なくともふたつ以上の分離した人格が存在している状態。複数の人格は異なる個性、感情、行動をもつ。女性に多く、青年期早期の発症が大半である。

4 離人症性障害

自分の身体から自分が遊離して、離れた場所から傍観者のように自分を眺めているような感覚をもつ。自分の声が奇妙に聞こえたり、身体のサイズに違和感を覚えたりする。記憶の障害はみられない。通常、青年期に多く発症する。

解離性障害が発症する背景として、トラウマ体験があることが多い。「解離」というのは本来、トラウマ体験を処理するために必要な心の防衛反応である。それが長期間持続する場合、病的な状態になっていく。

精神障害の分類 9

摂食障害

体重増加への恐れから、極端な摂食制限などを繰り返す障害です

「食べること」に問題がある障害

「摂食障害」とは、極端に食事を制限したり、逆に大量に食べ物を摂取しては吐き出したりするなどを繰り返す精神障害です。その症状の程度はさまざまですが、いずれも体重の増加を恐れていることが共通しています。

摂食障害は、**神経性無食欲症と神経性大食症**のふたつに分けられます（＊1）。思春期や青年期の女性に多くみられますが、成人や男性もまれではありません。

摂食障害の原因とケア

摂食障害はやがて心も体も疲れて死に至ることもあります。特に神経性無食欲症は低栄養による重い合併症を起こしやすくなります。また、どちらのタイプも、アルコールや薬物への依存や抑うつ、パーソナリティ障害などを合併しやすく、万引きや性的奔放《ほんぽう》、自傷行為や自殺を図るなど衝動的な行動が多くなります。

この障害の原因はさまざまな要因が複雑に関係しています。社会・文化的要因としては、現代の美の基準が痩身《そうしん》であることの影響が大きいとされています。心理的要因としては、家族環境が深くかかわります。両親の不和、親との接触の乏しさ、親からの高い期待、偏った養育態度も発症を促進するといわれています（＊2）。認知行動理論の見解では、太ることへの恐怖感、歪んだボディ・イメージ

これも知っておこう！

むちゃ食い障害

（＊1）近年、排出行為をともなわない「むちゃ食い障害」という概念も加えられた。むちゃ食いとは、一定の時間内（DSMの基準では2時間）に、平均よりも明らかに多い食物を食べること。この間、食べることをコントロールできないという感覚が自覚的にある。

もっと詳しく！

（＊2）摂食障害の研究で知られるブルックは、親子関係に着目した理論を展開した。それは、親の要求を押しつけるような養育スタイルにより

が影響するとしています。このほか、遺伝などの生化学的要因などもあります。

体重増加に対して強い葛藤があるので、治療を進めるのに困難がともないがちです。まずは病気という自覚を促し、障害を理解するための心理教育が必要となります。そして、栄養指導、家族療法（➡P188）、認知行動療法を通して、家族を含め、正常な食生活パターンを身につけることを目標とした介入が行われます。

摂食障害の分類

摂食障害は主にふたつに分類される。

① 神経性無食欲症

- 一般に「拒食症」と呼ばれる
- 極端にやせているにもかかわらず、さらにやせたいという願望をいだいている
- 摂食または絶食を行う「制限型」と、むちゃ食いと排出行為（無理に吐く、下剤を使用する）を繰り返す「むちゃ食い／排出型」がある
- 低体重により疲れやすい、無月経など心身への影響が生じる。生命の危険をともなう場合もある

② 神経性大食症

- 一般に過食症と呼ばれる
- 体型や体重への関心は高いものの正常の範囲
- むちゃ食いを繰り返す
- 無理に吐いたり下剤を使用したりする「排出型」と、絶食や過剰な運動を行う「非排出型」がある

「自分は無能である」という感覚をもった子どもが、ダイエットによって自己コントロール感を得るようになる、というものである。

精神障害の分類
10

性障害

性に関する精神障害。大きく3つの種類に分けられます

3つの障害のタイプ

「性障害」とは、性に関する精神障害です。DSMでは性障害は3つに分類されています。

まずひとつ目が**「性機能不全」**です。欲求（性的な活動への欲求）、興奮（女性の膣潤滑《ちつじゅんかつ》化《か》、男性の勃起《ぼっき》など）、オルガズム（快感の絶頂状態）といった、人間の性反応のいずれか、または複数に問題が起き、望むような性交渉ができなくなっている状態を指します。

ふたつ目に**「パラフィリア（性嗜好《しこう》異常）」**があります。露出症、フェティシズム、小児性愛、性的マゾヒズム・サディズムが含まれます。著しい苦痛があったり、犯罪行為を行ったりする場合のみ、医学的な障害と診断されます。以前は同性愛も含まれましたが、現在では医学的にも心理学的にも同性愛は異常や障害ではないとされています。

3つ目が**「性同一性障害」**です。身体的性別に異常がないのに、長期間にわたって自分と反対の性に強い同一感があり、逆に自分の身体や性役割に対して大きな苦痛がある状態です（＊1）。男女どちらに性的魅力を感じるかは関係ありません。日本では条件を満たせば戸籍の性別が変更できるようになりました（＊2）。

性障害へのケア

性機能不全のうち、勃起不全はシルデ

これも知っておこう！

性同一性障害をもつ人の性別

（＊1）「男性」や「女性」を使うと、心と身体のどちらを指しているのかがわかりにくい。そこで、男性に生まれて女性として生きたいことを望む人を"Male To Female"（MTF）。女性に生まれて男性として生きたいことを望む人を"Female To Male"（FTM）と呼んでいる。

もっと詳しく！

（＊2）日本では、性別適合手術（性転換手術）が済んでいて、独身であり、未成年の子がいない20歳ナフィル（商品名：バイアグラ）によって劇的に改善されています。ほかの問題については心理療法が中心となります。
　パラフィリアへの介入では、認知行動療法的アプローチを行うほか、性衝動を抑えるための抗男性ホルモン剤治療が実施されることもあります。

　性同一性障害には、心理的なサポートとホルモン療法、手術療法などの身体的治療が行われます。心理的な介入では、診断の補助や心のケア、意志決定のサポートなどがなされます。また、臨床心理士が周囲の人たちへの専門的な説明も行う場合もあります。

以上の人であれば、戸籍に登録された性別の変更ができる。

性同一性障害の特徴

「性同一性障害」は、自分と反対の性に強い同一感があり、反対に自分の身体や性役割に対して大きな苦痛がある状態を指す。

苦痛となる身体と性役割

- 性的魅力を男性と女性のどちらに感じるかは関係ない
- 精神科的な治療（精神サポート、カムアウトの検討）と、身体的な治療（ホルモン療法、手術療法）がある

「カムアウト」とは、性同一性障害を周囲に明らかにすること。「カミングアウト」ともいう。カムアウトしたときの周囲の反応をシュミレーションし、その是非やタイミングをともに検討することも、心理的なサポートのひとつである。

精神障害の分類 11

パーソナリティ障害①――どのような障害か

パーソナリティが著しく偏ることにより、生活に支障をきたす障害です

症状が著しい場合のみ診断

「パーソナリティ障害」とは、思考・感情・行動などのパターン（パーソナリティ）が平均から著しく偏っていて、社会生活や職業生活を送ることが難しい状態を指します（＊1）。

本来、パーソナリティはその人の個性で、偏りがあるのは当然です。実のところ、パーソナリティ障害の症状としてあげられるような特徴は程度の差こそあれ、誰もがもっているといえます。しかし、こうした特徴が極端なかたちで現れ、柔軟性がなく、長期間続き、さらに日常生活に支障をきたしたり、本人に苦痛がもたらされたりする場合に限って、パーソナリティ障害と診断されます。障害が起こる原因はまだわかっていません。

この障害をもつ人は、統合失調症（⬇P164）、気分障害、不安障害などの精神障害の一部と重なる症状を示す場合があります。しかし、パーソナリティ障害は正常とはいえないものの病気であるともいえない状態であり、精神障害とは異なるものと位置づけられます。

パーソナリティ障害の分類とケア

DSM-Ⅳ-TRにおいては、10種のパーソナリティ障害と、特定不能なパーソナリティ障害について定義されています。そのうちの10種は、それぞれ特徴をもった**「A群パーソナリティ障害」「B**

もっと詳しく！

（＊1）パーソナリティ障害は、かつては「人格障害」と呼ばれていた。2003年のDSM-Ⅳ-TR日本語訳新訂版から変更された。

群パーソナリティ障害」「C群パーソナリティ障害」に分類されます。

この障害への対処は、精神分析や認知行動療法などの心理療法が基本となります。しかし、自傷や他害に至ったり、破壊的行動を行ったりする恐れがある場合、医療機関と連携した介入が必要です。

本人が苦痛を訴えている場合は、心理教育の手法を用い、思考・感情・行動のパターンが苦痛をもたらすメカニズムをひもとくことが介入の第一歩になります。そして、パーソナリティを根本から変えるのではなく、生活するうえでの困難を少しでも軽くすることを目標とします。

パーソナリティ障害の特徴

パーソナリティ障害とは…

思考・感情・行動が平均から著しく極端に偏っていて、そのような状態が長期間にわたって続き、社会生活や職業生活を送ることが難しく、本人に苦痛がもたらされる状態。

A群〔➡P154〕
奇異な／普通でない行動を示す

B群〔➡P156〕
派手な／突飛な行動を示す

C群〔➡P158〕
不安／恐怖に関連する行動を示す

パーソナリティ障害と精神障害の関係

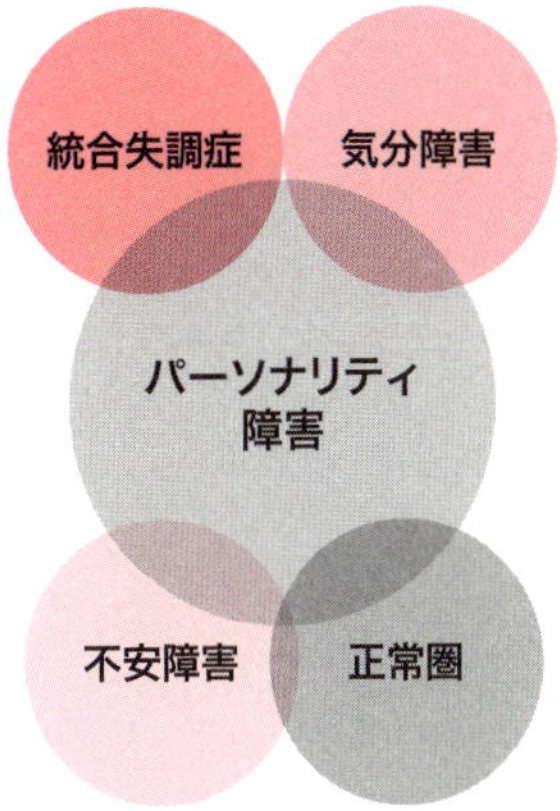

上は、パーソナリティ障害と精神障害との関係を示した図である。パーソナリティ障害は、正常でないものの病気ともいえない状態であり、正常圏とも精神障害とも重なる部分がありつつ、それらと異なるものと位置づけられる。また、精神障害を併発することも多い。

精神障害の分類 12

パーソナリティ障害②――A群

パーソナリティ障害の中でも、奇異で普通ではない行動を示す群です

奇異で普通ではない行動

「A群パーソナリティ障害」は、奇異で普通ではない行動を示します。そして、妄想をもちやすく、閉じこもりがちな性質があります。その症状は、統合失調症のそれほど深刻ではない症状にとても似ている点があります。

3つの分類と症状

A群パーソナリティ障害は、左のように「妄想性パーソナリティ障害」「シゾイドパーソナリティ障害」「失調型パーソナリティ障害」の3つに分類されます（＊1）。

妄想性パーソナリティ障害は、「自分の権利が理解されていない」という強く信じていて、根拠のない疑いでも頑固に理屈っぽく執着します。自分とかかわる他者は悪意に満ちているという不信や猜疑心をいだいています。すぐに自分の性格などを非難されたと感じ、怒りの反応を示しやすいのが特徴です。また、非常に嫉妬深く、配偶者や恋人が不貞をはたらいているのではないかと根拠のない疑いにとらわれることもあります。

シゾイドパーソナリティ障害は、社会的な関係への関心が薄く、孤独を選ぶ傾向にあります。感情的にも平板で、何ごとにも興味や関心がありません。感情が鈍感だから人と接触したがらないのではなく、敏感すぎるから人と接することが

もっと詳しく！

（＊1）かつて、シゾイドパーソナリティ障害は「分裂病質人格障害」、失調型パーソナリティ障害は「分裂病型人格障害」と呼ばれていた。2002年の日本精神神経学会総会にて、精神分裂病が統合失調症へと名称が変更されたのに合わせて呼び名が変わった。

苦痛になっているといわれます。

失調型パーソナリティ障害は、現実的なことよりも空想の世界やあり得ない世界の話題を好みます。対人関係が苦手で、どんなに長いつきあいでも打ち解けることはありません。奇異な思考や行動が目立つため風変わりな人物、という印象を周囲に与えがちです。

A群パーソナリティ障害の分類

以下のとおり、3つに分類される。

① 妄想性パーソナリティ障害

だまされ、利用されているという疑惑が消えない。パートナーや友人、仲間の信頼関係について根拠なく疑い、他者を信じようとしない。自分の性格などを攻撃されたと感じて怒りやすい。

② シゾイドパーソナリティ障害

孤独を何よりも優先し、親密な関係への願望や喜びを感じない。友人がいない。他者からの評価や批判に無関心。感情が平板で、情緒的に孤立している。

③ 失調型パーソナリティ障害

極端な疑い深さや妄想、独特の信念または魔術的な思考、独特な言語パターンがある。行動または外見が奇異である。親密な友人がいない。

A群パーソナリティ障害は、奇異で普通ではないパーソナリティが特徴。統合失調症のそれほど深刻ではない症状と似た傾向を示す。

精神障害の分類 13

パーソナリティ障害③——B群

パーソナリティ障害の中でも、派手で突飛な行動を示す群です

派手で突飛な行動

「B群パーソナリティ障害」は、派手で突飛な行動を示し、感情の混乱が激しく、非常に情緒的であるという特徴があります。こうした症状は、周囲の人たちとの関係で問題が起こりやすくなります。

4つの分類と症状

B群パーソナリティ障害には、「境界性」「演技性」「自己愛性」「反社会性」という、4つのパーソナリティ障害が含まれます。

境界性パーソナリティ障害は、感情や対人関係の不安定さ、衝動的な行動が特徴です。「見捨てられる」ということに対して強い不安をいだく傾向にあります。

とりわけこの境界性パーソナリティ障害については、これまでたくさんの研究が行われてきました。医師や研究者の多くが、この障害特有の不安定な自我や情緒は、幼少期の経験が影響して生じるとしています。しかし、ほかのパーソナリティ障害と同様、その原因は十分に解明されておらず、まだ研究途上の段階にあります。

演技性パーソナリティ障害は、他人の注目を集めるために派手な外見を好み、普段の生活から役者のように演技します。過度に影響を受けやすいのも特徴です。

自己愛性パーソナリティ障害は、傲《ごう》慢《まん》・尊大な態度をとり、美しさや権力と

これも知っておこう！

行為障害

（＊1）他人や動物への攻撃、破壊行動、人をだますことや窃盗、重大な規則違反などの行動を繰り返し起こす障害。DSM-IV-TRでは「通常、幼児期、小児期、または青年期に初めて診断される障害」として、「注意欠陥および破壊的行動障害」に分類されている。

いった自己評価にこだわります。一方、相手の気持ちには無頓着で、他者は自分を賞賛するか、自分の目的のために利用するものに過ぎません。自分の思い通りにならないと激しい怒りにとらわれます。

反社会性パーソナリティ障害は、違法行為を繰り返し、反社会的で衝動的、向こうみずな行動をとります。15歳以前に行為障害（＊1）があり、18歳以上であることが判断条件となります。

B群パーソナリティ障害の分類

以下のとおり、4つに分類される。

❶ 境界性パーソナリティ障害

「ボーダーライン・パーソナリティ」ともいわれる。不安定で激しい対人関係が特徴で、相手の理想化とこきおろしが両極端にゆれ動く。浪費や性行為を含む衝動的な行動を示す。自殺や自傷行為を行うことがある。

❷ 演技性パーソナリティ障害

自分が注目の的にあることを強く望む。性的に誘惑するような行動を示す。大げさで芝居がかった情緒表現をする。

❸ 自己愛性パーソナリティ障害

自分の重要性を誇大にとらえ、周囲には過剰な賞賛を求める。成功や権力、美しさにとらわれている。特権意識をもつ。他者を手段として利用する。嫉妬深い。

❹ 反社会性パーソナリティ障害

違法行為を繰り返す。人をだます、嘘をつく。いら立ちや攻撃性がある。

B群パーソナリティ障害は、感情の混乱が激しく、とても情緒的なパーソナリティが特徴。

精神障害の分類 14

パーソナリティ障害④――C群

パーソナリティ障害の中でも、不安と恐怖にもとづく行動を示す群です

不安と恐怖からの行動

「C群パーソナリティ障害」は、不安と恐怖にもとづく行動を示す群となります。他人と関係を結ぶことに強い恐怖感をいだき、内向的であることが特徴です。一部の症状は対人恐怖、甘え、ワーカホリックといったものと関連性があり、日本文化との親和性が高いと考えられています（＊1）。

3つの分類と症状

C群パーソナリティ障害は、「回避性」「依存性」「強迫性」の3つに分類され、それぞれの特徴は次のようになります。

回避性パーソナリティ障害は、「不安性パーソナリティ障害」ともいいます。自分に対する不安や緊張が起こりやすくなる障害です。批判や拒絶を恐れるあまり、対人関係を回避しようとする傾向があります。

依存性パーソナリティ障害は、他人への過度の依存があり、孤独に耐えられないことが特徴です。不安感と依存性が強い行動パターンがみられます。他者の助けなしに物事をうまくできるという自信がないため、ひとりになると無力感をいだきます。

強迫性パーソナリティ障害は、融通がきかず、一定の秩序を保つことへのこだわりがあります。自分の考えを他者に押しつけることが多く、協調的な人間関係

これも知っておこう！

依存性パーソナリティ障害と日本文化との関連性

（＊1）依存性パーソナリティ障害は、他者からの保護を受けようとする強い欲求がある反面、責任を負いたくないという欲求をもつのが特徴。現代の日本文化と共通する部分があるという指摘がある。

が結びにくくなります。

パーソナリティ障害は、ほかの精神障害を併発する例が数多くみられます。とくに、回避性はうつ病や恐怖症性不安障害の社交恐怖と、依存性はうつ病と、それぞれ結びつきが強いとされます。介入は、それらの精神障害の治療も考慮しながら進められます。

C群パーソナリティ障害の分類

以下のとおり、3つに分類される。

① 回避性パーソナリティ障害

自己にまつわる不安や緊張があり、批判や拒絶を恐れるあまり、対人関係を避ける。劣等感があり、恥をかかされることや馬鹿にされることを恐れ、親しい関係でも遠慮を示す。

② 依存性パーソナリティ障害

他人への過度の依存がある。自信がないため、自分で物事を決定できない。支持を失うことを恐れるために、他人の意見に反対できない。親密な関係が終わってしまうと、新しい関係を必死で求める。

③ 強迫性パーソナリティ障害

融通性がなく、一定の秩序を保つことへのこだわりがある。娯楽や友人関係を犠牲にしてまで、仕事にのめり込む。道徳に関して融通がきかない。課題の達成をさまたげるほど完全主義を示す。

いずれの障害も、不安感が強いパーソナリティが特徴。他人と関係を結ぶことにも強い恐怖感をいだく。

精神障害の分類 15

気分障害①――うつ病

気分障害の一種。極端に気分の落ち込んだ状態が続くのが特徴です

気分障害の分類

誰しも気分の浮き沈みを経験しますが、**その程度や期間が著しく、睡眠障害などの身体的症状も現れる状態を「気分障害」**といいます。感情が正常に機能しなくなるのが特徴です。気分障害は、「うつ病」と「双極性障害（➡P162）」のふたつに分けられます。

うつ病は、気分の落ち込んだ状態が続く障害です。左図にあげたように、**一定の数以上の症状が2週間以上にわたって毎日続く**ことが診断基準となります。

うつ病の要因と対処

うつ病は、各学派の理論によってさまざまな要因が考えられていて、それに対応した介入方法があります（＊1）。

精神分析の理論では、幼少期に欲求が満たされなかった体験が影響すると考えます。そのために他人への依存性が高くなり、たとえば大人になって愛する人を失ったとき、相手に対して「見捨てられた」という怒りがわき、それが自分自身に向かうのが要因とされています。介入では、他者への怒りが抑圧されていることを意識化し、自分自身に向けられた怒りを発散させる心理療法が行われます。

認知療法では、「うつ病は思考から生まれる」というベックの理論が有名です。うつ病患者は、児童期や青年期に遭遇した喪失や批判、拒絶などの経験を通して、

これも知っておこう！

対人関係論

（＊1）対人関係論では、うつ病の患者は極端にゆっくりとした語り口、アイコンタクトの欠如、安心を強く求める、といった特有のコミュニケーションをもつ傾向にあるとしている。そして、これらが他人からの拒絶を引き出してしまうというように、うつ病の結果ゆえの行動が同時にうつ病の原因ともなっていると考える。そのため、介入ではコミュニケーションの改善に焦点をあてる。

世界を否定的にみがちであるとベックは指摘しました。それゆえ、物事がうまくいかないと「自分は無能である」という結論に陥りやすく、このことがうつ病を引き起こすとされています。介入では、クライエントの考え方を肯定的な方向へ変えていくことを目指します。

心理療法による介入と同時に、抗うつ薬や気分安定薬などの薬物療法が行われます。いずれの介入方法でも、「がんばれ」という励ましをしないことが原則です。そして、休養をとる、重大な決定は延期する、周囲は自殺衝動に注意するといった対応が必要となります。

うつ病の症状

1. 憂うつで気分が晴れない
2. 喜びという感情がなくなり、仕事、勉強、趣味などすべてに興味がなくなる
3. 食欲がなくなり体重が減る。または逆に食欲が過剰になり体重が増加する
4. 寝つきが悪い、眠りが浅いなど、睡眠困難な状態。または睡眠が極端に長くなる

5. イライラして落ち着かない。頭の中の働きや身体の動作が遅くなる
6. ほとんど活動していなくても疲れたり、全身の重さを感じたりする

7. 生きる価値がないように感じる。何かにつけて自分を責める
8. 考えがまとまらない。ささいなことも判断できない
9. 死や自殺について繰り返し考える

①②の症状に加え、③～⑨のいずれか3つ以上の症状が2週間以上毎日続くと、うつ病と診断される（DSM–Ⅳによる）。

精神障害の分類 16

気分障害②――双極性障害（躁《そう》うつ病）

高揚した状態と落ち込んだ状態のふたつの気分が繰り返し現れる障害です

うつ状態と躁状態を繰り返す

「双極性障害」とは、活動的で高揚した状態と、憂うつで無気力な状態を繰り返す、気分障害の一種です。高揚した状態は「躁状態」と呼ばれ、左のような高揚感や怒りっぽい状態などが現れます。一方、無気力な状態は「うつ状態」と呼ばれ、うつ病（⇒P160）と同じ症状が現れます。

躁状態の時は現実離れした行動をとりがちで、周りの人を傷つけたり、無謀な計画を実行したりしてしまいます。また、うつ状態のときはうつ病と同じように死にたいほどの気分になりますが、躁状態の時の自分に対する自己嫌悪も加わり、ますますつらさが増します。

うつ病は10人にひとりが経験するといわれているのに比べ、双極性障害は100人にひとりとなっています。年代も若年から高齢者まで幅広いうつ病に対して、10～20代の発症が多いのが特徴です。

双極性障害のケア

双極性障害の原因はまだ解明されていません。ただし、ストレスによる心の病ではなく、脳や遺伝子といった生物学的側面が強い病気だと考えられています。

双極性障害は「躁うつ病」とも呼ばれます。そのこともあって**うつ病の一種と誤解されがちですが、このふたつは異なる病気**で、服用する薬なども違います（＊1）。実際には双極性障害なのに軽い躁

もっと詳しく！

（＊1）双極性障害には「リチウム」などの気分安定薬を用いる。投薬の際、双極性障害のうつ状態に対して使う薬は、うつ病の時に使う薬とは異なるので注意が必要である。まだ十分に解明されていないが、双極性障害の患者が抗うつ薬を飲むと、「アクティベーションシンドローム」と呼ばれる、かえって焦燥感などが強まって悪化しやすい状態になることが疑われている。

状態に気づかず、うつ病と診断されることも少なくありません。うつ病の治療をしてもよくならない場合、実は双極性障害だったということはしばしばあります。

薬物療法と平行して、心理療法が行われます。家族を含めて病気に対する理解を深め、生活環境の整備や服用の習慣化を促す心理教育が有効とされています。

双極性障害の躁状態の症状

躁状態のとき、下記のような特徴的な行動が現れる。

1. 気分が極端に高揚する。怒りっぽい
2. 自分に特別な能力があるように感じる

3. 寝なくても平気になる
4. よくしゃべる。早口である
5. アイデアが次々にわき起こる
6. 気が散りやすく、集中力に欠ける
7. 仕事や勉強や人づきあいなどの活動が増加する。じっとしていられない
8. 買いあさりや、性的に分別のない行動、意味のない投資などが増加する

精神障害の分類
17

統合失調症

かつて「精神分裂症」と呼ばれた病気。心や考えがまとまりにくくなる精神病の一種です

妄想や幻覚が主症状

「統合失調症」は、心や考えがまとまりづらくなってしまう病気で、精神病（＊1）に分類されます。日本ではかつて**精神分裂病**と呼ばれていましたが、2002年に病名が変更されました。

統合失調症の症状については、妄想、幻覚、まとまりのない会話などがあげられます。さらにそれらは、幻聴や妄想などが起きる陽性症状と、感情が平板化して意欲が低下する陰性症状のふたつに分けられます。**幻覚や妄想の症状は、本人には現実味があるため、それが病的な症状だとは気づきにくいのが特徴**です。周囲が気づくことが、早期発見の第一歩となります。

発症の原因はよくわかっていません。統合失調症になりやすい要因をいくつかもっている人が、日常生活でのストレスや就職、結婚といった人生の転機で感じる緊張がきっかけとなり、発症するのではないかと考えられています（＊2）。

統合失調症のケア

統合失調症には、薬物療法と、面談やリハビリテーションによる治療を組み合わせて行います。臨床心理士、精神科医、看護師、保健師、精神保健福祉士、作業療法士などがチームを組んで、サポートを行います。

発症直後は妄想や幻覚などが強く現れ

これも知っておこう！

精神障害と精神病の違い

（＊1）精神障害は心の異常により社会的・個人的に生活に支障をきたした状態を指す。精神障害の中でも、妄想や幻覚などによって現実と非現実の区別がつかない、重篤《じゅうとく》な状態を精神病、または精神病性障害と呼ぶ。

統合失調症の発症率

（＊2）日本での統合失調症の患者数は約80万人といわれている。また、発症率は100人にひとり弱といわれ、身近な病気であるといえる。「普通の話も通じなくなる」

ますが、そういった急性期には入院治療が必要となることが多く、薬物療法が中心となります。陽性症状が軽減し、陰性症状が出現する慢性期には薬物療法で再発を防ぎつつ、安定した社会生活を送るためのケアが行われます。

再発予防の観点から、本人や家族への心理教育的なアプローチも欠かせません。統合失調症の人への介入を行う際には、個人の内面ばかりに目を向けず、周囲と適切な対人関係がとれるようになること、現実的に安定した生活を送れるようにすることなど、本人の社会生活全体に目を向けた支援が必要になります。

「不治の病」という誤ったイメージがあるが、回復する患者も多い。高血圧や糖尿病などの生活習慣病と同じように、早期発見や早期治療、再発予防のための治療の継続が大切である。

統合失調症の症状の経過

統合失調症は、急性期から慢性期という経過をたどる。

急性期

発症直後など、妄想や幻覚などの陽性症状が強い時期。

⇓

慢性期

急性期の治療が一段落して、陰性症状が前面に出てくる時期。陽性症状がある程度軽減されると、感情の乏しさや意欲の低下などが前面に出てくる。

陽性症状とは…
幻聴や妄想のように、健康なときはなかった特異な症状を指す。

陰性症状とは…
健康なときにあったものが失われる症状を指す。感情の平板化や意欲の低下、思考の貧困など、通常あるべき機能が経過の中で失われていく。

注目のキーワード ❶

新型うつ

近年になって「新型うつ」といううつ病の一種が20〜30代を中心に増えています。「擬態うつ」「非定型うつ」とも呼ばれ、うつ病にかかる人の半数近くを占めているといわれます。

従来、うつ病は几帳面で責任感が強い人がなりやすいといわれてきました。そして、かかると趣味すら楽しめなくなることが多いようです。一方、新型うつはこのような傾向があてはまりません。仕事や困難なことに直面すると抑うつ状態になるのに、好きなことなら熱中できて抑うつ気分が消えるケースが多くを占めます。そして、従来のうつ病患者と違い、専門医のもとへ自発的に訪れることをいといません。医師に診断書を書いてもらって、職場などに長期休暇を願い出る一方で、その間に旅行などに出かけることは苦にならないのです。

そのため周囲の人からは、単なるわがままに見えがちです。しかし、苦しさや不安や焦燥感は従来のうつ病とは変わらないのです。現在、新型うつは精神科医にとっても診断が難しく、治療法も確立されていません。

● 従来型うつの特徴

・趣味など好きなことをしているときでも抑うつ気分が続く
・何もする気になれなくて、寝てばかりいる
・自責の念が強く、うまくいかないのは自分のせいだと思う
・特に早朝から午前中に症状が悪化する
・病院に行くことに抵抗感がある
・うつ病であることを隠そうとする

● 新型うつの特徴

・仕事など困難なときだけ抑うつ状態になる
・休職中でも、趣味など好きなことには積極的になる
・他罰的で、うまくいかないのは他人のせいにする
・特に夕方になると元気がなくなる
・病院に行くことに抵抗感がない
・うつ病であることを隠さない

PART 5

問題への介入

さまざまな心理療法の理論と技法を用いた介入によって問題解決のサポートをします。

ここで扱うテーマ

- 介入とは何か
- 心理療法の理論
- 心理療法の技法

介入のための理論 1

介入とは何か

問題を整理・分析し、方針を決めたうえで、実際に解決のための働きかけをします

「治療」との違い

「介入」とは、**クライエントの問題を解決するために臨床心理士が行う心理的なサポート**を指します。「治療」が医療行為によって怪我や病気の完治を目指すのに対し、クライエントが自分の病を受け入れ、自分らしく人生を生きられるように手助けをするのが介入です。

介入は次のようなステップで進められます。まず第一に、**アセスメント**〔⬇P46〕によって得た情報を分析し、問題の成り立ちを明らかにします。次に**ケース・フォーミュレーション**〔⬇P48〕を行って、問題解決に向けての介入の方針を決定します。そして実際に、方針に従ってクライエントに**介入**をしていきます。

ただし、もともとの原因とはまた別の要因のせいで、現在問題となっている状況が続いている場合もあります。そのため、万が一原因を突きとめても、それが必ずしも問題解決につながるとは限りません。つまり、介入の際にいちばん大切なのは原因そのものを突きとめることではなく、むしろ、今の状態を続けさせているシステムの成り立ちを明確にし、そのシステムを変えていくことです。

求められる総合的なサポート

人は誰もが社会の一部として生活しており、また自分の身体という生理的システムを抱えて生きています。そのため、

もっと詳しく！

（＊1）いわゆる〝心〟は認知や感情などからなる心理的なシステムといえるが、それは、身体などの生理的なシステムから切り離されたものではない。そして、個人の〝心〟は、その人の行動を通して、社会と互いに影響し合っている。

（＊2）介入の際には、心理療法やカウンセリングが技法のひとつとして用いられる。

心の問題はクライエント個人の心理的な要素のみで成立しているわけでなく、社会的・身体的なことなど多様な要素が重なり合って起きています（＊1）。

従って介入では心理的な面だけでなく、多方面への働きかけを行っていきます。その際、左のように問題に対して一番適した理論と技法が用いられます（＊2）。

介入での理論と技法

介入の際には、個人への心理的な面をはじめ、さまざまな方面にそれぞれ適した理論と技法を用いて働きかけを行う。

個人の心理的な問題への働きかけ

例 幼少期の経験により、つねに抑うつと不安感を覚え、自信がもてない。

理論
- クライエント中心療法〔➡P170〕
- 精神分析〔➡P174〕
- 分析心理学〔➡P178〕
- 内観療法〔➡P204〕

など

技法
- 自由連想法〔➡P177〕
- 夢分析〔➡P210〕
- フォーカシング〔➡P212〕

など

個人の行動的な問題への働きかけ

例 一度失敗した経験から「また失敗するのでは」と思い、外出できなくなる。

理論
- 行動療法〔➡P180〕
- 認知行動療法〔➡P184〕
- 森田療法〔➡P202〕

など

技法
- 曝露法〔➡P216〕
- 自律訓練法〔➡P214〕

など

社会的な問題への働きかけ

例 育った文化と違う場所で生活することとなり、うまく適応できず、抑うつ感を覚える。

理論
- 家族療法〔➡P188〕
- コミュニティ心理学〔➡P194〕

など

技法
- 集団療法〔➡P224〕
- コンサルテーション〔➡P228〕
- 心理教育〔➡P232〕
- SST〔➡P234〕

など

生理的な面への働きかけ

例 統合失調症を発症し、日常生活を送ることが困難になる。

理論
- 異常心理学〔➡P121〕
- 神経心理学

など

技法
- 薬物療法

など

介入のための理論 2

クライエント中心療法①

ロジャーズが提唱した考え方。クライエント自身の成長する力を尊重する療法です

クライエントという呼び名を提唱

「クライエント中心療法」は、米国のロジャーズによって1940年代に初めて提唱された考え方です。この理論は、当時の一般的な心理療法へのアンチテーゼから生まれました（＊1）。

彼の考え方が画期的だったのは、まず**「患者」という呼び方を、「自発的にサポートを受ける人」という意味のある「クライエント」という言葉に改めた**ことです。そして、適切な場さえ提供されれば、クライエントは自分自身で心理的な成長を遂げることができると主張しました。

ロジャーズは、介入が行われる場が思いやりに満ち、すべてを受け入れる雰囲気となっていれば、クライエントは人間のもつ潜在的な能力を発揮し、問題を解決できる力をもつと考えたのです。

その考えにもとづき、臨床心理士の仕事とは、自分の価値観や目標を押しつけることではなく、クライエントが安心して自らの問題に取り組めるような環境を整えることだという理論を展開しました。

自己一致と自己不一致

ロジャーズは左図のように、人間のパーソナリティを**「自己概念」**と**「経験」**（＊2）が重なり合うふたつの輪としてとらえました。ふたつの輪が重なる部分が多いと、経験をゆがめることなく自分の中で認めることができている、**自己一致**

もっと詳しく！

（＊1）当時の心理療法では、テストや質問を行って判断し、臨床心理士がクライエントに示唆を与えるというのが一般的だった。しかし、そのような一方向のやり方ではクライエントが自ら問題を解決する力を奪うとロジャーズは考えた。「意志決定を行い、問題の解決に立ち向かうのはその人本人である」という彼の信念から、クライエント中心療法が生まれた。

（＊2）ここでいう「自己概念」とは自分の中で思い描いている考えや認知であり、「経験」とは

という状態、つまり**適応状態**にあります。

逆に、ふたつの輪が重なる部分が少なく、自分の考えと合わないような経験を受け入れられない場合を**自己不一致**、つまり心理的に**不適応状態**にあるとしました。

そして、心の苦悩は物事を適切にとらえることができず、不適応状態にあることから生じると考えたのです。


体験したことを判断や推理をまじえずにとらえた姿である。

不適応状態と適応状態

心理的に適応できていない状態

自己概念
経験
うーん…
プレゼントよ
えっ
Aさんが憎らしい
Aさんを好ましく思う経験をした

自己概念が強く、経験を認められないため、自己一致の部分（重なる部分）が少ない

心理的に適応できている状態

自己概念
経験
ドン！
イタッ
プレゼントよ
えっ

Aさんは憎らしい点もあるが、好ましい点もあるという、どちらの経験も受け入れることができる

クライエントを自己一致が多い状態、つまり、実際の経験と自分の思い描く考えが一致している、適応状態に導くのが臨床心理士の役割となる。

介入のための理論 3

クライエント中心療法②

クライエントが心理的な成長をとげるためには、6つの条件が必要とされています

クライエント中心療法の理論

ロジャーズは、1957年に発表した論文の中で、クライエントと臨床心理士の関係が**次の6つの条件にあてはまる場合、クライエントのパーソナリティが建設的な方向に成長できる**と述べています。

①クライエントと臨床心理士の間に心理的な接触があること。つまり、介入が行える信頼関係が成立していること。

②クライエントが心理的に適応できていない状態にあること（自己不一致の状態）。

③臨床心理士はクライエントの状態をありのままに受けとめていること（無条件の積極的関心）（＊1）。

④臨床心理士はクライエント自身が感じているように感じようとし、また、そのことをクライエントに伝えようと努めていること（共感的理解）。

⑤クライエントとのかかわりの中で、臨床心理士の実感と、その言葉や態度が一致していること（自己一致）。

⑥臨床心理士による③と④がクライエントに伝わっていること。

これらは「治療的人格変化の必要十分条件」といいます。左のように、そのうちの3つがサポートする側の必須条件となります。

クライエント中心療法の現在

クライエント中心療法は多くの臨床心理士に影響を与えた理論でしたが、197

もっと詳しく！

（＊1）「もしあなたが○○ならば、私はあなたを受け入れます」といった対応を、ロジャーズは「条件つきの評価」と呼んだ。これと逆なのが、「無条件の積極的関心」である。これは、たとえ評価に値しない行動をクライエントがとったとしても、クライエントをありのままも尊重し、認めることということである。

0年代以降は、徐々に批判的な考察が発表されるようになります。現在、クライエント中心療法そのものはかつてのような主流の位置にはいません。

しかし、クライエント中心療法の理論からフォーカシング〔➡P212〕などの技法や考え方が生まれ、今日の臨床心理活動にいかされています。

心理的サポートをする側の3つの条件

「治療的人格変化の必要十分条件」のうち、とくに次の3つが心理的なサポートをする側にとって重要とされている。

1 無条件の積極的関心

客観的にみればたとえ矛盾する感情や一致しない価値観の下であったとしても、それらすべてをクライエント自身のありようとして無条件で認めること。

2 共感的理解

クライエントの個人的な世界のすみずみまでを、あたかもクライエント本人が感じているように感じること。ただし、臨床心理士は自分自身の感じ方もなくさないこと。共感には下のようにふたつの段階がある。

基本的共感：まず、それがたとえ不適切な見方であろうとも受け入れ、理解したことをクライエントに伝える。

高次の共感：面接を重ねるうちに、クライエントがうすうす感じつつもはっきりとは意識できていない考えや感情を推測する。そして、それをクライエントに伝え、新たな行動のあり方を提示する。

3 自己一致

クライエントに対して、臨床心理士の態度は裏表なく、その言葉や行動は実感を伴ったものであること。

言葉では…
本心では…
「私もそう思います」
それっておかしいなぁ

介入のための理論4

精神分析①

フロイトが提唱した理論。人の行動の多くを決定する「無意識」の力を重視します

無意識の力が行動を決定

「精神分析理論」は、フロイトが19世紀末~20世紀前半に初めて提唱しました。この理論では、**無意識的な力が私たちの行動の多くを決定している**と考えます。

無意識とは抑圧されていて意識化しにくい心の領域を指します。そして、意識と無意識の間には、努力によって意識化できる「前意識」があります。たとえば、誰でも人の名前をうっかり呼び間違えることはあります。その人がたまたま昔自分をいじめた人と同じ名前で、無意識にいやな思い出を避けようとしたのかもしれません。この場合、言い間違えた理由を考える過程が前意識の部分にあたり、その理由に思い当たると意識となります。

フロイトによる心の成り立ち

フロイトは、心は次の3つから成り立っていると考えました（＊1）。

まず、**「イド（エス）」**です。無意識的なもので、本能的な欲望を追及するものです。次は**「自我」**です。これはイドと超自我と現実をつなぐ存在で、3つの力のバランスを保とうとします。3つ目は**「超自我」**で、幼児期からのしつけがもととなって形成されます。自我を監視し、モラルや罪悪感の役割を果たします。

この**3つの力の均衡および現実とのバランスがとれないと、心の健康が損なわれる**と、フロイトは考えたのです。

もっと詳しく！

（＊1）このような心の構造を「心的構造論」といい、フロイトの記した『自我とエス』（1923年）で発表された。フロイトによると、心の第1の側面はイドである。イドは本能的な欲望を満たそうとし、充足されない場合は緊張が生じる。心の第2の側面は自我で、その役割は現実に対処していくことである。心の第3の側面が超自我である。超自我は意識として働くものであり、幼年期を通じて発達し、モラル、罪悪感の機能をもつ。

フロイトが考えた心の仕組み

意識と無意識

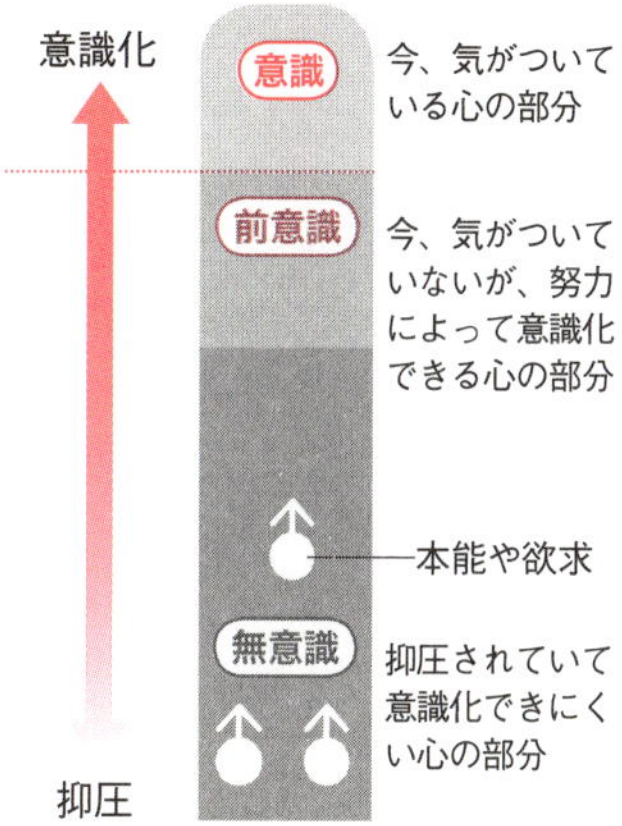

過去　かつてBさんにいじめられた

現在　同じBさんという人の名前を呼び間違える

無意識では　名前を間違えたのは、過去、自分をいじめた人と同じ名前だったため、無意識にいやな思い出を思い出さないようにした。

フロイトによる心の動き

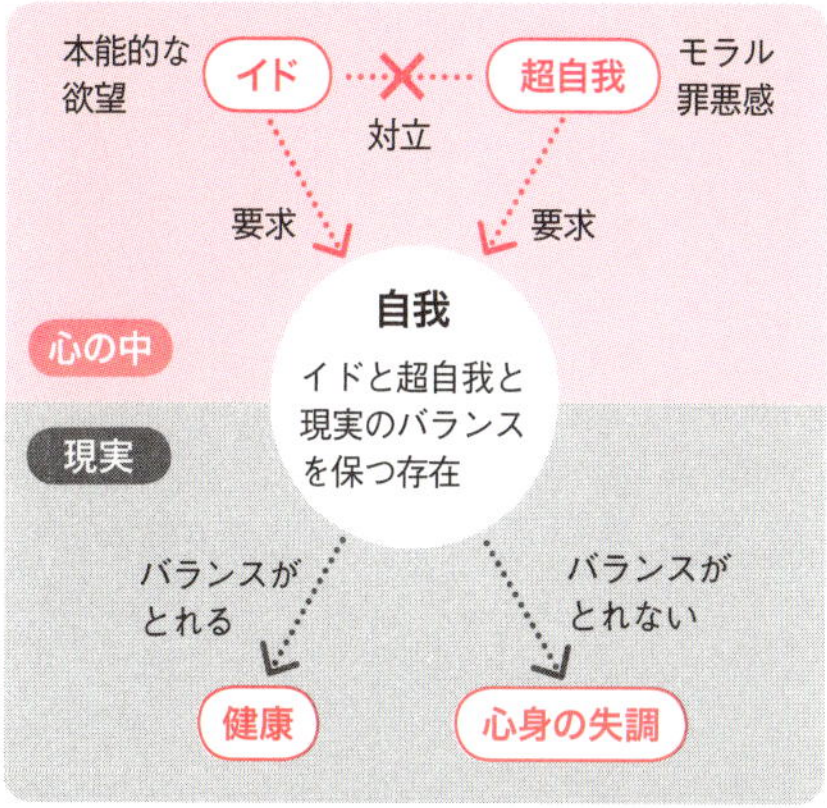

イドや超自我からの要求に、自我がバランスを保ち、現実に対処できると、心の健康が保たれる。しかし、バランスが崩れてしまうと精神障害などの心身の失調に至ると、フロイトは考えた。

介入のための理論 5

精神分析②

子どものころから抑圧してきた葛藤を意識化させることで、問題の解決をはかります

フロイトによる発達理論

フロイトは、性的な要因を重視した5つの発達段階〔P81〕を提唱しました。それは、**口唇期（誕生〜1歳半）**、**肛門期（1歳半〜3歳）**、**男根期（3歳〜5、6歳）**、**潜伏期（6歳〜12歳）**、**性器期（12歳以降）**というものです。

それぞれの段階で、人はイド〔P174〕の欲求と現実の間で生じる葛藤を解決できるようになります。たとえば、男根期には異性の親に性的な欲求をいだくと同時に同性の親をライバルとみなします。やがて、親への愛を禁じる社会的道徳（超自我）を身につけ、この葛藤は解決します。ところが葛藤が解決されないと、性的な欲求に罪悪感をいだき、恋愛関係を築くことに問題が生じてしまうのです。

抑圧と心の問題

精神分析では、**心のバランスが失われたときに、自我を不安から守るために無意識的に働く機能を「防衛機制」**と呼びます。防衛機制にはいろいろな種類がありますが、抑圧もそのひとつです。**抑圧とは、自我が受け入れられないイドの欲求を無意識に押し込めてしまうこと**です。

たとえば、幼児期にある欲求が抑圧されたとします。おかげで自我が不安に直面することは避けられますが、この欲求は意識されないだけで、心の奥にしまわれます。のちに同じような欲求が生じた

もっと詳しく！

（＊1）たとえば、性的な欲求を満たすことを禁止するような修行を積む僧侶は、自分の性欲を自覚していており、それを意識化するだけの心理的な余裕があるため、そのことで心の問題が生じることはないとされる。

とき、心の奥の欲求と欲求を恐れることとの間の葛藤を意識化できない場合に、心の問題が生じるとされています（＊1）。

精神分析では、**子どものころから抑圧してきた葛藤を意識化**させ、**自我の無意識的な緊張を弱める**というアプローチがとられます。その技法としてフロイトは左のような自由連想法を用いました。

フロイトによる精神分析の技法

精神分析では自由連想法という技法を用いる。その際、臨床心理士はクライエントが無意識に抱える「抵抗」「転移」を分析し、「解釈」することで、抑圧を取り除く試みを行う。

自由連想法

- 頭に浮かんでくることを選択したり批判したりせず、クライエントに自由に語らせる
- クライエントが日頃から考えない、見ない、聞かないようにしている心の声を語るように、抑圧をゆるめることをねらいとする
- クライエントは寝椅子に寝て、目を閉じて行う

解釈

臨床心理士は面接中に現れるクライエントの防衛機制による行動を指摘して、クライエントの無意識への洞察を助ける。これを解釈と呼ぶ。

抵抗

抑圧された無意識が現れそうになると、クライエントが黙り込んだり面接に欠席したりなど妨害するような行動が生じることがある。これを抵抗と呼ぶ。臨床心理士は抵抗を分析し、抑圧された無意識を明らかにする。

転移

クライエントは過去に重要だった人物にいだいていた欲求や幻想を臨床心理士に投げかける。このような感情を転移と呼び、それを分析することで無意識に抑圧された感情を明らかにする。

介入のための理論 6

分析心理学

ユングが創設。「個人的無意識」の下に「普遍的無意識」があると考えました

個人的無意識と普遍的無意識

「分析心理学」とはスイスのユングが創設したもので、彼の考えや実践の総称を指します。フロイトと同様、ユングも心の中の無意識という領域を重視しました。

フロイトの考え方では、無意識に押し込めた欲求とその欲求を恐れることとの間の葛藤を意識化できない場合、心の問題が生じるとしています。このようなフロイト的無意識を、ユングは「個人的無意識」と呼びました。

ユングが考えた心の構造では、個人的無意識に加えてその下に「普遍的無意識」があります。それは、**個人的な経験を超えた、人類に普遍的に共通するイメージの場**とされています。普遍的無意識は、フロイトの定義する抑圧された無意識とは違って、肯定的で創造的な力をもつと考えたのです（＊1）。

ユングはまた、左のように方向性や機能によっても心をとらえようとしました。

意識を超える存在として夢を重視

分析心理学では、療法において夢分析という技法を用い、**夢を重視**します。夢は意識を超える何かを伝えようとしているもので、意識より高いレベルのものとされます。一面的でしかない自我を補うべく、何か未知のものを伝えてくれる存在として、夢を通してクライエントの心を探っていきます。

もっと詳しく！

（＊1）ユングが出会ったある統合失調症患者は、窓の外を見ながら首をふり、「太陽からペニスがぶら下がっていて、それが左右に動くと風が吹くのだ」と述べた。後年、ユングはギリシア語のミトラス教義典書の中に、先の統合失調症患者の話と酷似した内容を見つける。こうした個人の経験を超えた人類に普遍的に共通するイメージの場として「普遍的無意識」が考えられた。

ユングが考えた心の仕組み

ユングによる心の方向性と機能

ユングは、関心がどちらに向かっているのかで、外向・内向というパーソナリティのふたつの方向性を提唱した。さらに心の機能のうち、いずれの傾向が強いかによって人を4つのタイプに分けた。このパーソナリティ類型は現在の臨床心理学においても非常に重要なものとされている。

心の方向性

- **外向** — 関心が主に外の世界へ向く
- **内向** — 関心が主に自分の内面に向かう

心の4つの基本機能

- **思考** — 対象を概念的にとらえる
- **感情** — 物事を好き嫌いで判断する
- **感覚** — 物事を感覚にもとづいて判断する
- **直観** — 対象の背後にある何らかの可能性を察知する

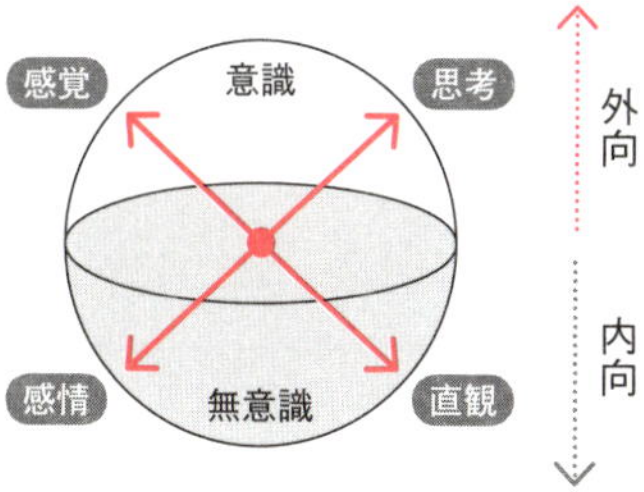

ユングによる心の構造

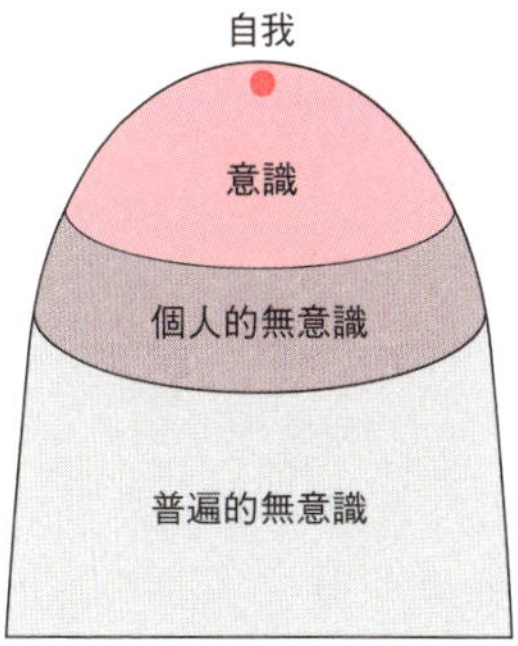

「普遍的無意識」とは、個人的な経験を超えた、人類に普遍的なイメージの場として考えられた。普遍的無意識は、人類の社会的な歴史の情報を含んでおり、数世紀にわたる人々の経験の宝庫とされる。人類に共通する神話的モチーフや象徴のイメージの基本的な型が「元型」と呼ばれる。

介入のための理論 7

行動療法①

問題行動は「学習」によってつくられるという考えにもとづきます

問題行動と学習の関係に着目

「行動療法」とは、1950年代末から米国のスキナー、ウォルピ、英国のアイゼンクらによって体系化された心理療法のひとつです。行動療法の理論は**「不適応な行動や問題行動は学習によって形づくられる。よって、学習によって問題行動を改善することも可能である」**という考えにもとづきます。

行動療法でいう「学習」とは、経験によって行動が変化し、それが長く続く状態を指します。またこのときの「行動」とは、人間と環境の間で生じる反応すべてのことをいいます。思考や感情など、内面での変化も環境の刺激によって起きたものであれば行動の中に含められます。

行動療法の3つの理論

行動療法の代表的な理論には、次の3つがあります。

ひとつは**「古典的条件づけ」**で、ロシアのパブロフが発見しました。犬にベルを鳴らした後にエサを与えるという行為を繰り返したところ、犬はベルの音を聞くだけでだ液を出すようになりました（＊1）。このように、人間の問題行動も後天的に学習されたものと説明したのです。

次に、スキナーが提唱した**「オペラント条件づけ」**があります。問題行動は、その行動をすることで不安や恐怖が回避されたりメリットがともなったりするがゆ

もっと詳しく！

（＊1）古典的条件づけにおいて、たとえば、エサに対するだ液は、生物が本来もっている反応であるため、「無条件反応」と呼ばれる。無条件反応（だ液）を起こす刺激であるエサは、「無条件刺激」と呼ばれる。そして、元来、上記の実験のような無条件刺激を起こさない刺激（ベル）を「中性刺激」と呼ぶ。また、このような行動の変化を「古典的条件づけによる学習」と呼ぶ。

えに、維持されているという理論です。そして、カナダのバンデューラが提唱した**「観察学習（モデリング）」**があります。たとえば子どもが親の真似をするように、行動の多くは模倣によって学習されているものです。つまり、問題行動も身近な人間の行動の模倣によって起きている可能性があるとしたのです。

行動療法の3つの理論

行動療法の代表的な理論は次の3つである。

古典的条件づけ　――**パブロフ**が提唱

例　犬の背後でベルを鳴らし（中性刺激）、その後エサを与える（無条件刺激）。すると、エサを与えなくても、ベルの音を聞いただけで、犬はだ液（無条件反応）を出すようになる。

→「人間の問題行動も後天的に学習されたものである」

オペラント条件づけ　――**スキナー**が提唱

例　ネズミが設置したレバーを偶然押したときにエサを与えるようにすると、その後ネズミがレバーを押す頻度が増加する（＝強化）。

※逆に刺激によって頻度が減少する状態を「弱化」と呼ぶ

→「人間もほめられればその行動が増加し、逆に叱られればその行動が減少する。つまり、問題行動も、それによって、クライエントにとって何らかのメリットがあるから起こっている」

観察学習（モデリング）　――**バンデューラ**が提唱

例　人が暴力をふるうのをよく見ていたグループは、そうでないグループよりも攻撃行動が多くなる。

→「多くの行動は他人の行動の真似によって学習されている。つまり、問題行動も、身のまわりの人間の行動を模倣することによって起きている場合がある」

介入のための理論
8

行動療法②

代表的な3つの行動療法の理論にもとづく、さまざまな技法が存在します

行動療法のさまざまな技法

行動療法の理論を背景にした、代表的な心理療法の技法がいくつかあります。

古典的条件づけの理論にもとづく技法に「曝露法」があります。不安や恐怖を引き起こしている場面を、あえてイメージしたり行動したりすることで、少しずつその場面と不安・恐怖の結びつきを弱めていきます。

オペラント条件づけ理論にもとづく技法には「応用行動分析（⬇P70）**」**があります。これはアセスメントの際の問題分析としての技術と、介入としての技術の両方に役立てられます。

観察学習理論にもとづく技法には、「モデリング」があります。望ましい行動の真似によって、適応行動を習得させる方法で、ロールプレイを含みます（＊1）。

行動療法による介入の進め方

行動療法によってクライエントの問題に介入する場合には、まず介入前に綿密な観察や面接、検査などのアセスメントを通して、何が問題になっているのかを明確にします。そして、刺激と反応を図式化し、その問題行動が何によって生じ、なぜ続いているのかを分析します。

分析後は、なくしたい行動や新たにつくり出すべき行動を決定し、適した技法を選択します。そのうえで、きめ細やかに配慮しながら介入していきます。

これも知っておこう！

ロールプレイ

（＊1）臨床心理士がクライエントの通常の行動よりも有効な行動の方法を示し、それをクライエントにその場で実際に練習してもらう方法。

行動療法の主な技法

古典的条件づけの理論にもとづく技法

曝露法

恐怖を引き起こす刺激を、不安の少ないものから並べ、その順にひとつずつイメージをしたり、実際に行うことによって不安を軽減する。

例 不登校の場合
朝、登校の支度をする（不安が少ない）→ 校門まで行ってみる（不安が中くらい）→ 不安に慣れ、最終的に最も不安が強い登校をしても大丈夫になる

オペラント条件づけ理論にもとづく技法

応用行動分析

問題行動が、どのようなこと（先行刺激）が原因で生じ、その後どのようなこと（後続刺激）が生まれているのかを分析する。

例 注目されない（先行刺激）ので、奇声をあげる（問題行動）と、周囲から注目される（後続刺激）→ 奇声をあげたあとは無視するという対応を周囲がする → 問題行動がなくなる

オペラント条件づけ法

ある行動を増やすために、食べ物やほめ言葉、代理貨幣（トークン）を与える（正の強化）。また、すでにその行動に与えられている非難や叱責を取り除く（負の強化）。

例 おしっこをがまんしてトイレへ行く
→ 怒られなくなる（負の強化）→ ほめられる（正の強化）

観察学習理論にもとづく技法

モデリング

見本となるような望ましい行動をみせ、それを真似することによって適応行動を習得させる。ロールプレイなども含む。

例 自己主張の仕方を具体的に示す→ クライエントがその仕方をその場で練習する（ロールプレイ）

介入のための理論 9

認知行動療法①

行動療法と認知療法の長所を統合。現在、心理療法の中心的な位置を占めます

世界的に心理療法の中心的存在

「認知行動療法」では、物事は受け取る側のとらえ方によって見え方が違ってくるとし、**心の問題を生じさせているクライエント自身の否定的で非合理的なとらえ方や認識を改める**ことを目指します。そして、**問題の解決に役立つ適切な行動を習得させる**ことを目的とします。現在、臨床心理学の介入法として世界的にも中心的な位置を占めています（＊1）。

認知行動療法のふたつの起源

認知行動療法は、**ひとりの創始者による理論によって始まったものではなく、さまざまな技術の総称**です。行動療法〔➡P180〕と認知療法のふたつがその源流といわれています。行動療法は「問題行動は学習によってつくられる」という考えにもとづきます。その初期においては外から観察できる行動を重視しましたが、やがて直接観察できないような人の内面も重要視する流れが生まれてきました。

一方、物のとらえ方を着目したのが認知療法です。これは「出来事に対する不適切な認知が心の問題を生む」という理論にもとづいています（＊2）。しかし、実際の認知療法では行動療法の技法を取り入れている場合が多くありました。

次第にふたつの療法が相互のよさを取り入れるかたちで統合していき、認知行動療法として発展していったのです。

もっと詳しく！

（＊1）認知行動療法は、「クライエント自身が簡単に理解できて、研究者が検証できるうえ、学生に教えることもでき、時間的金銭的にも経済的なもの」という目標のもと発展してきた。現在では、研究によってその有効性が広く認められ、認知行動療法が中心的地位を占めるに至っている。

（＊2）認知とは、知覚、認識、理解、判断、推論といったいくつもの知的な過程を総称する言葉である。

認知療法における不適切な認知

認知療法のABC理論

出来事（A）に対して生じる結果（C）は、出来事が直接起こすわけではなく、出来事に対する認知（B）によって変わる。

Ⓐ 出来事
Activating Events
例 テストで50点だった

→

Ⓑ （不適切な）認知
Believes
例 「自分は無能だ」と思う

→

Ⓒ 結果（感情・行動）
Consequences
例 落ち込む

ベックによる不適切な認知

ベックは、不適切な認知は下のような面で起きるとし、その不適切な認知を適切なものと置きかえることで、抑うつ症状を軽減させる認知療法を提唱した。

1 スキーマ

過去の経験によってつくられた、個人それぞれがもつ解釈の仕方や信念

2 自動思考

ある場合に、人それぞれが自動的に頭に浮かぶ考えやイメージ

3 推論の誤り

出来事に対するアンバランスな見方。主に下のようなものがある

- **全か無か**：失敗か成功かのどちらかしか認めず、極端に決めつける
- **破局的思考**：現実的な可能性を検討せず、否定的な予測を増大させる
- **“べき”思考**：自己や他者に対してつねに高い要求水準を課す
- **過度の一般化**：一度起こった（否定的な）出来事がいつも起こると考える
- **飛躍的推論（読心）**：他者の考えを確認もせず、わかっていると勝手に思い込む

介入のための理論10

認知行動療法②

うつ病やパニック障害、PTSDなど、さまざまな問題に利用されています

認知行動療法の基本的発想

現在の認知行動療法では、**クライエントの抱える問題は、状況や対人関係といった環境と、それに対するクライエント個人の反応がお互いに影響し合った結果と考えます**。そして、クライエントの状況を「刺激（S：Stimulus）― 反応（R：Res Ponse）― 結果（C：Consequence）」の枠組みにあてはめて分析します。ここでいう反応とは認知、行動、身体それぞれでの反応が含まれます。

どのような刺激に対してどのような反応が起こり、その結果としてなぜ問題が続いているのかを明らかにするこの作業を、機能分析〔⬇P72〕と呼びます。機能分析を経て、問題の成り立ちを明らかにし、実際の介入へと進みます。

認知行動療法の適用

認知行動療法は理論と実際の介入法の有効性を検証し、それぞれを改良してきたという歴史があります。このような検証を経て、認知行動療法は、うつ病（気分障害）を始め、パニック障害、強迫性障害、PTSD、摂食障害、統合失調症、睡眠障害（＊1）、発達障害〔⬇P102〕などさまざまな心の問題に対して適用されています。

認知行動療法にはさまざまな介入法があり、各障害への効果的な介入法が確立されつつあります（＊2）。たとえばうつ

もっと詳しく！

（＊1）それぞれの障害についての詳細は、第4章の異常心理学を参照〔⬇P121〕。

これも知っておこう！

認知行動療法の今後の発展

（＊2）認知行動療法を介入に用いる対象は現在も拡大しており、たとえば（慢性的な）痛み、自傷行為、ギャンブル行動、アルコール問題、子どもの問題など、多様な心理的問題への応用が試みられている。

病には、左のような手順をふみながら認知行動療法を行います。しかし、**あくまでも個々のクライエントの状態や問題を個別に見極め、柔軟に対応することが必要です。**

その際に重要になるのが、ケース・フォーミュレーションにもとづいたアセスメントと介入の流れです。

認知行動療法の理論と介入法

環境と個人の反応の相互作用

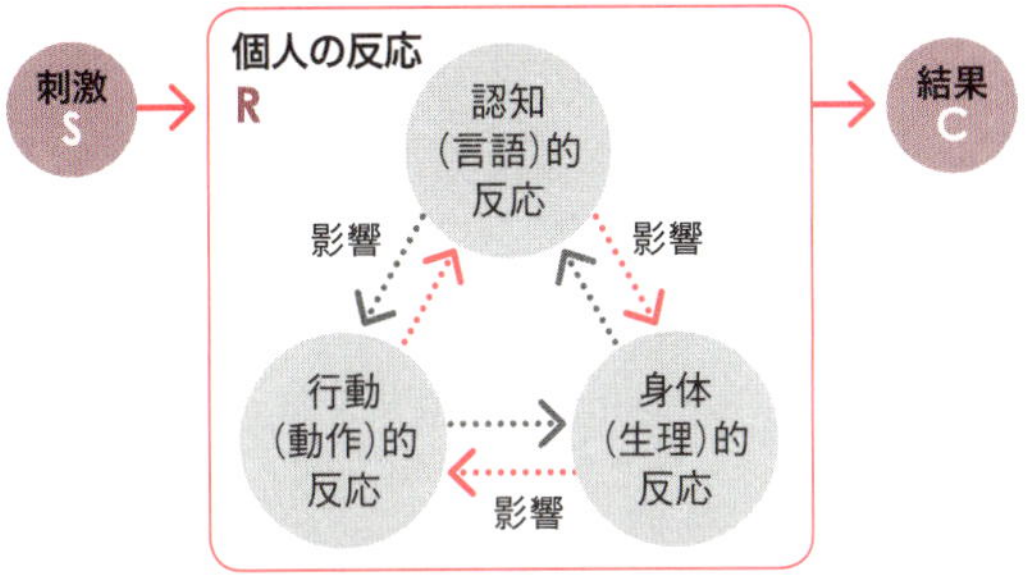

上の図式にあてはめて、どのような環境による刺激（S）がどのような反応（R）を生じさせ、結果としてなぜ問題が続いているか（C）を分析する。

うつ病での認知行動療法の進め方

うつ病を対象とした認知行動療法では、下のように認知へのアプローチが進められる。

1. **自分のストレスに気づき、問題を整理する。**
2. **その問題がどのような状況で起き、その結果どのような感情を引き起こしているのか調べる。**
3. **考え方（自動思考）が感情や行動にどのように影響しているのか調べる。**
4. **自分の自動思考の特徴的なくせを理解する。**
5. **自分の自動思考の内容と現実とのズレに注目して、自由な視点で現実にそった柔らかいものの見方に変える練習をする。**
6. **考え方が変わってきたら、問題を解決する方法や人間関係を改善する方法を練習する。**

出典：『うつ病の認知療法・認知行動療法マニュアル』厚生労働省　2009年を改変

介入のための理論 11

家族療法①

個人の問題行動はその家族に原因があると考え、家族関係に介入します

個人療法との違い

クライエント個人に焦点をあてる療法は個人療法と呼ばれ、家族を背景として扱います。それに対し、**家族療法では家族をメンバーそれぞれが互いに影響し合うひとつのシステム**として考えます。

家族療法では、問題行動を示す人物を**IP**（Identified Patient＝患者とされた人）と呼びます。そして、IP個人の問題であっても、IPが所属する家族のシステムとしての問題が現れた結果としてとらえ、家族関係に介入していきます。

家族療法の歴史

家族療法の起源は1940〜50年代にさかのぼります。カリフォルニアのMRI（＊1）にて、ベルが行った合同面接が始まりとなって発展しました。そしてその後、この学派の研究者たちがさまざまな家族に面接を行っていくなかで、家族それぞれの関係に、左図にあげたような因果律を見いだしました。

1960〜80年代には、家族をひとまとまりの「システム」としてとらえる、**家族システム論**が隆盛となります。

1990年代には、理論の統合が進み、行動療法や精神分析など他の心理療法の理論も取り入れた家族療法が発展します。その中で、ナラティブ・セラピー〔P198〕やブリーフセラピー（＊2）といった新たな潮流も出てきました。

これも知っておこう！

MRI

（＊1）Mental Research Instituteの略。文化人類学者のベイトソンと精神科医のジャクソンが設立した家族療法の研究所。数多くの家族療法の専門家を生み出している。

もっと詳しく！

（＊2）ブリーフセラピーは短期療法とも呼ばれ、介入の回数を制限するもの。伝統的な精神分析で課題としていた、個人の過去についての徹底的な考察を重視せず、短期間で効果的に、現時点での問題に対処する方法を探る。

家族療法の考え方

家族療法の中心的な理論である「家族システム論」では、家族をひとつのシステムとみなす。そして、ある人物の問題行動はその個人ではなく家族システムに原因があると考え、家族関係に介入していく。

家族システム論とは…

1960年代に家族療法の臨床から生まれた理論。家族をひとまとまりと単位として扱い、家族のメンバーが互いに影響しあいながら成り立っている「システム」と考える。

直線的因果律と円環的因果律

家族療法の研究が進められるなかで、家族の問題は「原因→結果」という直線的なかたちではとらえきれないのではないかという疑問が起きた。その結果、問題の原因と結果は互いに影響し合って循環しているかたちでとらえようとする動きが生まれた。

直線的因果律

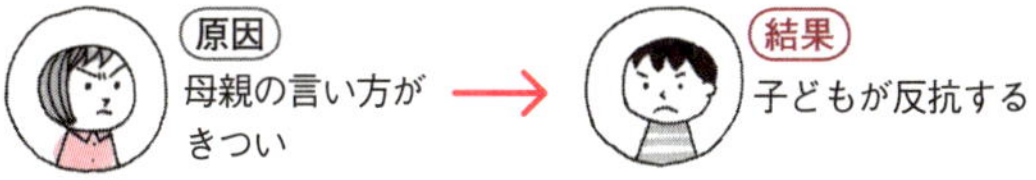
原因
母親の言い方がきつい
結果
子どもが反抗する

円環的因果律

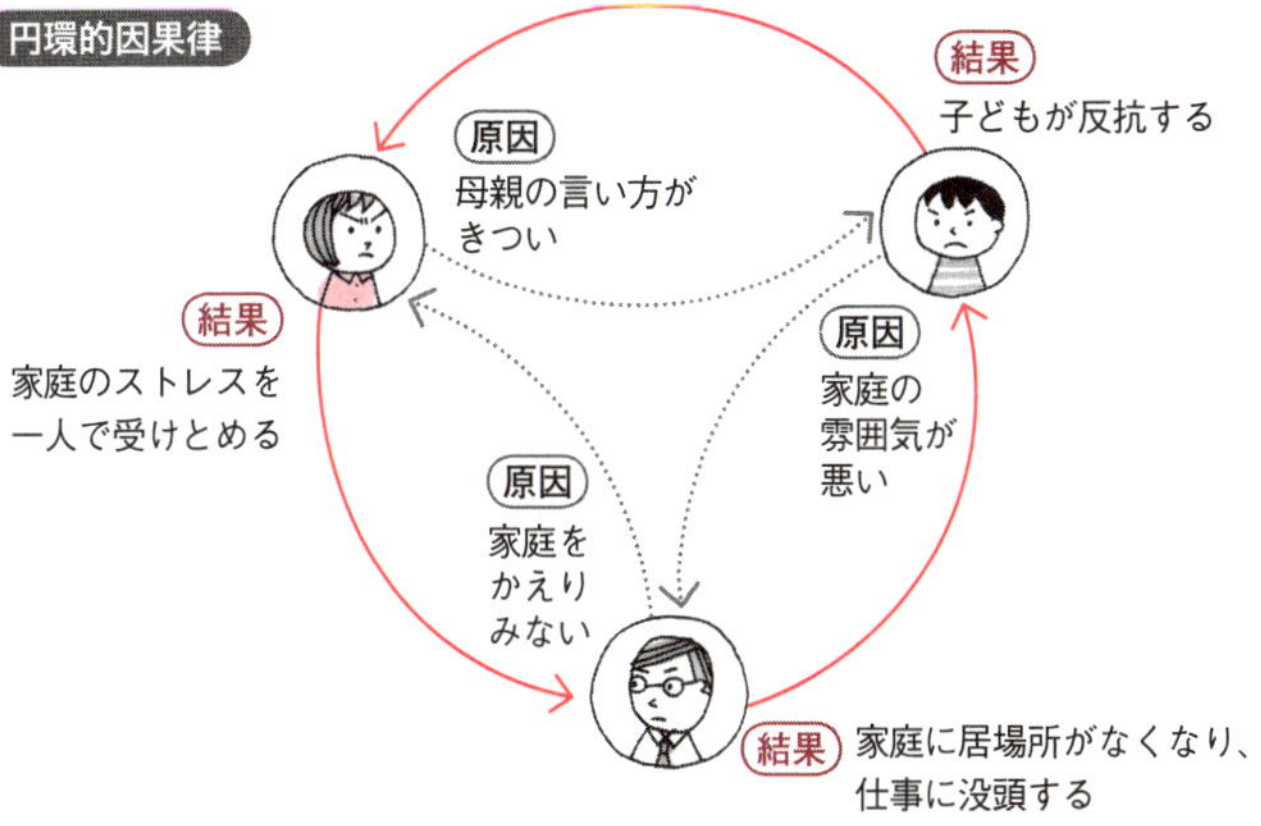
結果
子どもが反抗する
原因
母親の言い方がきつい
結果
家庭のストレスを一人で受けとめる
原因
家庭の雰囲気が悪い
原因
家庭をかえりみない
結果
家庭に居場所がなくなり、仕事に没頭する

介入のための理論 12

家族療法②

3つの理論が、家族療法を代表するものとして有名です

代表的な3つの理論

家族療法の創始期には、何人もの研究家たちが独自の理論を展開しました。現在、「多世代派」「構造派」「コミュニケーション派」という3つの学派による理論が代表的なものとなっています。

それぞれの理論の主張

米国のボーエンに代表される**多世代派による「歴史的視点」**は、問題を何世代かにわたる家族の歴史から理解しようとするものです。ボーエンは「自己分化」という、情緒と理性がそれぞれ独立して機能している状態を重視しました。自己分化の度合いが高いと情緒に引きずられることなく理性が働き、逆に自己分化の度合いが低いと心の安定が保ちにくくなります。そして自己分化の低さが家族間で伝わることで問題が生じるとしました。

米国のミニューチンに代表される**構造派の「生態学的視点」**は、家族の関係を構造的な側面から理解しようとします。両親と子どもとの間に境界線がきちんとある状態に導くことを目指します。

米国のベイトソンらが中心となった**コミュニケーション派による「今・ここにあるコミュニケーションの視点**(＊1)**」**では、家族の理想図は描かずに、家族内のコミュニケーションの質そのものを改善するのが特徴です。左図のダブル・バインドという概念が有名です。

これも知っておこう！

(＊1)「今・ここで」実際に起こっているコミュニケーションに注目。コミュニケーションには直接の内容とはまた別のレベルでメッセージが隠されている、という視点にもとづいて考える。

家族療法の主な3つの理論

1 多世代派

問題を「何世代かにわたる家族の歴史」というかたちで理解しようとする理論。

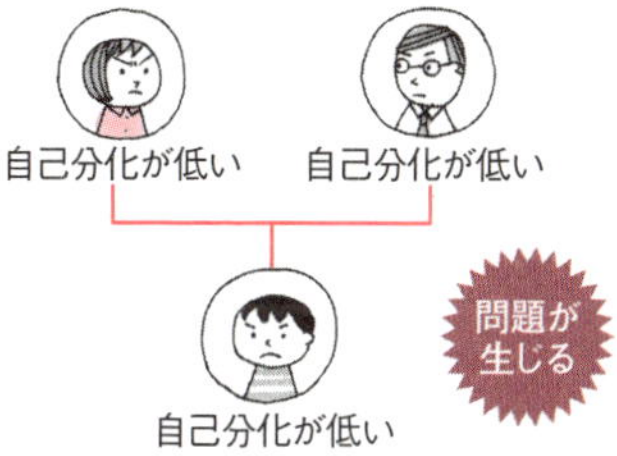
自己分化が低い
自己分化が低い
自己分化が低い
問題が生じる

ボーエンの主張

- 「理性と情緒がそれぞれ独立している＝自己分化」という考えを重視
- 自己分化が低いと心の安定を保つために意に反した態度をとったり、自他の区別がつかずに問題を起こしたりする
- 自己分化の低さが世代から次の世代へ伝わると、心理的な症状となる

2 構造派

家族の関係を構造としてとらえ、理想的な構造を示した理論。

ミニューチンの主張

- 両親は結束して子どもに向かうのが理想的である
- 親と子の間にははっきりとした境界線が必要である。親子間は友人のような同列関係であるべきではない
- 子どもは親の役割を担わないことが大切である

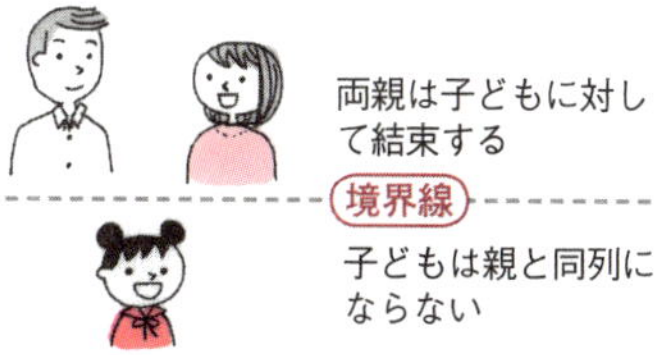
両親は子どもに対して結束する
境界線
子どもは親と同列にならない

3 コミュニケーション派

家族内のコミュニケーションの改善を目指す理論。

ベイトソンの主張

- 言葉によるメッセージとはまた別に、行動や表情や声色などから受けとるメッセージがある
- 矛盾するふたつのメッセージを受け取った者はどちらを信じていいか混乱する
- そのような状態が繰り返されると、コミュニケーション不全をもたらす（ダブル・バインド）

例 ダブル・バインド

言葉
ママのことが好きならこっちにいらっしゃい
態度
行くといやな顔をする

言葉では「来い」といっているが、いざ行くといやな顔をする。このような母親に対して、子どもはどちらのメッセージを受けとったらいいのか混乱してしまう

介入のための理論 13

家族療法③

クライエントとの関係づくりやアセスメントなど、目的別にさまざまな技法があります

かつてはビデオなどを使用

家族療法においては、さまざまな技法が用いられます（＊1）。かつて、ビデオカメラやワンウェイミラー（マジックミラー）やインターフォンといった道具を主に使っていた時代もあります。それらの道具を通し、療法を行うチームが隠れた状態で家族を観察する方法がとられていました。しかし、現在ではこれらは使われることが少なくなっています。

現在の主な技法

現在、家族療法に使われる主な技法に次のようなものがあります。

臨床心理士が家族と関係をつくるための技法として、**「ジョイニング」**があります。家族の言動を観察し、家族にとけ込むことで、家族のルールに合わせることを目指します。また**「多方面への肩入れ」**という技法もあり、これは家族のメンバーひとりひとりに対し順次に肩入れ（共感を示す）していく方法です。

アセスメントのための技法としては、家系図を用いる**「ジェノグラム」**や、家族のメンバーに見立てたシールを使う**「家族イメージ法」**などがあります。前者は、家族の歴史に隠された問題の要因を整理するのに役立ちます。後者は、クライエントが自分たちの家族をどのような「システム」としてイメージしているのかがわかります。

もっと詳しく！

（＊1）家族療法というと、家族全員を呼び集める合同面接が多いが、家族のひとりだけを対象に行う方法もある。このように、家族療法の技法は現在ますます方法が多様化している。

介入の際に用いられる**「リフレーミング」**は、家族療法が開発した数ある技法の中でも最も広く活用されているもののひとつです。そのほか、介入には**「逆説処法」**をはじめ多くの技法が存在します。

ここでは目的別に紹介しましたが、実際にはこれらの技法にはその目的にかぎらずさまざまな効果があります。

家族療法の主な技法

家族療法で行われる技法には、下のように目的に応じてさまざまなものがある。

1 関係づくりのための技法

ジョイニング

ジョイニングとは「参入」「仲間入り」という意。臨床心理士が家族のルールに合わせることで家族の文化にとけ込んでいく。

多方面への肩入れ

臨床心理士が家族ひとりひとりに対し、順番に肩入れ（共感と理解を示す）していく方法。臨床心理士は誰かひとりに偏らずに、それぞれ同じ距離の関係を築くことができる。

2 アセスメントのための技法

ジェノグラム

「家族図」ともいう。3世代ほどをさかのぼる家系図を使用し、問題を整理して介入方針を立てる際に使用する。

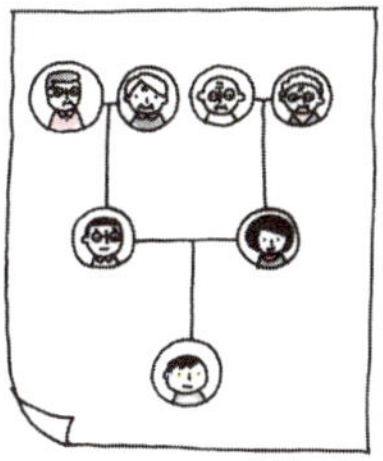

家族イメージ法

家族のメンバーに見立てたシールを用紙に配置する方法。家族がそれぞれのメンバーに抱くイメージを明らかにし、それを家族全員が共有する。

3 介入のための技法

リフレーミング

家族の行動や家族に起きたできごと、関係性などの「事実」は変えずに、その意味づけを変化させる方法。一般に、否定的に意味づけられたものを、臨床心理士がさりげなく肯定的に発言して変化させる。

逆説処方

問題行動を示しているメンバーに対して、家族が解決するために働きかけていることが悪循環を招いている場合に利用される。臨床心理士が逆説的に、問題行動を強化するよう指示することによって家族の悪循環を絶つ。

介入のための理論 14

コミュニティ心理学①

従来の心理療法ではサポートできない人々へのアプローチ方法として誕生しました

コミュニティ心理学誕生の経緯

コミュニティ心理学は、1960年代に米国で登場した、心理学の新しい分野です（＊1）。

その誕生の背景には、伝統的な心理療法のあり方への疑問があります。それまでは相談室での対話によるサポートが中心となっていましたが、その方法では相談室に訪れない人々に広くアプローチすることができませんでした。次第に、地域社会の中で心理学者が果たすべき役割について議論が起こったのです。

その結果生まれたコミュニティ心理学では、クライエントが臨床心理学の相談室に直接訪れなくても、いつもの生活環境にいるままで、問題が予防され、介入が行われることを目的としています。

コミュニティ心理学の基本的な理念

コミュニティ心理学における**「コミュニティ」**とは、地域社会の住人同士といった現実の場を共有している関係だけを指すのではありません。サークル活動、PTAといった、価値や信念、関心などの目に見えないようなものを共有するネットワークも含みます。

また**コミュニティ心理学では、人間の行動はその人が生きている環境と互いに影響し合って成り立つもの**ととらえます。人は家庭や学校、職場や地域社会など、さまざまな人間関係の中で生活しており、

もっと詳しく！

（＊1）コミュニティ心理学は、1965年米国ボストン近郊で行われたボストン会議がその歴史の幕開けとなったといわれている。この会議は、街の名前をとってスワンプトン会議とも呼ばれる。地域精神保健センターに勤務する全米の心理学者たちが集まり、議論を行った。

その時々の社会の動向の影響を受けていると考えるのです。
それゆえに、コミュニティ心理学における介入は、**人と環境の両方に働きかけること**に特徴があります。問題が、環境と個人のどのような関係の中で生じているのか、とくに環境側の要因は何であるかを理解することが必要です。

コミュニティの定義と介入の種類

コミュニティの定義

コミュニティには目に見える空間を共有する人々だけでなく、目に見えないネットワークを共有する人々も含まれる。

物理的コミュニティ
場を共有している人々
例 地域社会

＋

機能的な（関係性）コミュニティ
信念や価値、関心などを共有している人々
例 サークル活動、PTA、労働組合

人の集まりが「コミュニティ」となるのは、そこに集う人々がその集団を「維持・発展させたいと感じている＝コミュニティ感覚」が必要となる。

コミュニティ心理学における介入の種類

コミュニティ心理学を基盤とした介入では、人だけでなく環境といったコミュニティ全体への働きかけを行う。また直接的なものだけでなく、よりよい未来を見すえた間接的な働きかけなど多彩な方法がとられる。

	コミュニティ全体へ	当事者へ
直接的介入	・心理教育や、啓蒙活動等の予防を目的とした活動	・カウンセリング ・地域への出張サービス（アウトリーチ）活動
間接的介入	・組織・制度・政策等の改善を通じ、社会変革を求める運動など	・当事者の代弁（アドボカシー） ・関係者・関係組織に対するコンサルテーション

介入のための理論 15

コミュニティ心理学②

今日、個人の問題に対してもコミュニティ心理学的な視点が必要となっています

必要とされる発想の転換

コミュニティ心理学では、問題を個人と環境との関連で考えます。そのため、個人の心の世界に対してだけではなく、人と環境の両方に働きかけが行われることになります。そのような理由から、左図のように、個人だけを対象とした心理療法とは違った発想の転換が必要です。

また、そのような活動を適切に実行していくためには、**他職種の専門家、ときには非専門家とのコラボレーション**〔⬇P42〕**が重要**となります（＊1）。そして、臨床心理士にはたんに心理的な問題の専門家というだけでなく、危機介入（＊2）の際のコンサルタント〔⬇P228〕、各専門家をまとめるオーガナイザー、コミュニティ活動を調整するコーディネーター〔⬇P230〕などの役割が求められます。

コミュニティ心理学による実践

日本国内でコミュニティ心理学が実践的に使われる場としては、外国籍の人々へのサポートがあります。彼らが文化的・社会的に、またときには経済的にもマイノリティである場合、彼ら個人が抱える問題の多くは、制度の不備や偏見・差別などが影響しており、環境を変えるよう働きかけるコミュニティ心理学の発想が重要となります。

また、DVや児童虐待のような問題にも、コミュニティ心理学的な発想が有効

もっと詳しく！

（＊1）たとえば、スクールカウンセラーが生徒の援助に取り組む際には、地域性や学校の風土への理解が不可欠であり、養護教諭や教師、保護者と協力し合って問題を解決していく姿勢が必要となる。このようなコラボラーションの関係をつくり上げるのも、コミュニティに介入する臨床心理士に求められる専門性といえる。

（＊2）危機介入とは、危機的な状態にあるクライエントに対し、迅速かつ短期集中で行われるサポートのことである〔⬇

とされています。そのほか、学校や会社での問題や災害・犯罪者の被害者支援にも対応します。

今日では、個人が抱える問題の多くは、社会的・経済的・文化的といったマクロの視点で理解することが不可欠です。そして、問題解決のために環境の改革を求めていくことが必要とされています。

P226）。

コミュニティに介入するときの作業

コミュニティに介入するための発想の転換

コミュニティへ実際に介入する際は、個人への介入とはまた違った発想をもって行う必要がある。

	個人への介入	コミュニティへの介入
対象	個人	集団、システム、地域
介入の方向性	問題解決への援助（心理療法）	予防、教育、ケア
責任の中心となるもの	専門家	地域
注目するもの	病気や障害	生活や生き方
介入で必要とされるもの	決まった手順による介入	創造的なサービス
進め方	主にひとりの専門家が担当して進める	専門家・非専門家とコラボレーションし、ケア・ネットワークをつくる

コミュニティ心理学の援助の対象

コミュニティ心理学では、下のような領域でサポートを行う。

家庭

・虐待やDVへのサポート…など

学校

・不登校、いじめ、学級崩壊問題へのサポート…など

会社

・過重労働、ハラスメントへのサポート
・職場復帰支援…など

地域

・災害や犯罪の被害者への支援
・外国籍の人たちへのサポート
・行政へのサービス改善の働きかけ…など

介入のための理論16

ナラティブ・セラピー

「語り」によって新たな自己を構築することを目指す療法です

「語り」を重視した心理療法

「ナラティブ・セラピー」とは、家族療法から派生し、1980年代より複数の国で始まった心理療法です。**クライエントの「語り」を尊重し、クライエントが自分自身について語ることで、新たな自己を構築することを目指す**心理療法です。

この療法では、クライエントにとってある過去の物語を疑うことができないとき、その物語に「支配」されていると考えます。たとえば「自分のせいで両親が不仲になった」という物語を真実だと思い込むと、その物語の枠の中で葛藤し続けてしまうことになります。そして、その枠から出られないことによって、その物語がより確かで強固なものになってしまうのです。

この支配的な物語にゆさぶりをかけ、それに取って代わる物語をつくり上げるのが、ナラティブ・セラピーです。支配的な物語のことを**「ドミナント・ストーリー」**、それに代わる物語のことを**「オルタナティブ・ストーリー」**と呼びます。

クライエントへのアプローチ

ナラティブ・セラピーにはいくつかのアプローチがあります。アンダーソンが提唱した「無知の姿勢」というアプローチでは、臨床心理士は会話を通してクライエントの心に寄り添い、クライエントとともに問題を探っていきます。アンダ

もっと詳しく！

（＊1）臨床心理士を始めとする専門家は、往々にして自らの専門的知識や技能をよりどころにしてクライエントや患者に会う。しかし、こうした知識や社会的通説が、クライエントの問題を固定化している面もあるとアンダーソンは考え、「無知の姿勢」をすすめた。

（＊2）ホワイトとエプストンによるアプローチでは、日常生活においてもオルタナティブ・ストーリーがその人の物語となるように手助けをする。具体的には、臨床心理士が、そのストーリー

ーソンは、問題について一番よく知っているのはクライエント自身であり、臨床心理士は自分の専門知識や社会の通説を棚上げし、クライエントに教えを乞うような姿勢が大事だとしました（＊1）。
　一方、クライエントに対するさまざまな問いが特徴的なのがホワイトとエプストンによるアプローチです。問いかけることによってクライエントの抱える問題を表面化し、その問題に影響されていない体験をもとに、新たなオルタナティブ・ストーリーを構築します。そうして問題からクライエント自身を引き離すよう試みるのです（＊2）。

が構築された経緯やそれがもたらす新たな意味などを記した手紙をクライエントに送るなどの働きかけをする。

ナラティブ・アプローチの考え方

自分のせいで両親は不仲になった

個人の問題や症状は、その人にとっての支配的な物語（ドミナント・ストーリー）の枠の中で葛藤しているから起こる。

ドミナント・ストーリー

臨床心理士は個人の物語（ナラティブ）を語ることができるように心理的な支援を行う

あのとき私は無力な子どもだった。私のせいではなかった

その人自身の新しい物語（オルタナティブ・ストーリー）が構築される。それをもとに、新たな現実世界がつくられる。

オルタナティブ・ストーリー

この心理療法の背景には「社会には、従来の意味での真実といったものはなく、人それぞれの視点から再構成された現実がある」という考え方がある。

介入のための理論 17

動作療法

動作に焦点をあて、動きにかかわる体験を通じて問題の改善を目指す心理療法です

体を動かすメカニズムに着目

「動作療法」とは、クライエントの動作に焦点をあてた心理療法です（＊1）。

もともとは**身体が不自由な人のための訓練法**として開発されました。脳性麻痺患者に催眠をかけたところ、動きがよくなったという出来事がその発端となっています。催眠は心理現象であるため、人間が体を動かすというメカニズムがたんに生理的、神経的なことだけでなく、「心」が関係するとわかったのです。

その後、催眠を使わなくてもその効果が持続する方法が考えられました。本人の努力によって不必要な部位の力を抜いて必要な部位だけに力を入れ、歩行などを覚えるというものです。

今では、体に不自由がない自閉症や多動の子どもの行動を変化させるのにも有効なことがわかりました。統合失調症（➡P164）、不登校（➡P110）、ＰＴＳＤ（➡P142）、認知症（➡P98）のほか、児童や生徒のストレス対処など幅広く適用されるようになっています。

動作療法の基本的な考え方

「動作」とは、ある目的を達成しようと意図し、努力して体を動かす心理的な活動のことです。臨床心理士がクライエントの状態に合わせて**動作に関する課題を用意し、クライエントが課題の実現に向けて努力し、臨床心理士がそのサポート**

もっと詳しく！

（＊1）動作療法は、現九州大学名誉教授の成瀬《なるせ》悟策《ごさく》によって、日本で独自に開発され、発展してきた動作法の一角を成す理論体系である。

（＊2）動作療法では体験を重視し、動作をその手段とみなす。動作課題の実現に向けて努力する過程でクライエントはさまざまな体験をするが、体験内容（何を体験したか）よりも体験様式（どのように体験したか）を重視する。クライエントが必要・有効な体験を獲得できるように適切なサ

を行うのが動作法です。動作の改善が目的の「動作訓練法」と、心理治療が目的の「動作療法」（＊2）があります。

クライエントは課題を達成しようとする過程で、思うように動かせない自分の体に直面します。それを臨床心理士のサポートによって乗り越える際に、**自分の体への気づきや努力の仕方など、動作にかかわる体験をします**。同時に自己達成感や自己存在感などの心理的な変化も体験します（＊3）。このような体験が生活場面全体にもいかされ、クライエントはさまざまな問題に対して自己処理ができるようになります。

ポートが必要とされる。

（＊3）体を意識するような動作にかかわる体験を「動作体験」、自己達成感など心理的な体験を「ともなう体験」と呼ぶ。

動作療法の考え方

動作と動作法の違い

動作　意図 → 努力 → 身体運動

動作法　課題 → 意図 → 努力 → 身体運動

「動作」とは、ある目的を達成しようと意図し、努力して体を動かす心理的な活動のことであり、動作法とは、その動作を課題として意識しながら行う心理療法である。

動作法の例

動作法の課題の例として、クライエントがあぐらになる方法がある。クライエントは体を弛緩させるように心がけるが、臨床心理士は力が入っている部分を観察し、背を軽く押すなどして緊張を解いていく助けをする。リラックスした状態を体験したあとは、体のまっすぐな軸を意識する課題を行う。このような課題を通して、クライエントは自分の体への気づきを体験していく。

介入のための理論 18

森田療法

神経症は悪循環によって固定化されると考え、悪循環の打破を目指す療法です

日本独自の心理療法

「森田療法」とは、1919年、森《もり》田《た》正《しょう》馬《ま》による日本独自の心理療法です。

この療法は、かつて神経症（＊1）と呼んでいた、対人恐怖・全般性不安障害・強迫性障害・パニック障害などを対象としており、**神経症の症状は二重三重の「悪循環」によって固定する**という考えにもとづいています。

神経症発症と悪循環のメカニズム

森田療法では、心身が病的ではないかと不安に思う気質は生来的な素質と考え、**ヒポコンドリー性基調**と呼びます。このような素質を基盤に、体や心に生じた感覚に意識することでさらにその感覚が強まる**精神交互作用**が生じて、神経症が発症するとしました。さらに、その症状を「あってはならないもの」と考えて取り除こうとする思考の矛盾によって、より悪循環が生じるとしています。

森田療法では、その悪循環を打破することが治療の目的となります。そのため、原因を追究したり不安をコントロールすることはありません（＊2）。**症状を直接は取り上げず（不問技法）、不安をあるがままに受け入れます。**さらに、気分にかかわらず、できることをこなすように促します。それによって、不安で何もできない状態から、不安を抱えつつも必要な行動ができる状態を目指します。

もっと詳しく！

（＊1）かつて神経症（ノイローゼ）と呼ばれていたものは、現在、「不安障害」「解離性障害」「身体表現性障害」「気分障害」という障害名となっている（➡P132）。

（＊2）森田療法で、症状の原因を追究しないのは、不安に注目しそれをコントロールしようとすることによって感覚がいっそう鋭敏になり、クライエントをとりまく悪循環に拍車をかけてしまうからである。また、恐怖は生の欲望の裏返しであり、恐怖を取り除こうとすると、生の欲望も否定実際の介入では、当初、森田正馬の自宅での入院療法が行われ、左図のように全4期からなる流れで進められていました。クライエントは家庭的な環境の中で共同生活を営み、悪循環の打破を試みたのです。昨今では、外来療法、日記・通信療法、自助グループなどさまざまなやり方を組み合わせて実施されています。

森田療法の考え方と介入の流れ

悪循環の仕組み

下のように、ふとしたきっかけで恐怖にとらわれて「またそうなるのではないか」という強い不安が起きてしまうのと同時に、その恐怖心を否定することで悪循環が起こる。

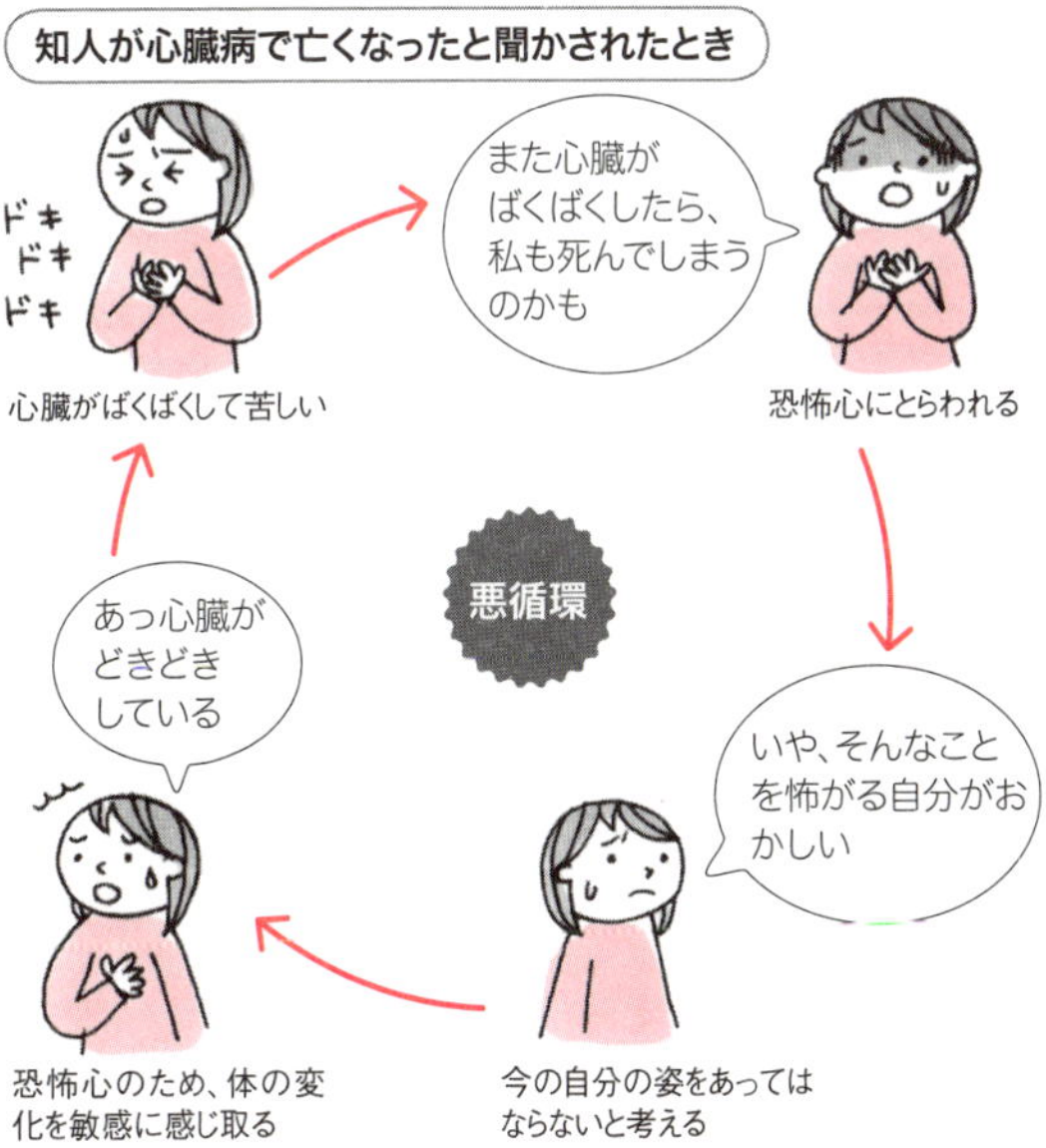
知人が心臓病で亡くなったと聞かされたとき
ドキドキドキ
心臓がばくばくして苦しい
また心臓がばくばくしたら、私も死んでしまうのかも
恐怖心にとらわれる
悪循環
いや、そんなことを怖がる自分がおかしい
今の自分の姿をあってはならないと考える
あっ心臓がどきどきしている
恐怖心のため、体の変化を敏感に感じ取る

森田療法の流れ

森田療法は以下の4つのステップで進められ、不安をあるがままに受け入れるような状態を目指す。

第1期	第2期	第3期	第4期
絶対臥褥期	軽作業期	重作業期	生活訓練期
何もせずひたすら横になる	軽い作業をする	やや重い作業をする	社会復帰に向けた訓練をする
1週間	3日～1週間	1週間以上	1週間以上

してしまうと考えた。

介入のための理論 19

内観療法

過去の事実を調べる「内観」を行うことで、価値観や人生観の変化が起きます

修行法から発展

「内観療法」とは、森田療法と並んで、数少ない日本生まれの心理療法のひとつです。吉本伊信《よしもといしん》により、1965年前後に確立されました。

　吉本伊信は浄土真宗の一派に伝わる**「身調べ」という修行法を追究し、そこから宗教色を取り去って内観療法の骨格をつくりました**。現在では、学校や病院、少年院や刑務所などのほか、全国の内観研修所で実施されています。

内観療法の進め方と効果

　内観の進め方に「集中内観」というものがあります（＊1）。これは、1週間宿泊をして、1日15時間継続して行います。そして、母親、父親、兄弟、配偶者、子ども、友人など、身のまわりの人々に対して、**「していただいたこと」「して返したこと」「迷惑をかけたこと」の3つのテーマについて、具体的な事実を見直していきます**。

　内観療法では心理的な症状や問題を直接扱いません。内観を通して価値観や人生観が変化していき、その結果、症状や問題が消失することを目指します。

　内観療法の効果として、次の4点をあげることができます。

　ひとつ目が、効率性です。1週間で一定の効果が得られるとされています。

　ふたつ目に、自分自身で気づきを得ら

もっと詳しく！

（＊1）集中内観のほかに日常内観というものもある。これは、集中内観によってせっかく得た気づきを忘れないために、日常生活の中でも随時内観を行うことである。日常内観は、集中内観によってやり方を身につけてから行うのが原則である。

れるという、自己治癒性があげられます。

3つ目に、視点の変化があります。左のように事実に見つめ直すことで、今までとは別の認知をもつことができます。

4つ目が、人格的な気づきです。自分の罪深さやいたらなさに気づき、さらに自分の中にある素直な心に触れることで、内面的な変化が訪れるとされています。

内観療法による心理的変化

「内観3項目」と呼ばれるテーマを見つめ直すことによって、価値観や人生観に変化が起きる。その結果、心の問題が消失していく。

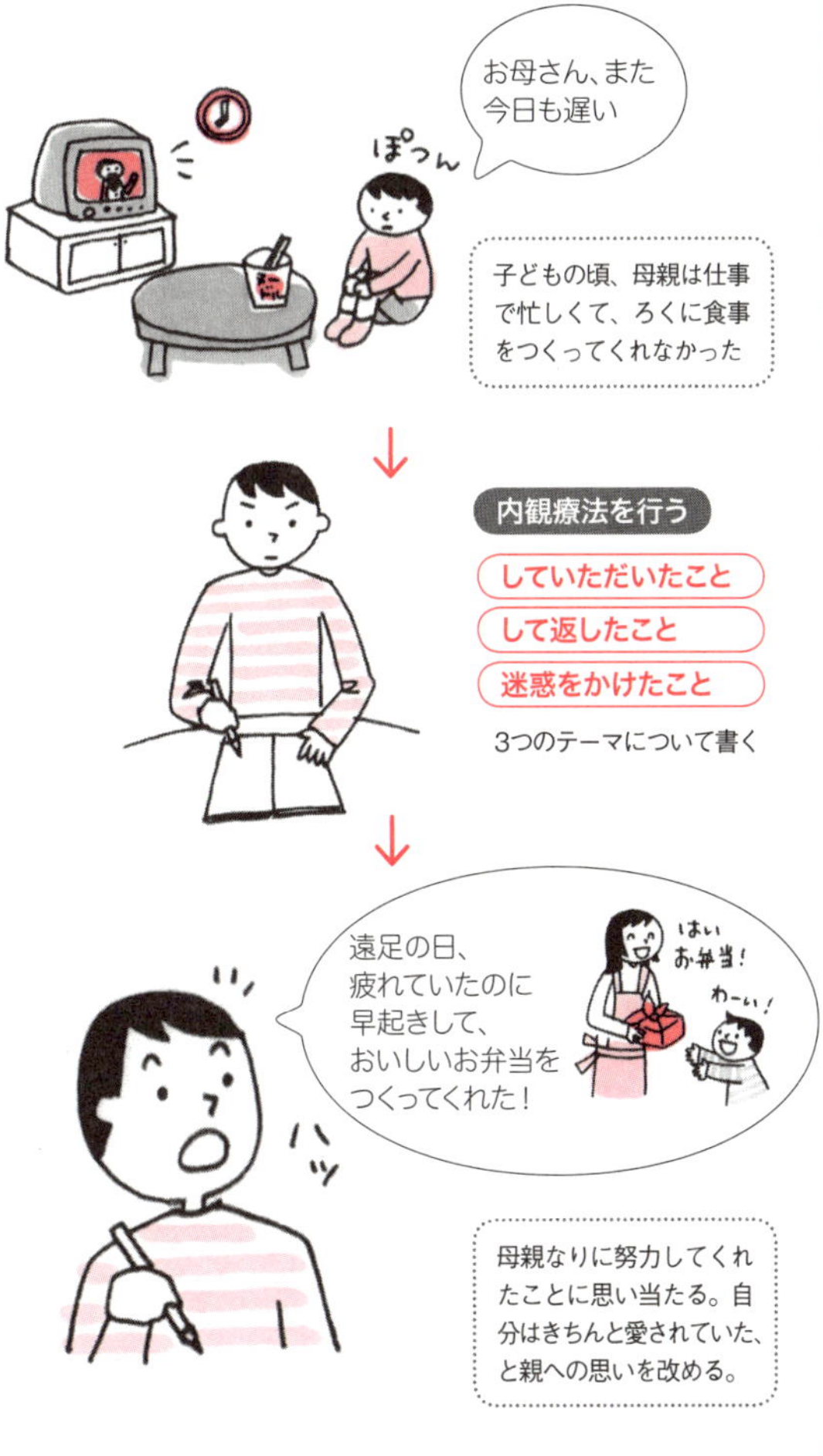
お母さん、また今日も遅い
ぽつん
子どもの頃、母親は仕事で忙しくて、ろくに食事をつくってくれなかった
内観療法を行う
していただいたこと
して返したこと
迷惑をかけたこと
3つのテーマについて書く
遠足の日、疲れていたのに早起きして、おいしいお弁当をつくってくれた！
はい お弁当！
わーい！
ハッ
母親なりに努力してくれたことに思い当たる。自分はきちんと愛されていた、と親への思いを改める。

個人への介入技法 1

遊戯療法

言語表現が未熟な子どもに対し、言葉に代わるツールとして「遊び」を用います

遊ぶことの4つの意味

「遊戯療法」とは、主に幼児や児童を対象に、**遊びを通して行う心理療法の総称で、プレイセラピーともいいます**。多くの心理療法は、クライエントと臨床心理士が対話をすることによって進められます。しかし、子どもは言語表現が未熟なため、そのような進め方は向いていていません。そこで、言葉にかわるツールとして「遊び」を利用するのが遊戯療法です。

遊戯療法には以下の特徴があります。

まず、**それぞれの子どものレベルに合わせます**。遊びが言葉に代わりに自分を表現する手段となります。

次に、**対人関係の基本的な要素が含まれている**という点です。人とかかわる喜び、助けてもらう嬉しさ、達成感などが得られます。

また、**発達を促進**することがあげられます。その時期に伸びている部分を刺激し、発達を促すことができます（＊1）。

そして、**安全な遊びの中で子どもはふだんできない実験や見直しができる**、というのも大きな特徴です。

遊びを通した問題解決

遊戯療法で臨床心理士は、遊びに表れる子どもの問題や気持ちを言葉にして伝えます。すると、子ども本人が問題を認識できたり、気持ちが伝わっていることを確認できたりします。

もっと詳しく！

（＊1）たとえば1歳前後の子が好きな「いないいないばぁ」の遊びは、相手が「ばぁ」と言って出てくると予測し、期待して待つことで楽しめる。理解力、記憶力、我慢する力、信頼感などを刺激する遊びだといえる。

（＊2）ミニカーで毎回のように事故シーンを表現するとき、この子どもは大きな問題に圧倒されている状態かもしれないと考えられる。そこで臨床心理士はたとえば、車がぎりぎりで止まるシーンを表現することによって、大事を避けるパター

　また、子どもはしばしば、問題を遊びの中で繰り返し表現することがあります。それに対し、臨床心理士が解決につながるパターンを提示します（＊2）。

　このように臨床心理士が環境を保障し手助けすることで、子どもは自分自身で問題に取り組んだり、遊びそのもので癒されたりしていくのです。

遊戯療法の進め方

遊戯療法の枠組み

下の４つの枠組みのもとで行われることによって、子どもが遊びに集中できる

❶**時間**——１回50分前後。週１回〜月１回
❷**場所**——一定の広さや防音性があり、寝転がったりできるプレイルーム
❸**備品**——遊びを展開するのに役立つおもちゃを用意
❹**担当者**—固定すること。その子と担当者の関係の中でテーマが深められるようにする

遊戯療法における臨床心理士の８つの役割

「アクスラインの８原則」とも呼ばれる

❶子どもとの温かい親密な関係を発展させる
❷子どもをあるがままの姿で受け入れる
❸子どもが自分の気持ちを自由に表現できると感じられるように、おおらかな雰囲気をつくる
❹子どもが表現している気持ちを細やかに認知し、子どもが自分の行動の意味が理解できるように、反射する
❺子ども自身に問題の解決能力があることを尊重する
❻先導者は子ども自身であり、臨床心理士はそれに従う
❼介入はゆるやかに進むことを認める
❽子どもが現実世界から乖離《かいり》しないように、必要な制限を設ける

ンもあることを気づかせる。

個人への介入技法2

箱庭療法

自由に箱庭をつくっていく過程で、徐々にクライエント自身の世界を変容させる技法です

箱庭をつくるという心理療法

「箱庭療法」とは、**イメージを媒介とする介入技法のひとつ**で、現在では医療・福祉・教育・司法などで子どもから高齢者まで広範囲な領域で使用されています。

箱庭療法では、人・植物・動物・建物といったミニチュアを用意し、クライエントに砂の入った箱の中に自由に置いてもらいます。これは英国のユング派であるローウェンフェルトのアイデアをもとに、スイスのカルフが発展させた技法で、日本には河合隼雄《かわいはやお》が紹介しました。

箱庭療法の視点と意味

箱庭療法の成り立ちはシンプルです。

しかし、たくさんのミニチュアからいくつかを「選んで」、それらを「箱の中」に「置く」という行為を通して、クライエントはさまざまな体験をしていきます。

たとえば、どのミニチュアがどう置かれるかで、クライエントの従来の世界や秩序と折り合わない「異物」、つまり症状や悩みの存在が浮かび上がってきます。しかし、この異物を除去するのでなく、**異物であったものを取り入れて、世界を新たな秩序をもつものとして作り直していく**のが箱庭療法です（＊1）。

また、クライエントにとって箱庭に置きにくいものを置くことは苦しいものです。その苦しさに臨床心理士が共感することで、箱庭療法は展開していきます。

もっと詳しく！

（＊1）箱の中に楽しげな食卓場面をつくったとき、それは秩序立ったものであるが、たとえばクライエントが食卓場面とは折り合わないウルトラマンの人形に惹かれて置くと、この異物によって世界が揺るがされる。しかし、異物を除去せずに置くことで、箱庭の世界が徐々に変容し、その人の世界も変容する。

箱庭療法は1回で終わるものではなく、何回か繰り返し行われます。クライエントは最初「置きにくかったもの」も、やがて「置ける」ようになってきます。これは、作品を繰り返し作品をつくり上げる中で、クライエントの世界が変わってきた証拠であり、この過程にともなって、悩みや症状が解決されていくのです。

箱庭療法の進め方

箱庭療法は以下の流れで進められ、1回だけでなく繰り返し行われる。

1. 57×72×7㎝の箱を用意し、砂を入れる。箱の内側は水色で塗られていて、砂をよけると水があるような表現ができる。植物、動物、人、岩、建物、乗り物などのミニチュアを用意する。ミニチュアの数や種類は決まっておらず、臨床心理士側の判断に任される。

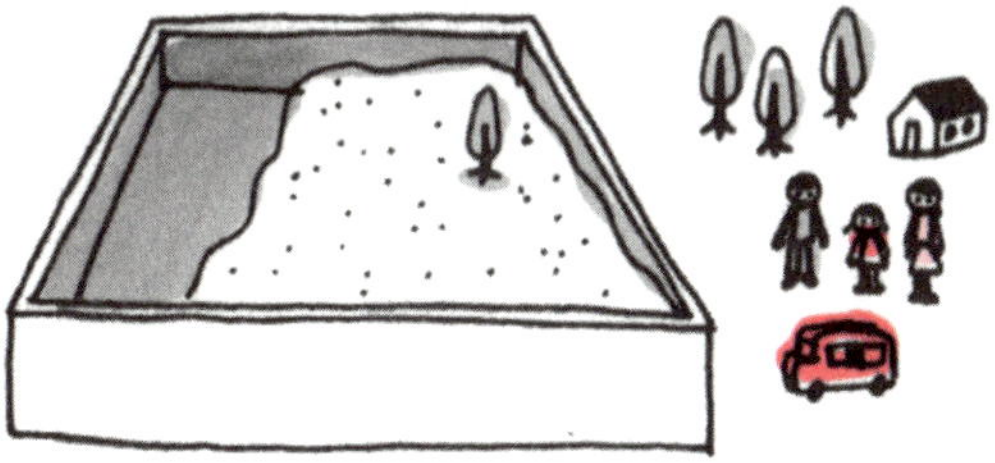

↓

2. クライエントに、たくさんのミニチュアの中からいくつか選んでもらい、自由に置いて、作品をつくらせる。心理療法として、この作品づくりを繰り返す。

↓

3. 当初「異物」としてクライエントが箱の中に置きにくかったものも、箱庭療法を何回か繰り返すうちに、置けるように変化していく。臨床心理士側はひとつの作品だけをもってして分析せず、すべての作品を一連のものとして系列的に理解する。

個人への介入技法 3

夢分析

深層心理学では夢と無意識のつながりを重視。夢分析は重要な一技法となっています

夢と無意識の関係

「夢分析」は、フロイトの精神分析（➡P178）やユングの分析心理学（➡P174）の技法のひとつであり、夢によって心の問題を解明しようとするものです。

深層心理学を創始した**フロイトは、「夢は無意識への王道である」とし、夢は無意識が圧縮・変形・加工されているものだ**と考えました。彼が提唱した自由連想法（➡P177）は、クライエントが夢について思い浮かぶものを自由に語っていくという手法です。臨床心理士は夢に表れた内容により無意識に抑圧された願望をひもとき、クライエント自身に気づきをもたらすことを目的とします。しかし、フロイトは次第に夢そのものよりも自由連想法という技法を重視していきました。

ユングによる夢分析の発展

分析心理学を提唱した**ユングは、夢は「意識を超えた存在で、その人に何かを伝えるもの」**としています。つまり、夢は意識よりも高次な存在で、何か未知のことを伝えてくれるもの（＊1）と考えたのでした。それは「夢はごまかす」としたフロイトとは対照的なものです。

ただし、**夢と無意識を結びつけ、自分の中の無意識を理解し、受け入れることが問題解決につながるという考え方は、ユングとフロイトに共通**しています。

ユングの夢分析でも、クライエントが

もっと詳しく！

（＊1）ユングの考えでは、夢は未知のものを伝えて、自我を補うものである。ただ、自我のレベルでは、より高いレベルにおける未知なるものをそのままのかたちでは捉えきれないため、夢は自我が把握できる範囲で、最良の形でそれを伝える。このような夢の中のかたちを、分析心理学で「象徴」という。

夢について語ることが心理療法の中心となりますが、夢のイメージから離れずに連想を積み重ねていきます。そして、臨床心理士は夢についての感想をたずね、イメージを深める助けをします。夢が伝えようとしているメッセージを理解し、夢そのものがもつ自然治癒力を受け取ることで問題解決を図っていくのです。

フロイトとユングの夢分析の違い

同じライオンの夢でも、フロイトとユングのとらえ方には違いがある。

フロイトによる自由連想法の例

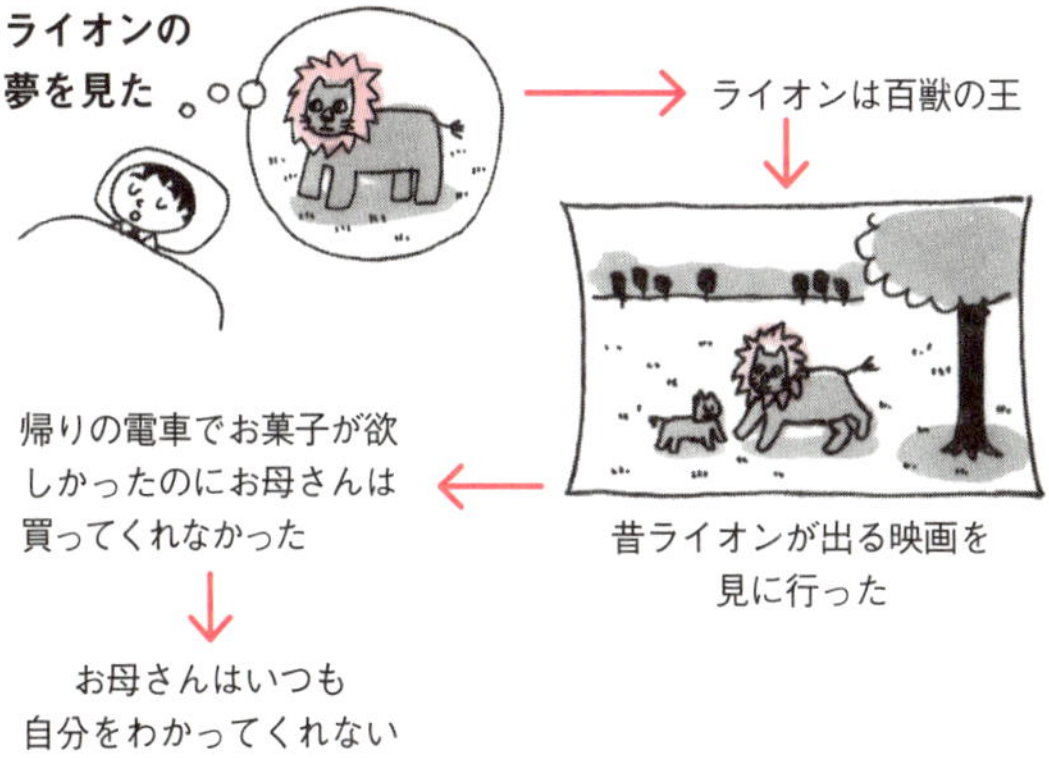
ライオンの
夢を見た
ライオンは百獣の王
昔ライオンが出る映画を
見に行った
帰りの電車でお菓子が欲
しかったのにお母さんは
買ってくれなかった
お母さんはいつも
自分をわかってくれない

ユングによる夢分析の例

たてがみが
太陽のようだ
おそろしい
吠え方をする
ハチミツの
ような色だ
ライオンの
夢を見た
父親のようだ
怖い

フロイトの自由連想法では、連想が直線的に進み、やがて抑圧された願望が浮かび上がる。ユングの夢分析では、夢のイメージから離れずに放射状に連想していきながら、夢のもつ治癒力とメッセージを受け取る。

個人への介入技法 4

フォーカシング

「体で感じるが、うまく言葉にならない気づき」＝「フェルトセンス」に触れる技法です

言葉にならない気づきに着目

「フォーカシング」は、体の感覚を重視するのが特徴の介入技法です。1960年代、シカゴ大のジェンドリンが生み出しました。

ジェンドリンは「多くの学派や技法がある中で、どのような心理療法が成功するのか？」という答えを求めて、セラピーの成否の違いを明らかにするための大規模な実証研究を行いました。その結果、セラピーが成功したクライエントに共通して、**「体で感じているけれどうまく言葉にならない気づき」**をもつ傾向がみられたのです。

ジェンドリンは、このような気づきを「フェルトセンス」と呼び、**クライエントがフェルトセンスに注意を向けて、そこで感じたものを言語化したりイメージ化したりする過程の中で、さらに新しい気づきを得ている**ことに注目しました（＊1）。そして、ジェンドリンはこのフェルトセンスに触れる技法を編み出したのです。それがフォーカシングです。

フォーカシングの方法と活用

フォーカシングの代表的な進め方に、左図のような「コーネルによる5つのステップ」があります。ひとりで行うこともできますが、最初は臨床心理士などの聞き役がいたほうがより効果が望めます。

その際、クライエントは聞き役に感じ

もっと詳しく！

（＊1）ジェンドリンは、このような「今ここで実感できる、体の感覚や気持ちの流れ」を「体験過程」と名づけた。専門的な心のサポートを受けてフェルトセンスが生まれ、それに注意を向けたことで新たな気づきを得る、この過程全体が広い意味でのフォーカシングである。

たことを語りますが、自分が抱える問題の内容を語る必要はありません。クライエント自身が自分の内なるクライエントの問題の聞き役となるのです。

フォーカシングは、自己援助や問題解決、創造的な仕事に活用することができます。また、他の心理療法のさまざまな技法と統合して用いることもあります。

フォーカシングの5つのステップ

コーネルが示した5つのステップは次の手順で進められる。

1 体の内側に注意を向ける

2 フェルトセンスを見つける、あるいは招く

フェルトセンスの4つの側面のどこから入ってもよい。

❶体の感じ　❷感情　❸生活とのかかわり　❹イメージ

3 取っ手（ハンドル）を手に入れる（描写する）

出てきたフェルトセンスを認め、それにぴったりの言葉、イメージ、音、しぐさで描写する。

4 それと一緒にいる

出てきたフェルトセンスと、下の「脱同一化・脱解離」という状態で付き合う。

内側の3つのタイプの例

❶同一化　❷脱同一化・脱解離　❸否定・解離

私は悲しい
私の一部は悲しい
私は悲しくない

たとえば「悲しい」という気持ちに巻き込まれる（①）のでもなく、否定する（③）のでもなく、自分の一部として認め（②）、うまく付き合うことで「悲しい」という気持ちが変化していく。

5 終わりにする

個人への介入技法 5

自律訓練法

「自己暗示」の有効性をよりどころにした、自己催眠訓練法の一種です

自己暗示から生まれた訓練法

「自律訓練法」は、ドイツのシュルツによって創始されました。

自律訓練法の成り立ちには、「催眠」が大きくかかわっています。19世紀末頃にドイツのフォクトが、知的能力が高くてある程度の催眠訓練を受けた人の場合、自己暗示によって他者からの催眠と同じ状態になることを発見しました。そして、それは健康回復にも効果があることがわかりました。

この研究に刺激を受けたシュルツは、実験と臨床の研究を重ね、身体感覚を中心とした自己暗示の体系をつくり上げました。これが自律訓練法です。

自律訓練法の進め方と効果

自律訓練法は左図のように進めます。

自律訓練法の準備としては、静かな場所を選び、身体を圧迫する腕時計やネクタイははずし、靴はスリッパなどに履きかえます。

7つの段階からなる「標準練習」が基本となります。「公式」と呼ばれる言葉を心の中で繰り返し、それに合わせて受動的注意集中（＊1）と呼ばれる集中法を段階的に行っていきます。そのほか、イメージを治療に応用するための練習として「黙想練習」があります。

自律訓練法には、次の6つの効果があるとされています。

これも知っておこう！

受動的注意集中

（＊1）自律訓練法を行うときに強調される、注意の向け方。普通の注意の向け方は能動的だが、それとは異なり、目標に対してさりげなく注意を向けるようにする。

①蓄積された疲労の回復。
②イライラせず、おだやかになる。
③自己統制力の増加。衝動的行動の減少。
④仕事や勉強の効率が上がる。
⑤身体的な痛みや精神的な苦痛の緩和。
⑥内省力がつき、自己向上性が増す。

これらの効果が、心理的な症状に変化をもたらすことがわかっています。

自律訓練法の進め方

まず基本的な練習である「標準練習」をマスターする。「受動的注意集中」の態度を保ちながら「公式」と呼ばれる言葉を繰り返す。朝・昼・晩の1日3セッションを実施する。

標準練習

背景公式（安静練習）	「気持ちが（とても）落ち着いている」
第1公式（重感練習）	「両腕両脚が重たい」
第2公式（温感練習）	「両腕両脚が温かい」
第3公式（心臓調整）	「心臓が静かに規則正しく打っている」
第4公式（呼吸調整）	「楽に呼吸をしている」あるいは「呼吸が楽だ」
第5公式（腹部温感練習）	「おなかが温かい」あるいは「胃のあたりが温かい」
第6公式（額部涼感練習）	「額が（こころよく）涼しい」

（注）心臓疾患のある人は第3公式を、呼吸器系の病気のある人は第4公式を、胃・十二指腸潰瘍、糖尿病のある人第5公式を、それぞれ行ってはいけないとされる。いずれにせよ、専門家の指導のもとで行うこと。

姿勢

3つの姿勢がある。いずれも軽く目を閉じて行う。

仰臥姿勢

あおむけに寝る

単純椅子姿勢

背もたれのない椅子に座る

安楽椅子姿勢

ソファーなど背もたれのある椅子に座る

個人への介入技法 6

曝露法《ばくろほう》（エクスポージャー）

不安や恐怖を感じる状況にあえて直面することで、その状況に慣れて不安が減少します

不安を対象にした認知行動療法

「曝露法（エクスポージャー）」とは、認知行動療法（➡P184）の技法の一種です。

曝露法は、**「ある刺激にさらされ続けると、その刺激によって引き起こされる情緒反応の強度は低下していく」**という考えにもとづいています。クライエントの問題行動や不安障害の引き金となる状況や刺激に、想像上または実際にさらす（エクスポーズする）ことで、その状況に慣れていき、不安を感じない状態になっていくことを目指します。

曝露法では、クライエントの問題を十分にアセスメントしたのち、不安や恐怖を感じている状況や場面をリスト化します。そしてそのリストのうち、最も不安や恐怖を感じるものから、まったく感じないものまで、不安を点数化した**不安階層表（SUDS）**を作成し、これをもとに進めます（＊1）。

曝露法の種類

曝露法には現在、大きく分けてふたつのやり方があります。ひとつは、ターゲットになる感情を短期間でごく弱めに徐々に引き出す**「段階的曝露」**です。もうひとつは、ある程度の期間続けられ、その感情を可能なかぎり強く集中的に引き出す**「持続的・集中的曝露」**です。曝露法の代表的な技法である**「系統的脱感作法」**（＊2）は、段階的曝露のひとつです。

もっと詳しく！

（＊1）SUDSは自覚的障害単位尺度と呼ばれるもので、自覚的な不安・恐怖感を点数化したもの。完全にリラックスしている状態を0点、不安や恐怖感が最高であると自覚されている状態を100点とする。

（＊2）曝露法の中で最も有名な系統的脱感作法は、ウォルピが創始した技法。「不安」と競合する「リラクセーション」などの反応を利用することにより、不安を引き起こす刺激と反応の間の結びつきを徐々に弱める。

曝露法の代表的技法の例

系統的脱感作法の進め方

曝露法のうち、最も有名な系統的脱感作法は以下のように進められる。

第一段階 不安階層表（SUDS）の作成

- クライエントが不安や恐怖を感じる特定の刺激（状況や物）を10～15項目ほど、具体的にリストアップする。
- 各項目を軽度から最も強い不安までの順に並べた不安階層表をつくる。

第二段階 リラクセーションスキルの獲得

- 自律訓練法〔➡P. 214〕によるリラクセーションなど、不安に拮抗する状態を手に入れるスキルを獲得させる。
- リラクセーションによる筋肉群の弛緩感が得られるまで、緊張と弛緩を交互に行うことを十分に繰り返す。

第三段階 リラクセーション状態と不安のイメージ想起

- 十分に弛緩している状態で、不安階層表の最も軽い項目からイメージを想起する。
- 十分に想起できたら、不安の程度をSUDSで答えさせ、その項目に対するSUDSが低下したのを確認しながらSUDSの高い項目に移る。

不安階層表（SUDS）の例

下は、交通事故によるPTSDのクライエントの不安階層表例である。SUDSは、不安や恐怖感が最高であると自覚している状態が100点となる。

	SUDS
車をひとりで運転して事故現場を通る	95
車をひとりで運転する	90
妻に助手席に乗ってもらい、車を運転する	80
事故現場を歩いて通る	75
交通事故のニュースを見る	60
車が通る音が聞こえる	60
事故にあったときに乗っていた車に似た車を見る	50
妻と事故について話をする	50
車の写真を見る	30

個人への介入技法 7

催眠療法

催眠現象を利用した心理療法で、臨床心理学以外にも多くの分野で応用されています

催眠療法の歴史と効果

「催眠療法」とは、**催眠現象を利用した心理療法**のことです。18世紀にウィーンの医師メスメルが用いたのが始まりで、19世紀にイギリスの外科医ブレイドが基礎を固めました（＊1）。

催眠はどのようなものを指すかというと、日本では左図にあげた成瀬悟策（⬇P200）による定義が一般的です。

催眠状態では、意識が変化し、暗示がかかりやすくなるため、通常では難しいような心理的な操作や体験を行うことができるようになります。また、催眠状態そのものにもリラックス効果があり、それを利用することもあります。

催眠療法の分類と利用

催眠療法は、その利用の仕方によって、ふたつに分けることができます。まず、狭い意味での催眠療法は、催眠状態それ自体の治療効果を利用するものです。それに対し、**ほかの心理療法との併用で心理療法の効果を促進するものが、広い意味での催眠療法**となります。

併用する心理療法は、通常、臨床心理学の領域のみを対象とします。しかし、催眠療法は心と体に同時にアプローチできる利点があるため、内科、外科、麻酔科、歯科、産科、皮膚科などの医療分野のほか、スポーツ、芸術、教育、美容など、幅広い領域で用いられています。

もっと詳しく！

（＊1）催眠は、古代でもすでに治療のために使われていたといわれているが、科学的な催眠療法は、メスメルが用いたものに始まり、ブレイドが基礎を確立した。催眠療法の歴史は心理療法の中でも最も古く、催眠療法からヒントを得て、フロイトの精神分析（⬇P174）をはじめ、自律訓練法（⬇P214）、イメージ療法、動作療法（⬇P200）、家族療法（⬇P188）、ブリーフセラピーなど、さまざまな理論や技法が生み出されている。

催眠療法の基礎

催眠状態とは

「人為的に引き起こされた状態であって、いろいろな点で睡眠に似ているが、睡眠とは区別ができ、被暗示性の高進および、ふだんと違った特殊な意識性が特徴。その結果、覚醒に比して運動や知覚、記憶、思考などの異常がいっそう容易に引き起こされるような状態を指していう」

（成瀬悟策による）

たとえば、催眠状態を利用し、喫煙や薬物依存、不眠、夜尿症などの矯正や、がんなど病気の痛みの除去を暗示によって行う。

催眠療法の例

今、あなたの目の前にタバコがあります。

タバコを見ても何も感じません。

タバコが吸いたいという気持ちがまったく起きません。

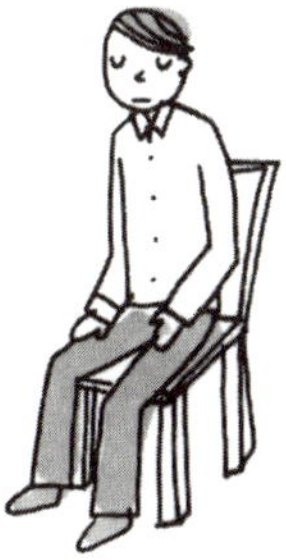

催眠療法の分類

狭義の催眠療法

暗示催眠

直接暗示や間接暗示を用いて症状の消失や緩和を図る。

リラックス催眠

催眠状態の意識状態を利用して、リラックス効果やストレス軽減を目指す。

イメージ催眠

イメージの中での体験や暗示の併用によって、リラックスや新しい体験の追及、情動や行動の変容を図る。

広義の催眠療法

精神分析との折衷法

催眠分析・情動強調法・自動書記・年齢退行など。

行動療法との折衷法

催眠暗示条件づけ法、催眠による系統的脱感作法〔➡P216〕。

認知行動療法との併用

肥満、不眠、不安、高血圧解消のための催眠療法。

個人への介入技法 8

認知リハビリテーション

脳の損傷による障害を回復に導く訓練で、精神障害への適用が試みられています

損傷を受けた機能を訓練で回復

「認知リハビリテーション」とは、脳の損傷によって起きた障害を、訓練によって回復に導こうとするものです（＊1）。認知訓練とも呼ばれます。

脳が損傷した場合、神経系機能が回復するメカニズムには、次のふたつの方法があるといわれています。

まずひとつが**「再構築」**です。神経系は体験により変化しうるものであり、その構造を復元する可能性を自らのうちにもっているという考えにもとづきます。

次が**「再組織化」**です。障害の起こった機能が同じかたちで取り戻されるのではなく、別の操作方法へ置きかえられるというものです。つまり、以前とは別のプロセスやメカニズムが、以前と同様の働きをするという考え方です。

認知リハビリテーションでは、このふたつのメカニズムを促進する訓練が行われます。

精神障害への適用

認知リハビリテーションは神経科領域だけでなく、精神科領域である統合失調症［⬇P164］にも有効であるといわれるようになってきました。臨床試験では、統合失調症での認知的な障害が改善され、クライエントの社会的機能と社会的適応もある程度改善されることが示されています。ただし、クライエントが不安定な

もっと詳しく！

（＊1）認知リハビリテーションは、課題をやりとげる能力や、あることやものに対して意識して注意を向ける能力、言語の記憶能力などに焦点をあてる。対象となる障害は多岐にわたる［⬇P66 神経心理学的検査］。

これも知っておこう！

認知リハビリテーションと認知行動療法の違い

（＊2）認知リハビリテーションは認知行動療法に似ているが、認知行動療法がクライエントの自己や社会に対する認知の内容に主眼を置くのに対

状態であったり重度の認知障害があったりすると適用できないといった、問題もいくつかあります。

認知リハビリテーションの精神障害への適用はまだ始まったばかりです。ほかの療法と組み合わせ、総合的なプログラムのひとつとして位置づけられることが重要です（＊2）。

して、認知リハビリテーションはより実質的な情報処理的な過程に焦点をあてる。

認知リハビリテーションの基本的な進め方

第1段階 アセスメント
行動観察〔➡P.54〕や神経心理学的検査〔➡P.66〕を用い、認知的な障害を調べる

↓ 見立てと訓練計画の作成

第2段階 介入
その患者の認知的な低下をターゲットにした認知訓練を実施

↓

第3段階 介入の効果評価
行動観察や神経心理学的検査を用い、認知訓練の効果を検証

↓

十分な効果が認められない場合は第1段階に戻る

認知リハビリテーションも他の臨床心理学の実践活動と同じように、アセスメント→介入→介入の効果評価という流れで行う。

個人への介入技法 9

アサーション・トレーニング

自分の気持ちを率直に適切な方法で伝えるための訓練法です

公民運動を背景に誕生

「アサーション」は、1960年代、**米国の公民権運動を背景に誕生した自己表現方法**です。社会的弱者が声をあげる方法として注目されました（＊1）。

アサーションとは、**自分の気持ち、意見、相手への希望などを伝えたいとき、なるべく率直に、その場に合った適切な方法で伝える自己表現**のことです。

3つの自己表現

アサーション・トレーニングではまず左のような3つの自己表現を学びます。人はコミュニケーションにおいて、相手に遠慮していいたいことを我慢したり、逆に相手のいい分を聞かずに自分の主張ばかりしたりすることがあります。前者は非主張的表現、後者は攻撃的表現と呼ばれ、それらとアサーションとでは左図のように違いがあります。

思いどおりに相手を動かそうとするのではなく、相手も自分も大切にしながら、お互いが納得できるようなコミュニケーションを目指すことがアサーションの第一歩となります（＊2）。

そのようなアサーションによるコミュニケーションのかたちを理解したのち、具体的なシーンについてどのような表現がふさわしいか考えたり、ロールプレイ〔➡P182〕を実践したりするなどして、正しい自己表現の方法を探っていきます。

もっと詳しく！

（＊1）米国の公民権運動により「人間には皆、誰しも自分が表現したいことを表現してよいという生まれつきの権利がある」と認識されるようになり、アサーションが生まれる背景となった。その根底には、ひとりひとりが異なる価値観や考えをもち、表現することを基本的人権とする理念がある。

（＊2）人はつねに同じタイプの言動をするわけではなく、特定の相手や状況においてアサーションが困難になる。その習慣化された行動パターン

今日、アサーション・トレーニングはさまざまな職域・年齢層に向けて多様に発展しています。たとえば医療・福祉・心理などのサポート職に従事している人が、サービスの受け手とのコミュニケーションに悩んで「燃え尽き症候群」などの心理的な問題に陥ることを防ぐためにも利用されています。

に気づくことによって、新たなアサーションを実践するチャンスになることがある。

アサーションによるコミュニケーション

人は相手や場合によって、非主張的表現や攻撃的表現のようなコミュニケーションスタイルをとってしまう場合がある。それらと比較すると、アサーションのスタイルがはっきりとわかる。

非主張的表現	攻撃的表現	アサーション

自分の気持ちをいわないでいる。「私はOKではない、あなたはOK」	自分の気持ちだけいって、相手の意見を聞かない。「私はOK、あなたはOKでない」	自分の気持ちを正直にいう。相手の気持ちも確かめる。「私はOK、あなたもOK」
服従的	支配的	歩み寄り
相手任せ	相手に指示	自他協力
他人本位	自分本位	自他調和
自己否定的	他者否定的	自他尊重
卑屈	尊大	率直
引っこみ思案	強がり	正直

出典：平木典子『図解自分の気持ちをきちんと伝える技術』2007（PHP研究所）

アサーションをするうえで欠かせないのは、自尊感情をもつこと。自分の感じていることを理解し、受け入れて、大切にすることは、「自分の気持ちを相手に伝えてよい」と思えることにつながり、アサーションの原動力となる。

集団・社会への介入技法 1

集団療法

集団を対象にした療法。グループの人間関係や相互作用などを通して問題に働きかけます

集団による作用を利用

「集団療法」は、その名のとおり**集団を対象とした心理療法**です。1905年、ボストンで内科医をしていたプラットが行った「結核患者学級」が始まりとされています（＊1）。

同じ問題をかかえる複数のクライエントに対し、コミュニケーションや活動などを通して、集団による相互作用も利用しながら、心理的サポートを行うことが、集団療法です。**1対1での心理療法では生じないようなクライエント同士の交流や、それらへの反応が生じるのが特徴です**。また、心理的問題そのものの解決に加え、対人関係や集団への適応に悩みをもつ人々に対して、人間関係スキルの向上や内的成長を促進する点でも意義深い方法です。臨床心理士はファシリテーターと呼ばれる進行役（＊2）をつとめながら、集団へアプローチしていきます。

集団療法の種類

集団療法には、それぞれの目的に応じた技法が存在します。クライエントの心理的成長を目指すもの、症状や問題行動の修正を目指すもの、対人関係の改善を目指すものなど、目的はさまざまです。また、グループサイズも4～5人の小グループから30～50人の大グループがあります。また期間も、短期と長期、期限つきのものなど継続的なものと多彩です。

もっと詳しく！

（＊1）その後、1930年代に入り、大不況などの社会的な情勢を背景に集団療法の発展に拍車がかかった。臨床心理士たちは、集団というかたちの心理療法を実験的に試みる中で、多くのクライエントにとってそれが個人療法と同じくらい有効なことを見いだしていった。

（＊2）「ファシリテーター」とは促進者という意味で、メンバーの反応などをみながらプログラムを進行していく役割を果たす。

そのほか、対象年齢や、教育的要素が強いかどうか、介入的要素が強いかどうかなどといったカウンセリング内容によっても、集団のかたちや傾向が異なります。

左図に示した代表的な集団療法のほかに、森田療法〔➡P202〕やSST〔➡P234〕などといった技法も、集団療法のひとつといえます。

集団療法の種類

さまざまな研究者による集団療法がある。主なものと特徴は次のとおりである。

代表的な集団療法		特徴
集団精神療法（グループ・サイコセラピー）		一定の期間に決まった場所と時間に集まり、個々の治療的変化を目的とする。
集中的グループ体験	エンカウンター・グループ	ロジャーズによって提唱された手法で、ある期間宿泊するなどして集中して行われる。自由度の高いベーシック・エンカウンター・グループと、予防的・開発的カウンセリングの技法である構成的エンカウンター・グループがある。
	Tグループ（トレーニング・グループ）	レヴィンによる、グループダイナミクス（集団力学。集団の中でメンバーがどのような影響を及ぼし合うかなどについての学問）の研究により発展。対人感受性や対人関係を学ぶための体験学習。広義のTグループは、対人関係のトレーニング全体を指し、狭義のTグループはグループセッション全体を指す。
心理劇		モレノが創始。心の抱えている問題を演じ、表現させる即興劇のかたちをとる。
グループ・カウンセリング		比較的健康度の高い人々を対象とし、小集団にて対人関係や適応上の諸問題への援助を行う。

目的に応じて、期間や対象となるグループサイズ、疾病、年齢など、集団のかたちも変わってくる。

集団・社会への介入技法 2

危機介入

クライアントが人生における危機状態にあるとき、早期解決を目標に行う介入法です

危機介入とは

「危機介入」とは、**危機状態にあるクライエントに行う心理的なサポート**です。

その背景には、キャプランの「危機理論」があります。キャプランは「**危機状態とは、人生の重要な目標が達成されるのを妨げられるような事態に直面したとき、習慣的な解決法をまず始めに用いて解決しようとするが、それでも克服できない状態**」だと定義しました。

この「人生の重要な目標が達成されるのを妨げられるような事態」を難問発生状況と呼びます（＊1）。そのとき、これまでの人生で身につけてきた対処法を使ってもうまくいかない場合に危機状態が発生します。危機状態は社会に生きるすべての人に生じるおそれがあります。

左図は、定年退職後に抑うつ状態が続く男性へのアプローチ例です。このように、心の内面への対処だけでなく、利用できるサービスについても調べ、それらが活用できるように環境を整えるなど、多方面からサポートをします。

危機介入のメリット

危機介入はコミュニティ心理学（➡P194）の考えを反映しています。地域コミュニティにおいて健康な人が時折遭遇する危機状態に対処する方法であり、個人の内面のありようを重視する個人療法とはアプローチが違ってきます。**迅速さが**

もっと詳しく！

（＊1）難問発生状況は、ライフサイクル上のさまざまな発達課題として、あるいは偶発的な出来事として生じる。それはたとえば、進学、恋愛、就職、結婚、子どもの誕生、子どもの独立、定年退職などの、人生の節目の出来事によって新しい対処が必要とされる場合などである。あるいは、病気、事故、事件、災害や戦争などの偶発的な出来事で平穏な生活が揺るがされる状況でも生じる。

求められ、最低限の介入でできるだけ早く問題が解決されることを目標とします。そのため、即座に利用できるように、ユーザーの立場からコミュニティのサービスシステムのあり方についても検討します。このように、危機介入はコミュニティの危機対応能力を高めるための方法ともいえます。

危機介入の例

ライフサイクルの節目において、危機状態が発生することがある。その場合、臨床心理士はクライエントに心理的なサポートを直接行うだけでなく、地域コミュニティの人やサービスなどを利用しながら、さまざまな手段を用いて対応する。

心理的な
サポートを行う
家族・友人に
協力を求める
定年退職してから抑うつ状態が続く
くすり
○○○○様
○○○薬
1日1回
○○クリニック
地域サービス
(シルバー派遣、
リクレーション、
サークル活動)を
紹介する
医療機関を
紹介し、
必要に応じて
薬物療法を行う

集団・社会への介入技法 3

コンサルテーション

ひとりの専門家が抱えるクライエントの問題解決について、別の専門家が支援します

他の分野の専門家への支援

「コンサルテーション」とは、コミュニティ心理学から生まれた考え方です。**ひとりの専門家が、他の分野の専門家が抱えているクライエントの問題をより効果的に解決できるよう、自分の専門知識に沿って情報を提供する関係のこと**です。ふたりの専門家のうち、専門家を支援する方を**コンサルタント**、もう支援される方を**コンサルティ**と呼びます（＊1）。たとえば左図のように、子どものいじめに関して指導を行う学校の先生をスクールカウンセラーがサポートをする場合、カウンセラーがコンサルタントで、学校の先生がコンサルティとなります。

コンサルテーションの特徴と意義

ひとりの臨床心理士がコミュニティ全体を相手に行えることは限られています。そこで、コミュニティに暮らす人々自身が、互いにコンサルタントになって援助ネットワークを構成し、互いに支え合うことが重要になってきます（＊2）。

また、コミュニティ心理学では、「**地域の人々を支える主役は、地域社会の人々自身である**」とされます。心の問題を抱えた人は、臨床心理士のサポートさえあればよいとはいい切れません。日常生活での多様な人々からの支援があってこそ、問題の解決や生活の質の向上により効果をもたらすと考えられています。

もっと詳しく！

（＊1）コンサルタントはコンサルティの主体性を尊重するとともに、コンサルティがコンサルタントに依存しないように配慮する。

（＊2）コンサルテーションという専門家の支援によりコミュニティに暮らすひとりひとりの問題対処能力が向上すれば、問題の早期発見、早期対処につながり、問題の予防にも大きな効果が期待できる。

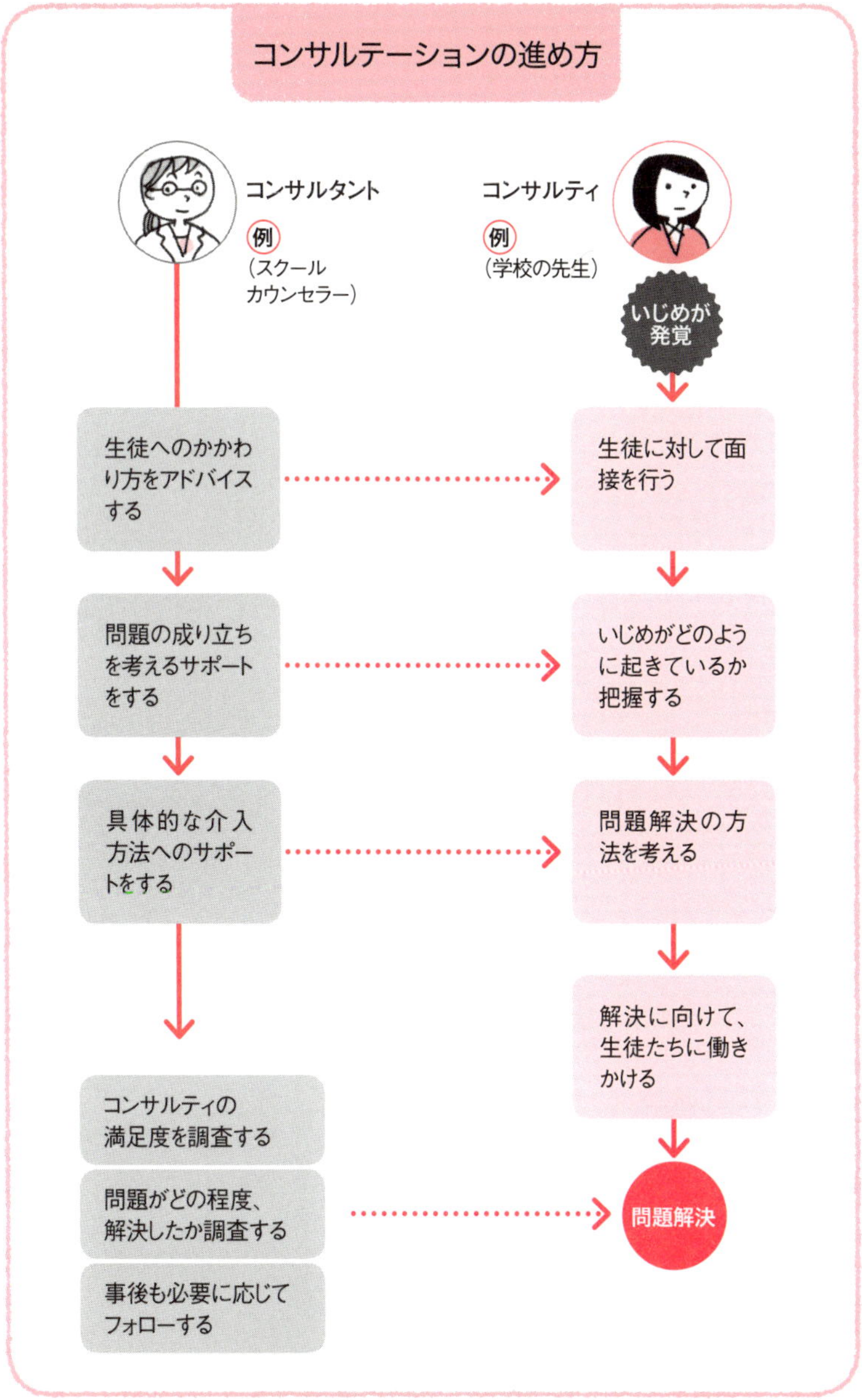
コンサルテーションの進め方
コンサルタント
例
（スクール
カウンセラー）
コンサルティ
例
（学校の先生）
いじめが発覚
生徒へのかかわり方をアドバイスする
生徒に対して面接を行う
問題の成り立ちを考えるサポートをする
いじめがどのように起きているか把握する
具体的な介入方法へのサポートをする
問題解決の方法を考える
解決に向けて、生徒たちに働きかける
コンサルティの満足度を調査する
問題がどの程度、解決したか調査する
事後も必要に応じてフォローする
問題解決

集団・社会への介入技法 4

リファーとコーディネーション

よりよいサポートのために、他の専門家や専門機関にクライエントを紹介します

協力方法のさまざまなかたち

地域コミュニティを対象にサポートを行う場合、他の職種や専門機関と協力して援助ネットワークを築き上げていくことが必要不可欠となってきます。そのときの協力方法にはこれまで紹介したようなコラボレーション〔⬇P42〕やコンサルテーション〔⬇P228〕以外にも、さまざまなかたちがあります。

そのひとつが**「リファー」**です。これは、クライエントを他の専門家や専門機関に紹介することです。コラボレーションが異なる職種や立場の人々が互いに協力し合いながらチームとしてサポートを進めるのに対し、リファーは情報交換を行いながらも協力し合うのではなく、引き継ぐかたちとなります。

必要性を感じたら紹介する

たとえば左図のように、医師という専門家が自分の担当する患者に対して、精神科領域の治療よりも臨床心理士のサポートが必要と感じた場合、患者に臨床心理士を紹介することがリファーにあたります。臨床心理士はクライエントの抱える案件が自分の範疇を超えたと判断したら、すみやかに他の専門家へリファーするよう決断することも大切です。

また、臨床心理士が担当するクライエントに心理療法を行いながらも、薬物療法の必要性を感じたとします。その場合、

📖もっと詳しく!

（＊1）コーディネーションは、臨床心理士が実践活動を行う際に、システム・オーガニゼーションを実行するうえで欠かせない技能である〔⬇P26〕。

クライエントの意向をふまえたうえで精神科医に薬物療法の依頼をすることを**「コーディネーション」**といいます。

その際、臨床心理士は精神科医と今後の方針については積極的に情報交換を行い、クライエントが受けるサービスについて調整もしますが、実際のサポートはそれぞれ独立して行います（＊1）。

リファーとコーディネーション

リファーとコーディネーションの違いは以下のとおりである。

リファーのかたち リファーとはクライエントを他の専門家や専門機関に紹介することを指す。

例 医師が心理的な援助が必要と診断し、クライエントに臨床心理士を紹介する。

コーディネーションのかたち

コーディネーションとは、クライエントを紹介するだけでなく、紹介先の専門家や専門機関と積極的に情報交換を行うことを指す。それにより、クライエントが受けるサービスを調整することができる。

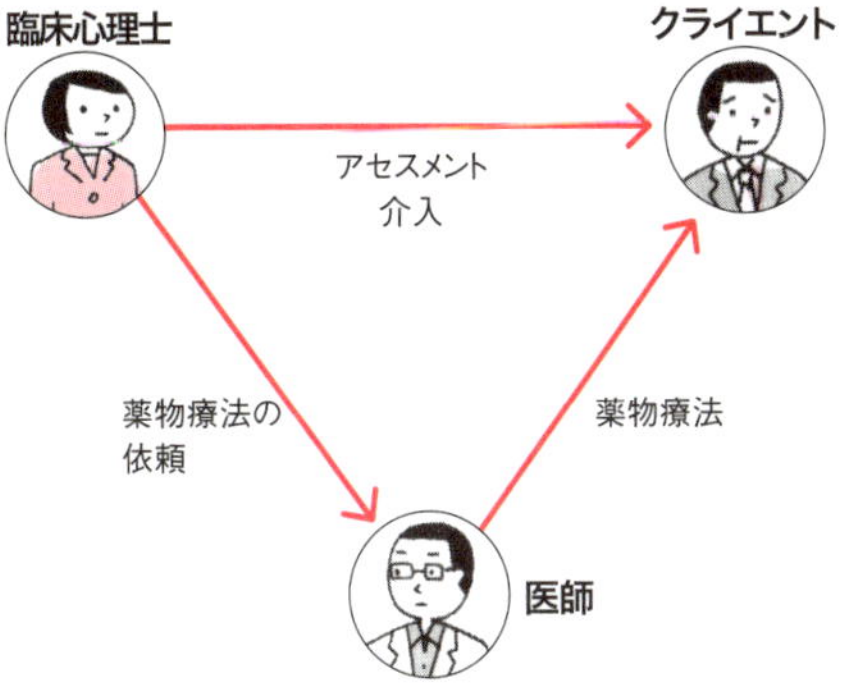

例 臨床心理士がクライエントの意思をふまえたうえで医師と今後の方針を打ち合わせ、薬物療法を依頼する。

集団・社会への介入技法 5

心理教育

問題や疾患についての支援や介入の情報を共有。多くはグループで行われます

問題や疾患の情報を共有

「心理教育」は、何らかの問題や疾患に対する知識や、支援や介入についての情報を提供するために行われるものです。精神障害やエイズなど受け入れられにくい問題や疾患をもつ人たちとその家族を対象に、**病気や障害によって起こる問題や困難に対して理解を深め、対処法を習得することを目的**としています（＊1）。

臨床心理士は心理教育によって必要な情報を提供するだけでなく、対象となった人々が地域の各種ケアプログラムを主体的に利用することができ、自分らしく生き生きとした生活を営める力を身につけるようにサポートします。つまり、心理教育はエンパワーメント（⬇P40）の一環ということができます。

心理教育の進め方と利用

心理教育は、1対1で実施される場合もありますが、多くはグループによる勉強会というかたちで行われます。そして、単にスタッフから参加者への情報提供の場にするのではなく、グループならではの参加者同士の話し合いの場にすることができるよさをいかしながら行います。その結果、**参加者同士が対処法を話し合ったり対処法のバリエーションを増やしたり、同じ立場同士で支え合うことができます。**

心理教育はさまざまな問題や疾患に対

もっと詳しく！

（＊1）心理教育が広まった背景には、いくつか理由がある。まず、現在は医療に対して市民が情報を得る権利は、社会的に重要な概念だということ。次に現在、疾患・問題の支援のバリエーションが増えているため、知ることで支援選択の可能性が広がること。さらに、当事者や家族が対処技能を増やすことで、再発率を下げ医療費を削減するなどの効果が認められてきたことがある。

（＊2）そのほか、双極性障害（⬇P162）、摂食障害（⬇P148）、ひきこ

し幅広く用いられており、統合失調症（↓P164）やうつ病（↓P160）などをはじめとした精神障害に対しても実施されています（＊2）。また、最近では企業や学校におけるメンタルヘルスのためのものなど、予防や健康促進を目的とした一般向けの心理教育なども行われるようになっています。

もり（↓P116）、PTSD（↓P142）など。

心理教育で取り上げるテーマ

心理教育では下記のようなテーマを取り上げ、それについての参加者間で情報が共有される。

- 症状や経過
- 症状や問題が発生する仕組み
- 予後
- 心理療法や薬物療法についての知識
- 福祉的な支援についての情報
- 問題や症状に応じた対処のノウハウ

医師や臨床心理士など専門家が一方的に知識や専門的概念を伝えるのではなく、当事者や家族がもっている日常の実感と変化への希望へとつなげるような話の方向をつくるよう工夫することが大切である。

集団・社会への介入技法 6

SST（ソーシャルスキルトレーニング）

クライエントが社会生活に必要なスキルを身につけるためのサポートです

社会スキルを学ぶための一技法

「SST（ソーシャルスキルトレーニング）」は、社会技能訓練、生活技能訓練ともいいます。**クライエントが社会生活に必要なスキルを高め、さまざまな状況にうまく対処できるようにすることを目指した、行動療法や認知行動療法の一技法**のことです。

日本においては、統合失調症の患者への支援を中心に普及してきたほか、広汎性発達障害〔➡P102〕なども対象としています（＊1）。

SSTは介入や支援の方向性を示す考え方であり、ほかの多くの心理療法とは違って、**決まった進め方があるわけではありません**。クライエントの目標のためにさまざまな技法が使われます。

SSTの訓練

SSTは多様な症状や問題に用いられますが、クライエントにとって必要であるにもかかわらず不適切なかたちで学習されたり、未学習となっていたりするスキルを適切に身につけていくことを目指していく点は共通しています。

SSTは個別で行われる場合もありますが、とくにグループワークが盛んです。疾患や問題を抱える本人向けにも、その家族向けにも実施されます。

実際のスキルの訓練はただ「やり方を覚える」だけでなく、自分がどう振る舞

もっと詳しく！

（＊1）そのほか、アスペルガー障害〔➡P102〕、AD／HD〔➡P106〕、学習障害〔➡P104〕なども対象となる。

（＊2）グループでのSSTは、問題や障害を限定したものもあれば、さまざまな参加者を受け入れているグループもある。どんなテーマを扱うか、どのように参加者の関係性を調整していくかは、場面によって慎重に準備される。

うべきか考える「認知」の側面と、実際に行動を遂行する「行為」の側面があります。また、たくさんの問題への対処法の中からどれが一番適切かを絞っていく、「認定」的な側面も大切です。それぞれについて検討したのち、ロールプレイなどを行って実際の行動の練習をしていきます（＊2）。

発達障害児への訓練領域の例

SSTには決まった技法があるわけではなく、クライエントの抱える問題や障害によって扱われるスキルも異なる。AD／HDなどの発達障害を抱える児童、生徒に向けたSSTで扱われる領域とスキルには以下のような例がある。

訓練領域	具体的スキル
集団参加での行動領域	●ルールを理解し遵守する ●役割を遂行する ●状況を理解する
言語的なコミュニケーション領域	●聞き取りをする ●表現する ●質問・回答をする ●話し合いをする ●会話をする
非言語的なコミュニケーション領域	●表情を認知する ●ジェスチャーをする ●身体の感覚がある
情緒的な行動領域	●自己の感情を理解する ●他者の感情を理解する ●共感する
自己・他者の認知領域	●自己を認知する ●他者を認知する ●自己と他者を認知する

注目のキーワード❷

政府の自殺対策

日本では10年連続で年間自殺者が3万人を超えており、この数字は実に交通事故死者数の5倍以上となっています。中年層に多い傾向がありますが、近年には若年層の自殺も増加しています。とくに就職難の時勢を受け、就職活動の失敗による自殺が急増しており、2011年度は大学生など150人が自殺し、2007年の2.5倍に達しました。

こうした事態を考慮し、日本政府は自殺対策基本法の制定や、自殺・うつ病等対策プロジェクトチームの立ち上げ等を行っています。また、精神科医療の改革と診療の質の向上を求め、認知行動療法の普及や自殺未遂者に対する医療体制の強化など、質の高い医療提供体制づくりを進めようとしているところです。

世界各国においても自殺対策は重要な課題となっています。

米国は早くから自殺対策に取り組んできました。米国では、介入の対象によってさまざまなリスクを分析し、効率的な介入計画を策定しています。たとえば学校における自殺予防教育などがこれ含まれます。

フィンランドはもともと自殺率の高い国でしたが、1986年に自殺予防国家戦略を立案し、実施しました。これにより1990年には人口10万人に対して30.4人だった自殺死亡率が、2002年には21.1人となり、約30%減少するという成果をあげました。

英国では、2010年までに自殺者を20%減少させるという目標に向けて、国家自殺予防戦略を2002年に発表しました。英国の自殺予防戦略では、「包括性」「エビデンスに基づくこと」「明確性」「評価」の4つの理念のもとで、①自殺に用いられる方法や設備・構造の減少、②ハイリスク者のリスク軽減、③こころの健康づくり、④良質な報道、⑤研究、⑥モニタリングという6つのゴールを定め、それぞれに行動目標を立てています。 2008年8月1日の年次報告によれば、2004～06年の平均自殺死亡率は10万人対8.3人に下がり、引き続き減少を続けています。

PART 6

コミュニティへの介入

地域社会といったコミュニティでの
臨床心理学の活動を紹介します。

ここで扱うテーマ

●コミュニティでの活動

教育領域でのコミュニティ活動 1

教育相談

教育現場での問題解決をサポート。主に4つの領域があります

教育現場での実践活動

コミュニティでの臨床心理学の実践の場として、医療現場と並んで古くから活動がなされてきたのが教育現場です。そこで「教育相談」と呼ばれる、左のような生徒や児童に対しての問題解決へのサポート活動を行います。

教育相談の4つの領域

教育相談には「**学校内教育相談**」「**自治体や教育委員会管轄の教育相談施設での援助**」「**スクールカウンセラー**（➡P240）」「**特別支援教育**（➡P242）」という、4つの領域があります。

学校内教育相談はスクールカウンセラー以外に担任、生徒指導担当、養護教諭など、教員が行うこともあります（＊1）。教員は生徒とともに過ごす時間が長いため、変化に気づきやすく、早期発見や早期対応が可能という利点があります。また、学校における保健室の役割も重要とされています。学校によっては、教室に行けない子どもたちの保健室登校を認めているところもあります。

自治体や教育委員会が管轄する教育相談施設は、学校で相談しにくい場合も利用しやすい場となっています（＊2）。また、各教育委員会では不登校児を受け入れる教育支援センター（適応指導教室）を設置しており、ここに通うことで卒業に必要な単位が取得できるようになっていま

もっと詳しく！

（＊1）文部科学省の定義では教育相談は生徒指導の一環とされ、すべての教員がカウンセリング技術をもつことが期待されている。

（＊2）教育委員会に所属する公的相談機関の場合、保護者や本人からの申し込みと、学校からの紹介や依頼という、ふたつの相談経路をもつ。

す。教育支援センターでは臨床心理士は相談員としてかかわります。

ただ、不登校の原因となった問題が未解決のままだと、**適応指導教室が唯一の居場所となってしまい、進学先で再びつまずいてしまうケースも起きます。**適応指導教室がその子にとって社会のすべてにならないよう配慮する必要があります。

学校における教育相談

教育相談の対象となる児童・生徒

学校内で行われる教育相談の対象となるのは、以下のような子どもたちである。

1 特別な配慮や支援が必要とされる子ども

行動上の問題などのため、教育現場で特別な配慮や支援が必要とされる子どもたちに対して、教育相談を行う。

2 日常での悩みやつまづきがある子ども

成長過程で頻繁に見られる悩みや、日常のちょっとしたつまづきを抱える子どもも、教育相談の対象となる。

心の問題をもつ生徒への保健室の役割

心の問題を抱えた児童生徒が訪れやすい場所である保健室は、以下のような役割を担っている。

- 不登校児 → 登校の準備と心の充電をする場
- いじめられる生徒 → 心のいやしと保護の場
- 不安障害など精神障害を抱えた生徒 → 治療機関のあとのリハビリテーションの場

教育領域でのコミュニティ活動 2

スクールカウンセリング

不登校やいじめ問題を背景に設置。学校で生徒や保護者、教師の相談を担当します

導入の背景

日本の学校現場では、1960年代前後より「学校に行けない子どもたち」が問題視され始めました〔P110〕。その後、校内暴力が激しくなり、さらにいじめの陰湿化・犯罪化といった問題も起こるようになりました〔P112〕。

このような背景から、**1995年に文部省（現：文部科学省）が「スクールカウンセラー活用調査研究委託事業」を開始**し、公立中学校にスクールカウンセラーとして臨床心理士が配置されました。

仕事の内容と今後の展望

スクールカウンセラーの仕事には、まず、**相談面接**があります。主に問題を抱える児童生徒と保護者を対象に、個別面接やグループ面接を行います。

次に、**コンサルテーション**〔P228〕や**コーディネーション**〔P230〕があげられます。スクールカウンセラーは臨床心理学の知識を使って、教師が児童生徒の問題を解決するための手助けをします（＊1）。これがコンサルテーションです。

また、コーディネーションとは学校外の専門機関との連携を調整することを指します。児童相談所や民生委員（＊2）と協力し、場合によっては警察や医療機関なども連携していきます。最近では、小学校・中学校・高校の間の連携についても注目が高まっています。

もっと詳しく！

（＊1）臨床心理学の実践活動においては〝守秘義務〟が重要であるが、スクールカウンセリングにおいては、学校全体で子どもの秘密を抱え、子どものプライバシーを保護するという〝学校全体での守秘義務〟という考えが広まってきている。

これも知っておこう！

民生委員

（＊2）民生委員は厚生労働大臣から委嘱された無給の相談援助職。各地域において住民の立場に立って相談に応じ、必要な援助を行う。児童委員

ただ、スクールカウンセラーは週一回未満しか来校しないことが多く、その存在や活動が利用する側の生徒に十分に知られていないケースがあります。スクールカウンセラーは、相談室便りを出すなどの**広報活動**によって、その存在をアピールし、気軽に利用されるよう目指すことが期待されています。

の役も兼ねており、地域の子どもたちが元気に安心して暮らせるように、相談・支援などを行う。

スクールカウンセラー設置の背景

スクールカウンセラー制度は、学校現場の問題が表出したことを背景に、1995年に全国154校からスタートした。2006年には公立の小中高校あわせて約1万校に配置・派遣されている。

1960年〜

- 学校に行けない子ども
- 校内暴力の発生
- いじめの陰湿化・犯罪化

↓

1995年
- 「スクールカウンセラー活用調査研究委託事業」を開始（当時の文部省）
- 全国154校からスタート

上記の事業により、教師とスクールカウンセラーが連携して子どもの問題に対処していく体制となった。

教師 ←…**連携**…→ **スクールカウンセラー**

教師
- 学習指導
- 生徒指導
- 進路相談

スクールカウンセラー
- 児童生徒や保護者への相談面接
- 教師へのコンサルテーション
- 外部機関へのコーディネーション

教育領域でのコミュニティ活動 3

特別支援教育

発達障害も含めて、障害をもつ子どもの教育を適切にサポートすることを目指します

発達障害などに焦点

「特別支援教育」という用語は2001年に登場し、**2003年の「今後の特別支援教育の在り方について」（文部科学省）により、左のように定義**されました。

そして、2006年に学校教育法の一部改正が行われた際に、学校教育の場の、教育機関、医療、福祉、保健、労働などのさまざまな関係諸機関との連携・協力が制度化されました。支援が必要な子どもへの体制が十分に整っていなかった過去に比べ、一歩前進したといえます。

アセスメントの重要性

この体制によって、高機能自閉症（➡P102）、学習障害（➡P104）、AD／HD（➡P106）などが発達障害にも焦点があてられるようになりました。臨床心理士はアセスメントを行い、対象児童が発達障害かどうかを判断します。そして、**学校に対して児童生徒への対応を専門的な立場からアドバイスする役割**を担います。また、**巡回相談員として直接学校にかかわり、校内での支援づくりや相談活動を行う**こともあります。

ただ、発達障害を見立てるには注意が必要です（＊1）。その子に合った適切なサポートを見分けるためにも、認知機能の発達だけではなく生育歴やコミュニケーションのあり方を含めた心理アセスメントの技能や知識が必要不可欠です。

もっと詳しく！

（＊1）診断的知能検査は学習障害やAD／HDのアセスメントにおいて必要である。しかし、IQや評価点から学習障害と判断されても、じつは検査への緊張や不安から、ある種の検査群のみ得点が低く出ていたケースもある。そのような状況を見極めたうえでのアセスメントが求められる。

特別支援教育の定義と形

2003年の「今後の特別支援教育の在り方について」（文部科学省）では、下記のように特別支援教育を定義している。

特別支援教育とは

従来の特殊教育の対象の障害だけでなく、学習障害、AD/HD、高機能自閉症を含めて障害のある児童生徒の自立や社会参加に向けて、そのひとりひとりの教育的ニーズを把握して、そのもてる力を高め、生活や学習上の困難を改善又は克服するために、適切な教育や指導を通じて必要な支援を行うものである。

特別支援教育のかたち

幼稚園・小学校・中学校・高等学校では…

学校全体で支援　通常の学級も含め、学校全体で特別支援教育を実施する

通常の学級
少人数指導や習熟度別指導などによる授業

通級による指導
ほとんどの授業を通常の学級で受けながら、障害の状態に応じて、個別の特別な指導も行う

対象
言語障害、自閉症、情緒障害、弱視、学習障害、AD/HD、肢体不自由など

↔ 交流および共同学習

特別支援学級
障害の種別ごとの少人数学級で、障害のある子どももひとりひとりに応じた教育を行う

対象
知的障害、肢体不自由、弱視、難聴、言語障害、情緒障害など

→ 相談
← 助言・援助
↔ 交流および共同学習

特別支援学校では…

専門性を生かした特別支援教育
障害の程度が比較的重い子どもを対象に、専門性の高い教育を行う

対象
視覚障害、聴覚障害、知的障害、肢体不自由 など

小・中学校では特別支援学級を実施。教育、医療、福祉、保険、労働、その他の各関係機関が協力・連携しながら、コミュニティ全体で適切な支援を行う。

教育領域でのコミュニティ活動 4

学生相談

大学での学生のための相談の場。学生支援の基盤であることが求められています

学生相談の変遷

「学生相談」とは大学での学生に向けた相談活動を指します。かつて、学生相談の業務は大学全体の関心事であり、すべての教職員にとって人格も含めた教育が目標となっていました。しかし、1960年代の学生運動などを経て、次第に学生相談は学内の医療機関に吸収され、**教育のサポート的な機能から疾病《しっぺい》の治療や予防的な機能へと変化**していきました。

しかし近年、国際化や大学全入時代（＊1）などの社会情勢、国公立大学の法人化による経営的視点の導入、学生の多様化などの状況の変化があり、また同時に、学生自身も学業だけではなく進路、対人面、生活面などでさまざまな支援を必要としている状況（＊2）があります。そのため、すべての学生に開かれ、そのニーズに沿った学生相談体制の整備が急務となりつつあります。

学生相談の機能と活動

学生相談機関は、**個々の学生への支援だけでなく、大学全体を視野に入れた学生支援の基盤として機能すること**が求められています。そのための活動は、左のように主に4つあります。ひとつ目は問題を抱える学生や関係者への相談活動です。ふたつ目が、精神障害やハラスメント問題についてなど、何らかの知識やスキルの学習を目的とした心理教育（⬇P

もっと詳しく！

（＊1）大学全入時代とは、少子化で大学入学希望者が急減する一方、大学や学部の新設による定員増で、えり好みしなければ誰もが大学に入れる状況となっていることを指す。

（＊2）現在、学生への相談活動の具体的な内容としては、学業不振や不登校への支援、自殺をめぐる問題、ハラスメントやストーキング、暴力行為など犯罪性のある問題、障害のある学生への支援などがあげられる。

232）によるかかわりです。３つ目には学生や大学全体の環境改善に役立つようなコミュニティ活動があげられます。そして４つ目が、これらの活動をより効果的に行うための研究活動です。

これらの活動は、教員や事務方、医療関係者など大学組織の他の機関と連携して行っていくことになります。

学生相談の主な活動

学生相談機関の活動には、主に以下のようなものがある。

コミュニティ活動

大学をひとつのコミュニティとみなし、大学に働きかけ、大学全体の環境改善を図る

教育活動

精神障害やハラスメント問題など、何らかの知識の学習を目的に、教育的プログラムやシステムを企画、運営する

研究活動

学生への相談活動自体を研究対象とし、相談活動の方法や将来の方向性を研究。結果を次の相談にいかしていく

相談活動

何らかの問題に直面している学生、またはその関係者に対して相談にのり、問題解決のためのサポートをする

個々の学生への支援だけでなく、大学全体を視野に入れた学生支援の基盤として機能することが求められている。

地域でのコミュニティ活動 1

被害者相談

被害や被災により、トラウマ反応を生じた人への支援やケアが注目されています

被害・被災への反応

自然災害の被災、工場・乗り物などによる事故、強盗・暴行・虐待・性暴力・ストーカーの被害など、**衝撃的で強いストレスとなる出来事に巻き込まれたときに、左のように人は精神的な障害を生じることがあります**。これを、「トラウマ反応」と呼び、長引いてPTSD（P142）につながる場合もあります（＊1）。

このような被害・被災による被害者への支援やケアは、社会的にも注目されているものです。近年、臨床心理士をはじめ、福祉事務所や保健所・保健センター、医療など各機関が連携しながら、被害者相談活動を行っています。

トラウマ反応へのケア

被害者相談では、まずはけがや毒物への対応など、身体的なチェックや治療が優先されます。また次に、自然災害で住居を失った場合や家庭内の暴力から逃げてきた場合は、生活基盤を整えるための情報が提供されます。もしまだ被害が続いている場合には、社内異動や休職、引っ越しが手配されます。つまり、安全・安心・安眠の確保が第一となります。そのうえでニーズがあれば、それぞれの症状に合わせた心理的なケアが行われます。

トラウマ反応は通常、1カ月～半年ほどで徐々に軽快していきますが、自然回復がみられず、PTSD症状が慢性化す

もっと詳しく！

（＊1）PTSDは被害・被災後の精神的な障害としてよく知られているが、左表でわかるように、さまざまなトラウマ反応の中のひとつである。それだけトラウマ反応は多様である。

（＊2）初期段階での心理ケアは、安心できる雰囲気の中での面接で共感をもって話を聞くことが基本となる。本人の自己治癒力やストレスへの対処能力、自信や尊厳を損なうことがないように配慮される。半年から1年経っても症状が改善しない場合は、PTSDのた

る場合もあります（＊2）。
レイプ、暴行、虐待などの**対人暴力の被害者の場合、通常のトラウマ反応としての恐怖感に加え、他者への信頼感が大きく損なわれている場合があります**。サポート側とも信頼関係を結ぶのが困難になることを考慮し、安心できる雰囲気の中で援助が行われる必要があります。

めの専門的な認知行動療法や薬物療法が検討される。

トラウマ体験への対処

被害にあったときの対応

被害 → ・身体的なチェックや治療 ・福祉サービスの情報提供 ・安全確保のための手配 → 心理的なケア

まず、安全・安心・安眠を確保し、そのうえでニーズがあれば、心理的なサポートを行う。

トラウマ体験への心理的な反応

種類	内容	影響	結果
PTSD症状	●体験を思い出すような状況や場面を回避 ●悪夢やフラッシュバックによる外傷的出来事の再体験 ●物音などに過敏になる。集中力低下や不眠などの過覚醒症状	●短期間で自然に軽快する場合もあるが、一部は慢性化 ●潜伏期間を経て発症するケースも 	●ASD〔➡P142〕 ●PTSD
感情の変化	●抑うつ、悲哀、怒り、焦り、無力感、罪責感 ●不安の身体症状として、不眠、ふるえ、動悸、食欲低下、発汗、呼吸困難、しびれ 	●行動の一貫性のなさ ●対人関係への感情の投影 ●治療、支援の拒否 ●自傷行為 ●サポートしてくれる側への怒りの転移	●慢性的な悲嘆反応 ●境界型などのパーソナリティ障害〔➡P152〕との誤認 ●対人関係の障害
対人関係の変化	●社会と自分への信頼の喪失 ●体験の意味づけの困難 ●生活基盤の破壊による活動範囲の狭まり	●職業への支障 ●交友関係の減少 ●経済的困難の増大 ●家族間での葛藤の増幅	●ひきこもり〔➡P116〕 ●社会的不適応 
一般的な精神疾患（※）	●うつ病などの気分障害〔➡P160〕、不安障害〔➡P132〕、短期精神病性障害、妄想反応 ●既往の精神障害の再発または治療中断による悪化 ●アルコール類の不足による依存症患者の離脱症状など		

※一般的な精神障害については、トラウマ反応それ自体とはいえないが、トラウマ状況をきっかけとして生じるものである。

出典：金吉晴『心的トラウマの理解とケア』2006じほうを一部改変

地域でのコミュニティ活動 2

異文化間カウンセリング

異なる文化的背景をもつ人・集団・社会が対象。異文化接触にともなう問題を扱います

異文化間カウンセリングの定義

「異文化間カウンセリング」とは、「別の文化的背景をもつ個人・集団・社会の間で行われるカウンセリング」を指します。文化の役割を重視しながら、カウンセリングが行われるのが特徴です。日本の臨床心理学の中では、これまで文化の問題はさほど重要視されてきませんでしたが、**近年、多文化化が進む日本社会においてますます必要性が高まることが予想**されています。

異文化接触にともなう問題

異文化接触にともなう短期的な問題としては、カルチャーショックやリエントリーショックがあげられます。

不慣れな文化的環境に身を置いたとき、人間は不安・当惑などを経験することがあり、これがいわゆるカルチャーショックです。また、異文化から自分の文化に戻った際にも、同様に混乱を経験することがあり、リエントリーショックと呼ばれます（＊1）。

これに対して、複数の文化に、長期にわたって接触した場合、アイデンティティの葛藤〔P94〕などの問題が生じることがあります。

このような、異文化と接触することによって起こる問題に対して、臨床心理士が異文化カウンセリングを行う際には、差異を尊重するような柔軟な態度が重要

もっと詳しく！

（＊1）カルチャーショックやリエントリーショックの程度や影響は、異文化接触を経験した年齢や接触の期間や、自発的選択か強制かなどによっても異なり、個人差が大きい。さまざまな要因による影響があり、異なる環境に身を置くことに社会的に適応できないことが、カルチャーショックの原因のひとつと考えられている。したがって、異文化の社会で必要とされる社会的スキルの獲得を促すことが効果的とされ、心理教育やSST〔P234〕が用いられることもある。

になります。そして、クライエントが利用しやすいサポートシステムづくりが求められます。

また、文化的に少数派である人々は、同時に社会的弱者であることが多いのも特徴です。差別や偏見の対象とされたり、不利益を被ったりすることも少なくない点にも配慮が必要となってきます。

異文化間カウンセリングのポイント

異文化との接触で起きる問題

異文化との接触でさまざまな心理的な問題が起こることがある。

短期の場合

異なる環境にうまく適応できず、不安や当惑をいだく(カルチャーショックとリエントリーショック)。

対処法

社会スキルを獲得するための心理教育やSSTなどを行う。

長期の場合

異なる文化にさらされることでアイデンティティの葛藤が起こる。

対処法

複数文化の中にどう自分を位置づけ、人生を過ごすか、アイデンティティの問題へのサポートを行う。

外国人児童生徒への異文化間カウンセリング

学校へのサポート

- 学校側の受け入れ体制をコーディネート
- 関係機関との連携をコーディネート
- 父兄とのネットワークづくりをサポート

親へのサポート

- 日本文化への理解をサポート
- 文化的背景の理解と配慮
- 福祉に関する情報を提供
- 地域社会とのかかわりをコーディネート

子へのサポート

- 未就学児童(➡P277)へのサポート
- 日本文化への理解をサポート
- 文化的背景の理解と配慮

地域でのコミュニティ活動 3

EAP（従業員援助プログラム）

従業員のために問題解決のための専門的サポートを提供します

EAPの定義

「EAP（Employee Assistance Program：従業員援助プログラム）」とは、**組織に所属する従業員とその家族に、問題を解決するための専門的サポートを提供するプログラム**です。個人の問題に対して組織が一定期間費用を負担して行います。米国で誕生し、1970〜1980年代にかけて急速に米国産業界に広まっていきました。

EAPのサービスは従業員個人に提供されます。会社が個人の問題に対して費用を負担する背景には、**個人の問題が未然に解決されることで、業務上のパフォーマンスが上がり、結果的に組織の効率性も維持されたり促進されたりする**という考え方からきています。

EAPの7つの活動

臨床心理士がEAPを行う際、クライエントである従業員個人に対して守秘義務を負います。また、組織自体もクライエントであるため、組織に対してEAPの有効性を説明する責任も負っています。

国際EAP協会では、そのような**EAPを有効に行うための技能や活動をコアテクノロジー**と呼び、左のような7つをあげています（＊1）。

EAPでは個人が病気であるかどうかという点より、どのような行動をしているかが最重視されます。組織というコミ

これも知っておこう！

職場復帰支援

（＊1）コアテクノロジーには含まれていないが、日本においてニーズの高いサービスが職場復帰支援である。これは、メンタルヘルスの問題で休職した従業員が発生したときに、円滑な職場復帰を目的に、その従業員個人や従業員の上司、人事総務担当者などに対して行われる専門的支援のことである。

ユニティの中では、欠勤やハラスメント問題、不正などのコンプライアンス違反など、行動上のトラブルが重要な問題となってくるからです。

そのため、EAPはメンタルヘルス対策も含みながら、欠勤やハラスメント問題など、行動面の問題にも対処し、総合的なサポートを提供します。

EAPのコアテクノロジー

1 組織のリーダーへのアドバイスや、従業員がEAPを利用しやすくなるような啓蒙活動

管理職・監督者・労働組合幹部に対し、従業員のパフォーマンス向上に関するコンサルテーション、研修、サポート活動を行う。また、従業員とその家族に対し、EAPサービスの利用法について積極的な広報活動を行う。

2 問題を抱えた従業員への対処

秘密厳守にもとづいてアセスメントを行う。

3 業務に影響を与える問題を抱えた従業員への面接相談

職務上のパフォーマンスに影響している問題に取り組むことを促し、短期介入的なアプローチを通して、個人的な問題とパフォーマンス問題の関係に気づかせる。

4 従業員に外部の専門機関を紹介

診断、治療、サポートのための専門機関へ紹介する。また、それに対しての経過観察とフォローを行う。

5 組織と他の専門機関との関係構築・維持のためのコンサルテーション

医療機関などの専門機関との円滑な関係を構築・維持するためのコンサルテーションを行う。また、契約管理のアドバイスをする。

6 健康保険・福利厚生の制度を利用しやすくするための働きかけ

従業員が健康保険・福利厚生などの制度を利用しやすくするために、組織に対してコンサルテーションを行う。

7 EAPの効果の明確化

組織や個人の職務上のパフォーマンスに対して、EAPの効果を明確化する。

医療領域でのコミュニティ活動 1

デイケア

病気や障害を抱える人が日中に集まる場を用意。リハビリテーションを提供します

デイケアのふたつのタイプ

「デイケア」とは一般的に、朝から夕方までの**日中の時間帯に病気や障害を抱える人が集まる場を用意し、リハビリテーションを提供する活動**のことです。

日本でデイケアと呼ばれている活動には、主にふたつのタイプがあります。ひとつは精神医療の中に位置づけられるデイケアで、もうひとつは高齢者医療の中に位置づけられるデイケアです。

精神障害へのデイケア

現在、臨床心理士が携わることが多いのは、精神障害者対象のデイケアです。

精神科デイケアに通う人は、統合失調症（P164）、双極性障害（P162）、アルコール依存症、薬物依存症、パーソナリティ障害（P152）、認知症（P98）など多岐にわたる障害を抱えています。なかでも**デイケア利用者の大半を占めるのは統合失調症の人々です**（＊1）。

臨床心理士をはじめ、医師、看護士、社会福祉士、作業療法士などが協力してデイケアを行います。

デイケアには次のような目的があります。まずは、毎日の生活リズムを整えることです。次に、無理なく他人と一緒にいられるようになることです。そして、自分自身の病気について理解することです。そのほか、家族の負担の軽減や就労・自立的生活への支援、自尊心の回復をサ

これも知っておこう！

デイケアのプログラム

（＊1）精神障害を対象としたデイケアでは、スポーツ、料理、手工芸、華道、絵画、園芸、ゲーム、外出、健康への意識、服薬のコンプライアンスなど幅広いプログラムがある。また、SSTといった介入法を通して、コミュニケーション技術やストレス場面への対処方法などを具体的に学習するプログラムが実施されることもある。

ポートすることなどがあげられ、その結果として症状の軽減も期待されます。

臨床心理士はアセスメントとカウンセリングの技法を使って、参加者の状態を理解し、個別の相談に応じます。個々の参加者にとってデイケアの場が治療的に意味のある場になっているかを日々チェックすることが重要です。

精神障害における デイケアの主な目的

毎日の生活リズムを整える

精神障害を抱える人は睡眠障害を起こしやすく、生活リズムが不規則になりがちである。そこで、デイケアを通して生活リズムを整えることを目指す。その結果として、症状の悪化を未然に防ぐ効果が期待できる。

他人とのコミュニケーションを測る

デイケアへの参加を通じて、自分の意思の表現の仕方を身につけ、安心して他人といられるようになることを目指す。その結果、人に慣れて仲間づくりができる。

自分自身の病気に対して理解する

デイケアでは、必要に応じてスタッフと話し合う時間が設けられる。患者自身が回復への意欲をもち、病気について正確に理解することで、結果的に再発を防止する。

家族の負担を軽減する

精神障害を抱えた人がデイケアに通うことによって、そのぶん家族の負担が軽減する。また、家族向けの相談プログラムを用意しているところもある。

就労・修学のためのスキルを身につける

精神障害を対象にしたデイケアでは、就労・修学のためのプログラムを用意しているところもある。仕事に必要な集中力や判断力の改善、対人関係のスキルを学ぶ。

医療領域でのコミュニティ活動 2

ターミナルケア

死期が迫っている人やその家族に対してケアを提供。心理的な支えとなります

死期が迫っている人へのケア

「ターミナルケア」は、「終末期ケア」「終末期医療」とも呼ばれます。がんなど病気のために**死期が迫っている人に対して提供されるケアのこと**です（＊1）。

ターミナルケアは治療による延命を目指すものではありません。むしろ、積極的な治療を中止し、残りの人生をできるだけ苦痛が少ない状態で、質の高い時間のなかで過ごすことを目的にしています。

ターミナルケアが提供される場を、一般的にはホスピスと呼びます（＊2）。

ターミナルケアの実際

ターミナルケアは、医師・看護師が中心のチームによって行われます。そこでまず重要視されるのは、疼痛《とうつう》（痛み）をはじめとする「身体的に不快な症状のコントロール」です。苦しみに満ちた時間を減らすために、鎮痛作用のある薬が投与されます。

また、ターミナルケアでは「精神的なケア」も重要視されます。**末期の人は不安・怒り・苛立ち・抑うつ・孤独・絶望などを感じ、心理的な葛藤を抱えています**。そして、大切な人の死を目の前にして、**気持ちが動揺している「家族へのケア」も重要**です。医師、看護師、臨床心理士などターミナルケアにかかわるスタッフは、末期の人やその家族の気持ちに配慮しながら、その気持ちにいつでも耳

もっと詳しく！

（＊1）いつごろがターミナルの時期なのか、という点について決まった定義があるわけではない。一般的には、残りの人生が6カ月以内と考えられる状態をターミナルと呼ぶことが多い。

（＊2）日本の病院では緩和ケア病棟という名称となる。日本で最初にホスピスが開設されたのは1981年のことである。1990年に緩和ケア病棟として医療制度の中に正式に位置づけられたことを機会に、ホスピス開設に取り組む病院が増えた。

を傾ける準備ができている存在として支えることが求められます。

ただし、日本においては、臨床心理士がチームの一員としてターミナルケアに携わっているホスピスはまだ一部です。

しかし、今後、ホスピス自体のニーズが高まるなかで、臨床心理学的な視点も今以上に必要とされることが予想されます。

死への心理的なプロセス

アメリカの精神科医キューブラー＝ロスは、余命少ない患者と対話を重ね、1970年代に『死ぬ瞬間』を著した。その中で、末期の人たちが死を受容するまでのプロセスを以下の5つの段階として示した。

第1段階

否認

事実を受け入れられず、自分のこととして受け止められない。
「私にこんなことが起きるはずがない」

第2段階

怒り

なぜ自分が死ななくてはならないのか、と怒りが生じ、周囲へと向けられる。
「なぜ私がこんな目にあわなくてはいけないのか」

第3段階

取引

何とか死を避けようと、神や仏のような超越した存在と取引しようとする。
「何でもするから命だけは助けてほしい」

第4段階

抑うつ

どのような努力も無駄であることを悟り、落ち込んで無気力となってしまう。
「もう駄目なんですね。すべて終わりです」

第5段階

受容

自分自身の状態を受け入れ、死と向き合いつつ、自分の人生の終わりを静かに見すえる。
「わかっています。でも、大丈夫」

注目のキーワード❸

メンタルヘルス対策の義務化

2011年10月、事業者に対し医師などによる従業員のメンタルヘルス（心の健康）チェックを義務づける労働安全衛生法の改正案が国会に提出されました。仕事上のストレスが原因でうつ病などになる人が増えていることから、改正案では全従業員の精神状態の把握を事業者に義務化しています。そして、検査結果は医師や保健師から従業員へ直接通知し、本人の同意を得ずに事業者に提供することを禁じています。

これにより、従業員は希望すれば医師の面接指導を受けられることになります。事業者は面接指導を申し出た従業員に対し不利益な扱いをしてはならず、医師の意見を聞いた上で、必要であれば勤務時間の短縮や職場の配置転換などの改善策をとるよう求められます。

その背景としては、東日本大震災を契機にメンタルヘルスが不調に陥る人の増加が懸念されることに加え、うつ病になる人が年々増加傾向にあることがあげられます。厚生労働省が所管する労働政策研究・研修機構が去年、全国の5000余りの企業を対象に行った調査によると、うつ病などを患っている従業員がいる企業は全体の57％に上るという結果がでました。

これまでも、厚生労働省は「労働者の心の健康の保持増進のための指針(2006年)」を公示するなど、企業におけるメンタルヘルス対策に取り組んできました。この度義務化されることによって、企業にとってメンタルヘルス対策づくりがより重要となってきます。それには、臨床心理学の知識が欠かせず、今後ますます臨床心理士のニーズが高まると予想されています。

PART
7

臨床心理学の研究活動

効果的なサポートを進めるために、
研究活動は欠かせないものとなっています。

ここで扱う
テーマ

- 研究活動とは何か
- 研究活動の理論
- 研究活動の技法

臨床心理学研究の基礎
1

臨床心理学の研究活動とは何か

科学的に理論の有効性を検証。臨床心理学が社会に認められるために必要な活動です

研究活動の必要性

臨床心理学が社会から必要な学問だと認められるためには、社会の役に立つ活動であるという根拠を示さなければなりません。**臨床心理学の理論の有効性や妥当性を科学的に証明するために行われるのが「研究活動」です**（＊1）。

研究活動の内容

臨床心理学の実践活動では、まずアセスメント〔⬇P46〕でデータを収集して問題の成り立ちに関する仮説を立てます。次に、方針を決めてから実際に介入〔⬇P168〕していきます。そして介入で得られたデータをもとに常に仮説を検証し、必要に応じて修正します。この、仮説をもとに効果を検証していくという過程そのものが、研究活動といえます。ですから、より効果的な実践活動を行うためには研究の技能が重要になってきます。

ただし、個人のために立てられた仮説はその個人のみにあてはまるもので、研究成果として公表される場合は、何らかの一般性がなくてはなりません。したがって、実践活動を通しての個別のケースに関する研究は、厳密な意味での「研究」とはいえないのです。複数のケースで共通した仮説を見いだしたときに、その仮説は一般性をもつことになります。そしてさらに、**科学的な研究によって普遍的な妥当性が検証**されたときに初めて、そ

もっと詳しく！

（＊1）臨床心理学の大学院では、研究活動の学習もカリキュラムに含まれている。エビデンスベイスト・アプローチ〔⬇P34〕の観点からも、臨床心理学の成果を検証するために研究は欠かせない。しかし、日本においては現状として研究活動が立ち後れており、当面の課題となっている。

れが**理論**となるのです。
実際に研究を行う場合は、まずテーマを絞ります。そして、研究を通して何を明らかにしようとするのかを明確にします。そのうえで、どのような研究方法をとるのかを決定します。研究に必要なデータを収集する方法も目的によってさまざまな手段がとられます。

臨床心理学の研究法

データを収集する場による分類

実験法 現実生活の影響を受けないよう、データ収集の場をコントロール。それによって、因果関係を厳密に把握することを目指す。

調査法 現実生活の特徴を抽出できるよう、データを収集する場を設定。適切なデータを抽出することによって、現実を正確に把握することを目指す。

実践法 「実験法」「調査法」のいずれも、研究対象への関与を極力避けるように場が設定される。それに対して実践法は、研究対象の生活に積極的に関与するようデータ収集の場を設定。介入の実践的な有効性を検証することを目指す。

データ収集の方法

データを収集する方法には、以下の3つがある。

観察 行動をみることでデータを得る

検査 課題の達成結果をデータとする

面接 会話を通してデータを得る

臨床心理学研究の基礎 2

量的研究

数値化したデータでテーマを研究。すでにある仮説を検証するのに役立ちます

量的研究と質的研究の違い

臨床心理学の研究には、**「すでにある仮説を証明するための研究（仮説検証型）」と「新しい仮説を立ち上げるための研究（仮説生成型）」**（＊1）の2種類があります。いずれも仮説の根拠を示すためのデータが必要となります。

また、データの種類によって「量的研究」と「質的研究」に分けられます。**数値化されたデータをもとに、テーマを分析するのが「量的研究」**です。それに対し**「質的研究」では記述的なデータをもとに分析します。**

量的研究と質的研究はデータの種類が違うだけでなく、目指すところも違います。量的研究では普遍的な法則を客観的、論理的に検証することを目指します。そして、量的研究の多くがすでにある仮説を検証するために行われます。一方、質的研究では、誰しもにあてはまる法則というよりも多様な現実のそれぞれに対応できるような理論の生成を目指します。

量的研究の方法

量的研究の方法としては「実験研究」と「量的調査研究」の2つがあります。何らかの数値化によって数量として測定できるものを変数といいますが、実験研究と量的調査研究のいずれも変数を使って研究します。

現実の生活では、環境など結果を左右

これも知っておこう！

仮説検証型と仮説生成型

（＊1）研究法には仮説検証型（ボトムダウン的研究）と仮説生成型（ボトムアップ的研究）がある。仮説検証型は、すでにある研究にもとづいて仮説を設定し、それを検証する研究法。既存の理論の精度をより高めたり、また逆に既存の理論への反論を提出したりするものである。一方仮説を立ち上げることを目的としたものが仮説生成型である。

する要因が多く存在します。実験研究ではそれらに影響されないように条件をコントロールし、変数を操作することによって、研究対象の因果関係を研究します。

それに対して、量的調査研究は条件をコントロールしません。現実の生活の中で、研究対象がどのような特質をもつのか明らかにするのを目的とします。

量的研究の特徴

量的研究と質的研究の進め方の違い

量的研究と質的研究の、研究のそれぞれの進め方は以下のとおりである。

量的研究	質的研究
❶研究テーマとする心理学の理論を選ぶ ❷理論を参照して、特定の仮説を設定する ❸手続き、方法などを設定する ❹データを集める ❺データを分析し、解析する ❻設定した仮説を検証する	❶大まかな問題や関心のあるトピックをみつける ❷研究しようとしている問題を発展させる ❸最初のデータを集め、解釈する ❹仮説を発展させる ❺追加データを集め、解釈する ❻仮説を洗練させる ❼追加データを集め、解釈する ❽理論を生成する

量的研究の活用

臨床心理学において、量的研究を活用するのは以下の3つの場合である。

1 実践活動やその効果を対象とする研究

実践活動の過程や結果、さらに介入の有効性などをテーマとする。

2 アセスメントや介入の対象をテーマとする研究

異常心理〔➡P122〕や異常行動、神経心理学的〔➡P66〕特徴、脳の状態、知能、感情や認知の傾向、対人関係、家族関係、社会的傾向などをテーマとする。

3 実践活動に関連する事柄をテーマとする研究

コミュニケーション様式、社会的支援、援助要請行動、健康への概念、コミュニティの社会文化的な傾向などをテーマとする。

臨床心理学
研究の基礎
3

質的研究

数量化できないような現象を、記述的なデータを用いて分析する研究法です

数量で測れない現象がテーマ

臨床心理学は、人々の体験や語りと密接にかかわる学問です。それだけに、**数値化されたデータだけで研究するのでは限界があります**。数量で測ることができないようなさまざまな現象を明らかにする方法として、「質的研究」があります。

質的研究の「質的」とは数量的ではないという意味であり、**主に記述的なデータを用いて、言葉による概念的な分析を行う研究法を指します**。数量のデータをよりどころにしていない研究は広い意味で質的研究といえます。ただし通常、臨床心理学で質的研究というと、仮説を立ち上げることを目的とした研究（＊1）の中の、数量的ではない研究を指します。

質的研究の方法と特徴

質的研究にはさまざまなアプローチがあります。なかでも代表的なものは左にあるような「伝記法」「現象学」「エスノグラフィー」「グラウンデッド・セオリー」「事例研究」の5つの方法です。

いずれも、研究の対象者にとって**自然な状況で面接や観察を行います**。その結果、より日常場面に近いかたちでデータを得ることができます。また、時間的な流れを重視するのも特徴です。単に原因を特定するのではなく、その出来事がどのような経緯をたどってきたのか、時間的な順番を大切にしながら明らかにします。

もっと詳しく！

（＊1）量的研究の多くがすでにある仮説の検証を行うことを目的とするのに対し、質的研究は仮説を立ち上げること（仮説生成）を目的とすることが多い。

そして、対象者自身の視点やその多様性にも考慮する点も大きな特徴です。たとえば、面接において対象者の経験をその人自身の言葉で語ることによって、新たな発見があることが多いためです。

　質的研究では、データにもとづいて暫定的な仮説をつくったのち、その仮説を新たなデータとつき合わせて吟味することを繰り返します。その際、論旨がずれていかないよう気をつける必要があります。また、比較的少数のサンプルにもとづいて仮説を生成するため、分析結果の一般化の可能性には限界がある点も留意すべき点です。

質的研究の方法と特徴

質的研究の代表的なアプローチ

質的研究の方法では、以下の５つのアプローチがよく知られている。

アプローチ名	目的	データ収集の方法
伝記法	個人の人生を探求すること	主に面接と文書
現象学	現象についての本質を理解すること	長時間の面接（研究の対象者は10名以内）
エスノグラフィー	文化的社会的集団を記述・理解すること	主に観察と面接、現場に長期滞在した際の資料
グラウンデッド・セオリー	データにもとづいて、現場に密着した理論を発展させること	理論が精緻化されるまで面接を行う（研究の対象者は20〜30名）
事例研究〔➡P264〕	実際の事例に関する、深い分析を発展させること	多様な情報源（文書、面接、観察、資料）

質的研究の特徴

どのような質的研究でも、以下の特徴が共通している。

1 自然な状況を重視する
日常場面に近いかたちでデータを得るため、できるだけ研究の対象者にとって自然な状況の中で面接や観察を行う。

2 時間的な流れを重視する
出来事の経緯を、時間的な順番を大切にしながら明らかにする。

3 当事者の多様な視点を考慮する
その人自身の言葉で語ってもらうなど、研究の対象者による視点を重視する。

臨床心理学研究の技法 1

事例研究

少数の事例についての研究。現実の個別性を重視した理論づくりを目指します

事例それぞれの個性を研究

「事例」とは「前例となる事実、具体的な実例」のことであり、**「事例研究」とはひとつもしくは少数の事例についての研究**を指します。ある具体的な事例の個別性に注目し、詳しく分析研究することによって、新たな理論をつくり上げることを目指します。

人は感じ方や物の見方がそれぞれ個別に違っています。また、人と人の関係も、その人々が生きている社会特有の文化によって左右されるものです。そのように個人や文化によって違いが生じる現実生活において、具体的な事例の個別性を理解しようとする事例研究は、人間の心理を研究するのに適した方法といえます。

事例研究の目的と手法

臨床心理学の研究には、**独自なケースを理解し、解明することを目指す個性記述式**と、**普遍的なケースを解き明かし、説明することを目指す法則定立式**というふたつの方向がありますが、事例研究は前者にあたります。ただし、単に個別の事例を記述するだけでは、事例検討でしかありません（＊1）。研究であるためには、何らかの一般性をもっていることが必要となってきます。つまり、ひとつの事例から見いだされたある見解がほかの事例にもあてはまるような一般性をもっていたとき、そしてまたそれを理論モデルと

これも知っておこう！

事例検討

（＊1）手がけている事例の見立てをよりよいものにするために、事例の経過を複数のメンバーで検討することを事例検討会という（⇒P294）。実践活動で事例を扱うにあたり、臨床心理士がひとりよがりにならないために必要な活動であるが、新たな理論モデルをつくりあげることを目的とした事例研究とは別物である。日本の臨床心理学では伝統的に事例研究が重視されてきたが、事例検討と事例研究が混同されがちなので注意が必要である。

してなり立たせたときに初めて事例研究といわれるものになります。

事例研究はそのような特徴をもっているため、**多様な現実に対応できる記述式の質的研究法の手法をとります。**その記述のかたちによって左のように「会話記述型」「過程記述型」「ナラティヴ記述型」「フィールド記述型」などがあります。

事例研究では、少数の事例に深くかかわるために、倫理の問題が重要となってきます。研究を行う際には、協力者への事前説明と同意と報告、記録の保管、公表に関しての配慮や、プライバシーの保護に最大限の注意が必要となります。

事例研究の種類

事例研究には、下のような種類がある。

会話記述型

心理療法やカウンセリングといった実践活動でのクライエントと臨床心理士の会話に注目し、そのコミュニケーションの過程を分析する。

ナラティヴ記述型

クライエントの経験や発達過程での思い出に関する語りを記述し、その人の生きてきた現実を描き出すことを目的とする。

過程記述型

心理療法、カウンセリングなどの実践活動の過程そのものを分析する。

フィールド記述型

研究者が事例の起きている現場に身を置き、ひとりのメンバーとして実践活動を行い、改善するよう働きかける。その過程をフィールド研究として記述し、分析する。

臨床心理学研究の技法 2

フィールドワーク

研究の対象となる現場に身を置いて調査。質的研究の一手法です

現場に身を置いた調査

「フィールドワーク」とは、調べようとする出来事が起きているその**「現場（＝フィールド）」に研究者が身を置き、調査を行う「作業（＝ワーク）」一般を指します**（＊1）。心理学では1990年ごろから研究法のひとつと認知されるようになりましたが、現在では、臨床心理学をはじめ、発達心理学、社会心理学、環境心理学、コミュニティ心理学、教育心理学など多くの分野でフィールドワークの手法が使われています。

実際のフィールドワークは、左のように、データ収集と分析を繰り返しながら事象を説明するための仮説をつくっていくのが特徴です。対象と深くかかわり合うことによって得られるデータから、より妥当性の高い解釈が生まれます。

実践的フィールドワーク

臨床心理学で行われるフィールドワークには、**「研究者の存在ができるだけ影響を及ぼさないようにしながら観察するタイプ」**と**「研究者が積極的に関与するタイプ」**とがあります。とくに後者は、クライエントに実際に働きかけて変化をもたらすことを目指すという、臨床心理学の実践活動そのもののかたちとなります。そのようなタイプを「実践的フィールドワーク」と呼ぶことがあります。

実践的フィールドワークでは、研究者

もっと詳しく！

（＊1）フィールドワークは、もともと人類学者がエスノグラフィー（民族誌）を書くために開発した研究手法。「参与観察」ともいい、研究者が調査対象の集団に参加し、そこでメンバーの一員としての役割を演じながら行う観察という意味で使われていた。現在は、そのような観察を含め、現場に身を置いた調査作業一般を指す。

は参加者でもあり観察者でもあるわけですが、その役割の使い分けをすることが重要です。研究者がカウンセラーやグループの指導者などの役割を兼ねることが多くあり、その場合、研究者はフィールドへの働きかけを通してより深いデータをとることができるというメリットがあります。ただし、フィールドに参加しながらも常に「フィールド外の視点」をもって観察しなくてはなりません。つまり、自分自身の存在がフィールドで起きる事象やデータ収集に、どのような影響を与えているかを考察したうえで研究を進めることが重要になります。

フィールドワークの特徴

フィールドワークとは

調べようとする出来事が起きているその「現場（フィールド）」に身を置いて調査を行う「作業（ワーク）」一般を指す。

フィールドワークの手順

フィールドワークを行う際、以下のように進める。

1. フィールドを決め、フィールドに入る
2. フィールドの全体像を把握する
3. 研究テーマの出発点となるような疑問をうち立てる
4. 観察の単位を決め、焦点観察をする
5. 観察結果を読み解くための仮説を探る
6. 理論に導かれた事象の観察を行う
7. データを分析し、解釈する
8. ③から⑦までを繰り返し行い、仮説を生成する

臨床心理学研究の技法 3

効果研究

臨床心理学の効果を、実証的に証明する研究方法。量的研究の手法をとります

効果研究の代表的な手法

「効果研究」とは、**臨床心理学の実践活動、なかでも特に心理療法が実際に効果的かどうかを研究の手法を使って検討すること**です。代表的な方法に「一事例実験」「ランダム化比較試験」「メタ分析」「プログラム評価研究」があります。それぞれ、量的研究の手法をとり、数値によって理論を扱います。

一事例実験とは、介入を行う前と行った後の対象のデータを比較することで、介入の効果を測定する方法です。

ランダム化比較試験とは、研究の対象者を、ある特定の介入を行うグループと介入を行わないグループにランダムに割りふり、介入効果を検討する実験研究です。たとえば、強迫性障害（➡P140）に対する認知行動療法（➡P184）の介入効果を調べる場合には、認知行動療法を実施するクライエントのグループと実施しないクライエントのグループに分け、症状の改善の程度を比較します。

メタ分析とは、同じ課題についてそれぞれ独立して行われた研究の結果を統合し、その研究課題について総合的な結論を導く統計的方法です。

プログラム評価研究とは、プロジェクトや政策などの社会的なプログラムに対し、その実施した結果について、何らかの基準やもともとの目標と比較して組織的な評価を行うことです。

もっと詳しく！

（＊1）とくにメタ分析によって、心理療法に効果があることが証明された。

問題別に有効な介入法も実証

臨床心理学の歴史をみると、心理療法の有効性は効果研究によって初めて実証されたといえます（＊1）。それを受けて、今度は**「どのような問題（症状）に対して、どのような方法が有効なのか」ということがテーマ**となりました。効果研究は、問題別に有効な方法を見いだす手段としても役立ちます。

米国心理学会の臨床心理学部会では、問題ごとに有効な介入法を整理し、心理療法のガイドラインとしてまとめたものを発表しています。

効果研究の成果

米国心理学会の臨床心理学部会は、問題ごとに有効な介入法を以下のように発表している。

障害名	有効な介入法
うつ病〔➡P160〕	行動療法〔➡P180〕、行動活性化療法、認知療法〔➡P184〕、認知行動療法、対人関係療法、問題解決療法、セルフマネジメント／自己コントロール療法
双極性障害〔➡162〕	そう状態：心理教育〔➡P232〕、システマティックケア うつ状態：家族に焦点をあてた介入
統合失調症および重度の精神病〔➡P164〕	SST〔➡P234〕、認知行動療法、積極的コミュニティ介入、就労支援、家族への心理教育、社会生活の学習／トークンエコノミー法、認知リハビリテーション
強迫性障害	曝露反応妨害法〔➡P216〕、認知行動療法
パニック障害〔➡P134〕	認知行動療法
全般性不安障害〔➡P136〕	認知行動療法
恐怖症性不安障害〔➡P138〕	社交恐怖：認知行動療法 特定恐怖：曝露法〔➡P216〕
PTSD〔➡P142〕	持続的曝露法〔➡P216〕、認知プロセス療法、EDMR（ただし、議論の余地あり）
摂食障害〔➡P148〕	拒食症：家族を基盤とした介入 過食症：認知行動療法、対人関係療法
睡眠障害	認知行動療法、睡眠制限療法、刺激コントロール法、リラクセーショントレーニング逆説的意図法
境界性パーソナリティ障害〔➡P156〕	弁証法的行動療法

効果研究により、さまざまな問題ごとに効果的とされる介入法が明らかになってきている（上記は一部抜粋）。

事例に見る臨床心理士の仕事 4

臨床心理士の倫理

中学3年生のユイさんはうつ病と診断され、ボランティアによる近所のカウンセリングルームにも通っていました。ある日、「私のことを大切にしてくれない家に帰りたくない」といったところ、カウンセラーが外のカフェで親身になって話をきいてくれました。

次第にユイさんはカウンセリングルーム以外の場所で個人的に会うことをカウンセラーに求めるようになり、習慣化していきました。仕事で忙しい両親に見捨てられたという気持ちを抱えていたユイさんは、カウンセリングルーム以外でも自分の話を一生懸命聞いてくれるカウンセラーに心理的に依存していきました。

カウンセラーは、このような強い依存的態度を示すユイさんを次第に負担に感じるようになっていきます。ついには「私のようなボランティアの相談員ではなく、専門職である精神科医や臨床心理士にしっかりと相談したほうがいい」とユイさんに告げました。

ユイさんは失望し、抑うつ症状がひどくなっていきました。それを心配した母親につれられ、今度は臨床心理学の相談室へとやってきました。やがて面接を重ねるうちに、臨床心理士に心を開くようになりました。

面接が4回ほど終わった時点で、ユイさんは臨床心理士に次のように告げました。「私は人に拒否されたくないという恐怖心が強いことがわかりました。今は自分の素直な思いを表現してみようという気持ちになっています。実は、面接以外の場所、カフェなどで臨床心理士の先生ともお話したいのです。恐怖心を乗り越えてこの思いを表現したので、どうか拒否しないでください。拒否されたら、とても傷つきます」

ここでのPoint

臨床心理士はあくまで専門家として契約内の関係で、クライエントとかかわります。クライエントに対しては、個人的関係に発展する期待を抱かせるような言動は慎むことが原則です。それは、プライベートでの会食や業務以外の金品の授受、贈答および交換、自らの個人情報についての過度の開示も含みます。

上記のような場合、ユイさんの気持ちは気持ちとして受け止めたうえで、面接室以外で会うことの弊害について説明します。また、面接室という安全な場で安定した信頼関係を気づく重要性についても伝えます。

PART
8

社会と臨床心理学

臨床心理学の活動領域と、その専門家である臨床心理士の活動内容を紹介します。

ここで扱うテーマ

- 臨床心理学の活動領域
- 臨床心理士の資格
- 臨床心理士の活動内容

社会と臨床心理学
1

社会の中での臨床心理学

臨床心理学の活動は社会とのかかわりが必要不可欠です

社会のニーズに応える活動

現在、**臨床心理学の社会的な活動へのニーズが高まっています**。たとえば、2001年よりスクールカウンセリング制度が本格的に導入され、学校という社会システムの中で臨床心理学が活動することを求められるようになりました。また、災害や犯罪の被害者支援、高齢者への心理ケア、非行少年の矯正、虐待児童への支援などにも、臨床心理学の働きが期待されています。

このような社会との関連を前提とした活動を発展させることが、日本の臨床心理学において重要かつ緊急のテーマとなっています。そのためには、利用者である**社会の要望をよく理解する必要**があります。そのうえで、コミュニティで暮らすメンバーがよりよく生活できるように、左図のようなサポートを目指します。

社会的専門性の確立のために

臨床心理学が医学のように、社会的な専門的活動と認められるためには、臨床心理学全体のアイデンティティを明確なかたちで社会にアピールする必要があります。さらに、その活動の社会的責任を明らかにするためには、**倫理、規約、法律などの制度**を充実させなくてはなりません（＊1）。そして、臨床心理学のさまざまな社会活動を統制し、広い視野から**活動全体を運営する組織**が必要となります。

もっと詳しく！

（＊1）制度整備の一環として、臨床心理士の国家資格化を求める声があがっている〔⬇P288〕。

これも知っておこう！

説明責任

（＊2）専門家が行う事柄について、社会に情報を提供し、利用者が納得できるように十分に説明する義務と責任があること。ある活動が、社会的に専門性があるものと認められるには、この説明責任を果たすことが求められる。

現在日本では、日本心理臨床学会などの学会が研究成果を発表することによって、社会に臨床心理学がどのような学問かを示す、**「説明責任」**を果たしています（＊2）。また、日本臨床心理士会といった職能団体（＊3）が、構成員である臨床心理士の質や、専門活動の社会的な認知を高めるような働きを担っています。

臨床心理学と社会のかかわり

臨床心理士は下記のように、コミュニティとコミュニティのメンバーの両方に働きかける。

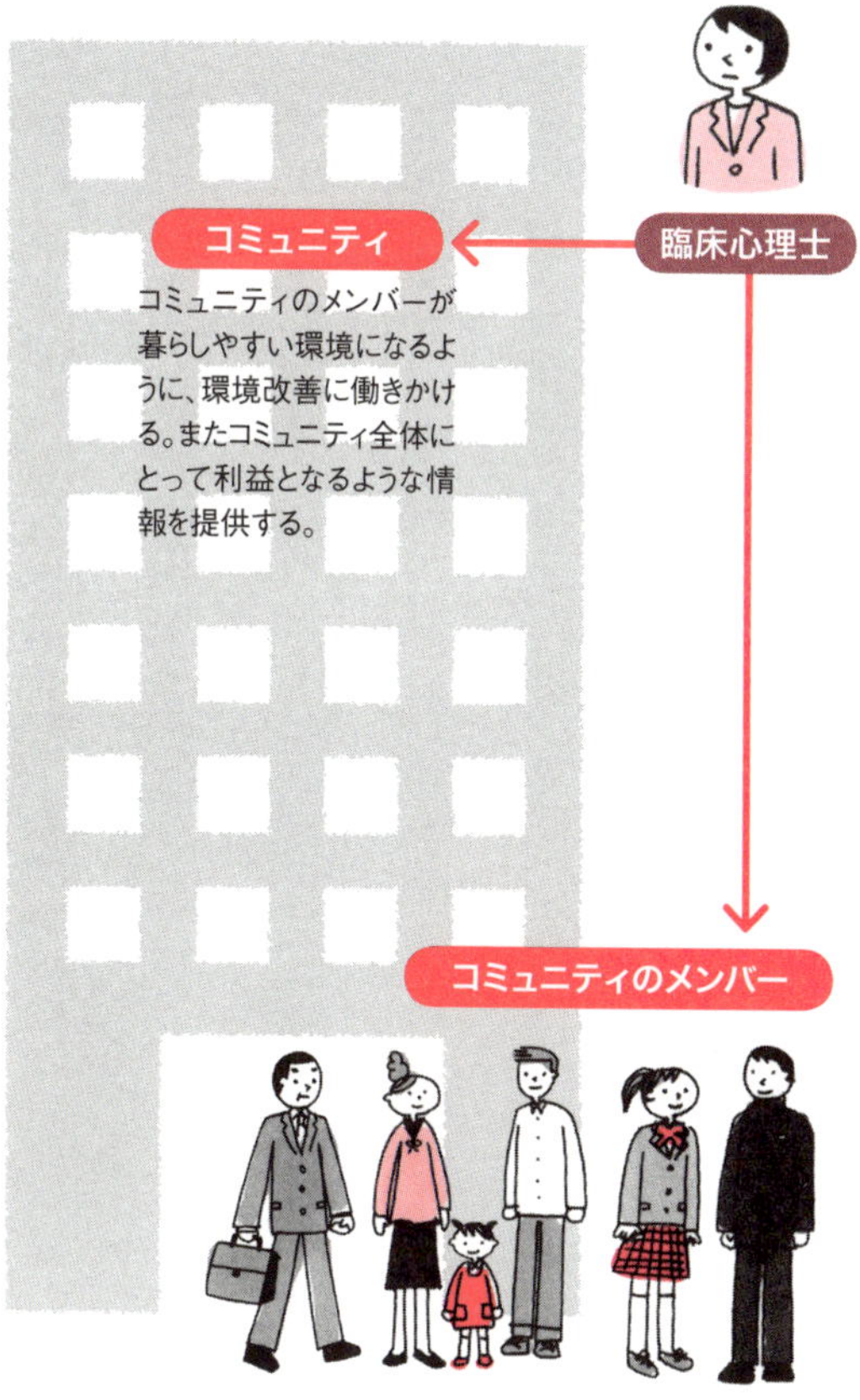
臨床心理士
コミュニティ
コミュニティのメンバーが暮らしやすい環境になるように、環境改善に働きかける。またコミュニティ全体にとって利益となるような情報を提供する。
コミュニティのメンバー

デイケアサービス〔➡P252〕、心理教育〔➡P232〕、危機介入〔➡P226〕などの活動を通し、直接的にサポートする。また、コミュニティのメンバーの代弁者としてコミュニティに働きかける。

職能団体
（＊3）専門的な技能や資格をもつ専門家による団体のこと。構成員間のネットワークとしても重要な役割を果たす。

社会と
臨床心理学
2

臨床心理士が働く領域

臨床心理士は主に5つの領域において専門的な活動を行います

臨床心理士の主な職域

臨床心理士の活動には主に、**「教育」**、**「医療・保健」**、**「福祉」**、**「司法・矯正」**、**「産業」**といった5つの領域があります（＊1）。各領域の現場にはそれぞれ独自の特徴があり、それをふまえて活動していくことが重要になってきます。

また、どの領域であっても、臨床心理士の業務はクライエントだけでなくクライエントの家族や周囲の人たち、異業種の専門家などと連携しながら行われます。面接やアセスメントなどの実践活動（➡P24）も、こうした人たちと相互に協力しながら進められ、クライエントにとってよりよいものを目指すのが理想です。

連携での5つの役割

社会的な連携をする際、臨床心理士として期待される専門的な役割には、次の5つがあげられます。

ひとつ目は**「クライエントとスタッフ間のコミュニケーション支援」**です。

ふたつ目は**「スタッフのメンタルヘルス・ケア」**です。バーンアウト（➡P290）に対する技能によって、スタッフのメンタルヘルス・ケアに貢献します。

3つ目は**「チームワークの推進役」**です。事例や組織のマネジメントに関して、心理学的な見地から意見を提示し、チームワークをより強固なものにします。

4つ目は**「他の専門職への心理学的知**

もっと詳しく！

（＊1）この5つの領域以外にも臨床心理士が活躍する場として、大学・研究所といった研究機関や個人開業相談室などがある。

識・技能の教育」です。他の専門職が臨床現場で体験する問題を、臨床心理士の立場から理解し、対応するための知識や技術を提供します。

5つ目は**「クライエントのニーズ調査、サービスの評価」**です。クライエントの満足度を上げるために、それぞれ心理学の研究法を用いて行います。

臨床心理士の職域

現在日本において臨床心理士（日本臨床心理士会所属）は以下のような領域で活動している（2010年10月29日時点）

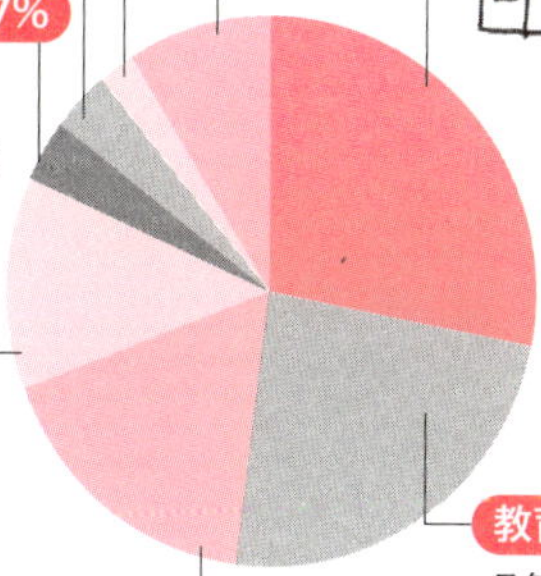

医療・保健 28.3%
・病院クリニック
・保健所
・リハビリテーション施設
・精神保健福祉センター
etc

教育 23.7%
・スクールカウンセラー
・学生相談室
・心理教育相談室
・教育相談室
・教育センター　etc

大学・研究所 17.4%
・学生相談室
・各種研究機関　etc

福祉 12.3%
・児童相談所
・児童福祉施設
・女性・母子相談施設
・身体・知的障害相談施設
・高齢者福祉施設　etc

その他 8.7%

産業・労働 2.2%
・企業内の健康管理室や相談室
・障害者職業センター
・公立職業安定所
etc

私設心理相談 3.7%
・個人開業相談室
・カウンセリングセンター
etc

司法・矯正 3.7%
・家庭裁判所
・少年鑑別所
・少年院・刑務所
・保護観察所
・警察関係の相談室
etc

社会と臨床心理学
3

教育領域

教職員や学校、PTAなどと連携しながら、児童生徒の問題に働きかけます

学校や教員の意図も重視

教育領域において、臨床心理士は公的な教育相談所や教育センターなどでも活動していますが（→P238）、学校内でのスクールカウンセラーとしての役割がかなりの比重を占めます。

学校では左図のように、学級や教師集団、PTAなどを含めて多方面への連携を行いながら、児童生徒にとって本当に必要なサポートを追求します（＊1）。この領域の特徴として、児童生徒やその保護者だけでなく、**学校の教員からの要望でサポートが開始する**ことがあげられます（＊2）。そのため、**問題を抱える児童生徒本人だけでなく、学校や教員の意図を含めたアセスメントが必要**です。

新しい教育課題

学校現場では、不登校（→P110）やいじめ（→P112）の問題に加え、最近は次のような3つの課題があります。

ひとつ目は、**特別支援教育**（→P242）での課題です。AD／HD（→P106）、高機能自閉症（→P102）など、特別支援教育の対象の増加をふまえ、軽度の発達の遅れがある場合はどこで支援されるべきか、サポートを交通整理する必要が生じています。

ふたつ目は、児童生徒の問題行動により授業が成立しなくなる、**学級崩壊**の問題です。なぜ児童生徒が発散の方向を担

もっと詳しく！

（＊1）その他の特徴に、幅広い業務を求められることがある。校内や外部との連携活動、広報活動、教員研修活動以外に、スクールカウンセラーは学校で相談しやすくなるような体制づくりも求められる。

（＊2）臨床心理士には守秘義務があるが、教職員との連携には情報交換が欠かせない。カウンセリングで話されたことの何をどこまで伝えるかについては、深い思慮が求められる。

（＊3）ピアサポートと

任や授業崩しに向けるのかを理解し、解決するために、臨床心理学の手法を用いた働きかけを進める必要があります。

3つ目は、**外国人労働者の未就学児童の増加**です。加えて、異文化で育つ子どもの心のケアも求められており、公立の小中学校でも異文化間カウンセリングの導入が切望されています〔➡P248〕。

教育領域での臨床心理士の役割

臨床心理士はスクールカウンセラーとして各方面と連携するだけでなく、それぞれをつなぐ役割も担いながらサポートしていく。

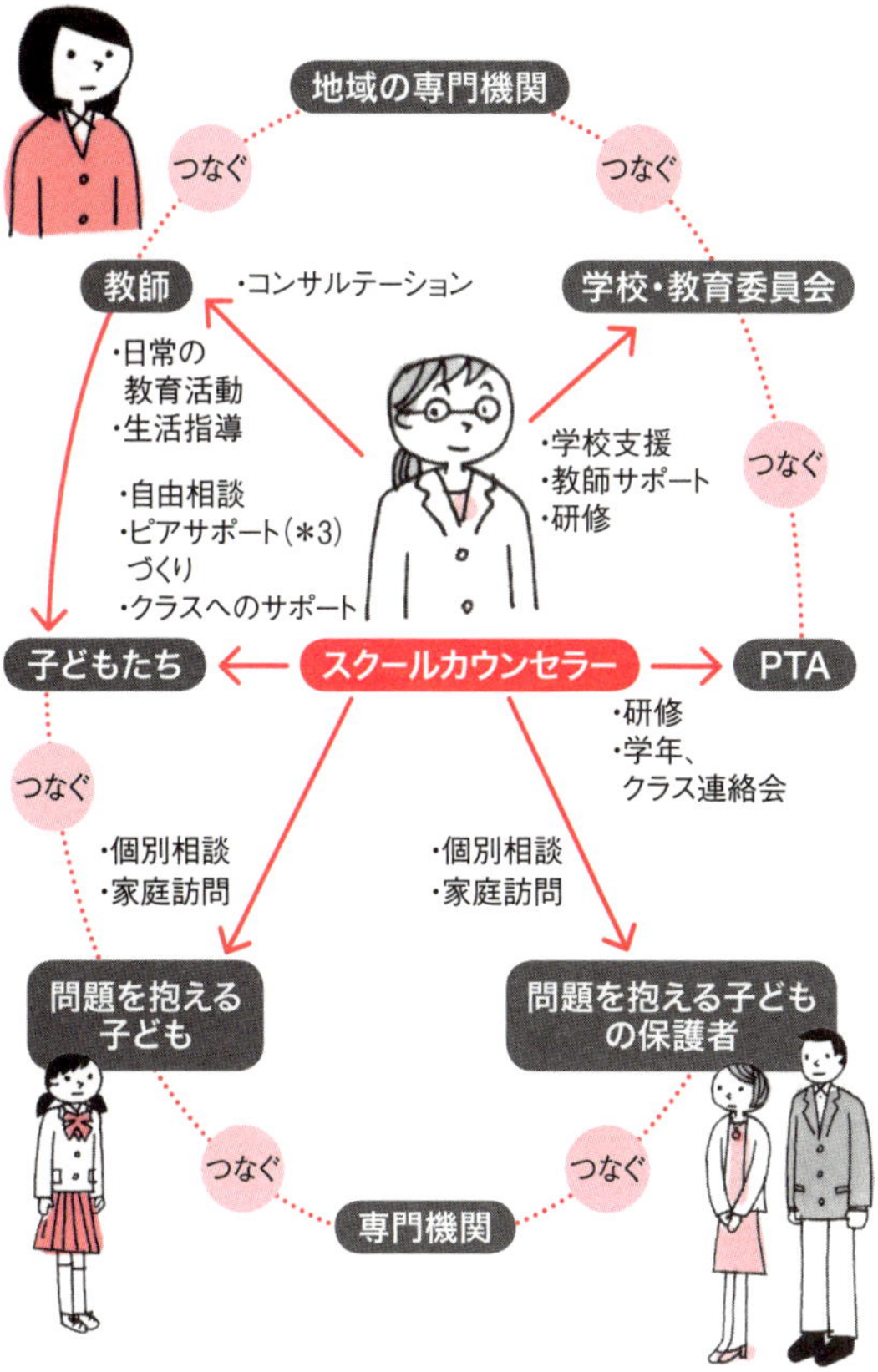

クライエントにあたる子ども本人だけでなく、学校や教育委員会、ほかの子どもたちやPTAなど多方面と連携しながら、クライエントが本当に必要としているケアはなにかを考察しながらサポートをしていく。

は同じような立場によるサポートという意味である。学校においては、同年代の友人が友人をサポートすることもある。

社会と臨床心理学 4

医療・保健領域

チーム医療の観点から、医療・保健全分野での臨床心理士の活動が求められています

よく知られる3分野

医療・保健領域の中では、数多くの臨床心理士が働いていています。次の3分野が古くからの活動の場です。

まず、**精神医療・精神保健**分野があります。うつ病〔⇒P160〕や統合失調症〔⇒P164〕などさまざまな精神疾患・精神障害を抱える人を対象にアセスメントや心理療法を行います（＊1）。

小児科医療・母子保健分野では、発達障害が疑われる子どもとその親や、周産期から乳幼児期の母子全般の心理的援助を担当します。不登校やうつ病など子どもの心の問題の解決支援も行います。

高齢者医療・終末期医療・老人保健分野では、主に認知症やがんなどの終末期の患者を対象に心理的援助を行います。

チーム医療と臨床心理士

前述の3分野に加え、**医療・保健全分野のチーム医療において、臨床心理士の必要性が高まっています。**チーム医療とは、医師や看護師、臨床心理士、介護士などのスタッフが共通の目標をもち、患者やその家族もチームの一員となりながら、問題に取り組む医療を指します。

医療の急速な高度化かつ複雑化の影響を受けて、たとえ身体的な疾患の患者であっても、長期の療養によるメンタルヘルスのケアが課題となっています。患者は身体面だけでなく心理面での適切なサ

これも知っておこう！

精神科の入院病棟の種類

（＊1）精神科の入院病棟は機能によって分かれている。精神科の一般病棟は精神障害全般の治療を対象としている。また、精神科急性期治療病棟は急性期の患者に対する集中的な治療を担い、精神療養病棟は慢性期の患者に対する長期的な治療を担う。そして、老人性認知症疾患治療病棟で認知症高齢者に対する医療と介護が行われている。

ポートも必要としているのです。
また、患者やその家族だけでなく過酷な環境により疲労している医療スタッフの心理面も支える役割が求められます。

臨床心理士が参加することにより、チーム医療全体が安定し、ひいては本来の目的である疾患の治療へのよりよい影響につながります。

チーム医療と臨床心理士の役割

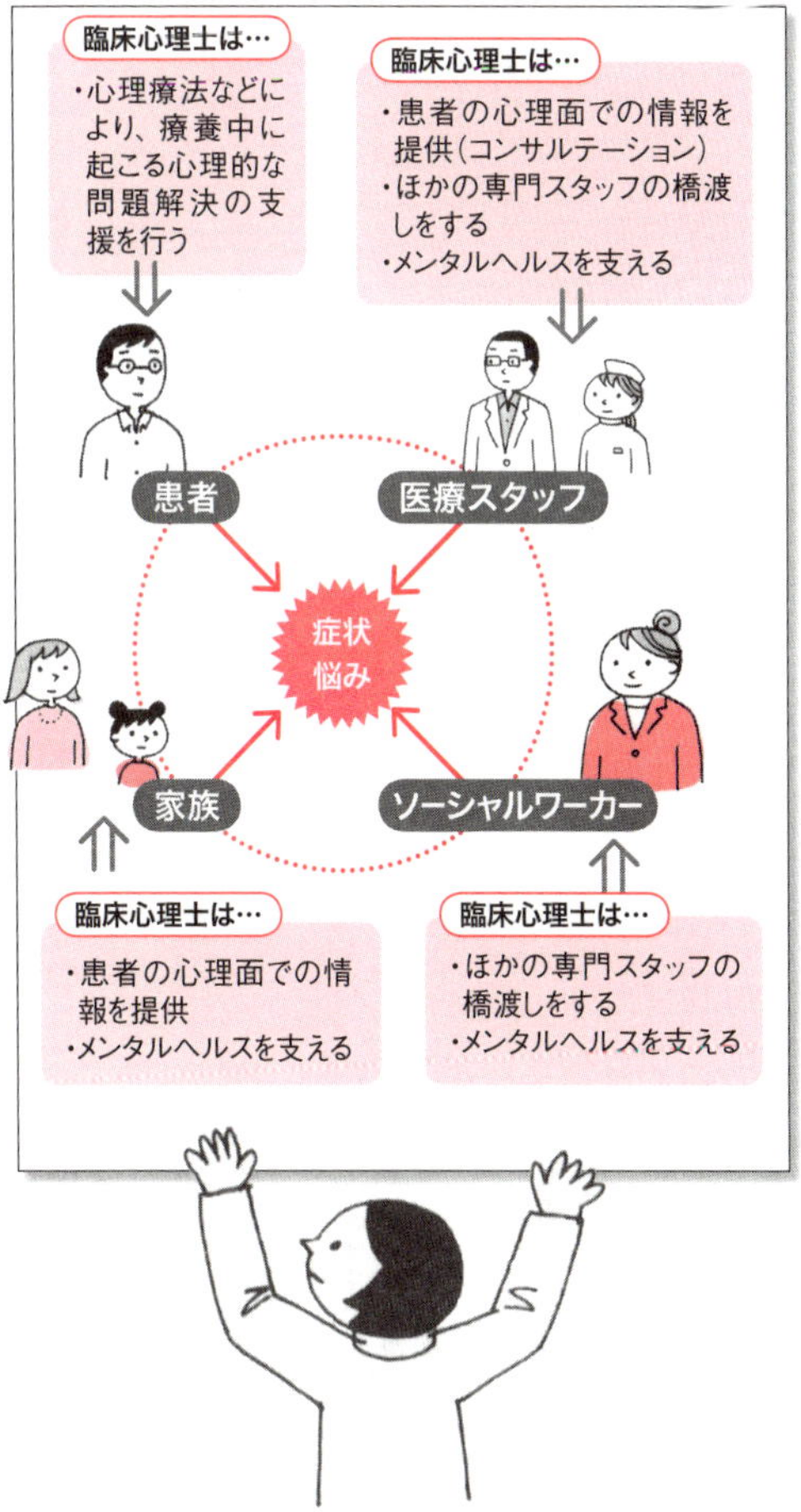

臨床心理士は…
・心理療法などにより、療養中に起こる心理的な問題解決の支援を行う
臨床心理士は…
・患者の心理面での情報を提供(コンサルテーション)
・ほかの専門スタッフの橋渡しをする
・メンタルヘルスを支える
患者
医療スタッフ
症状
悩み
家族
ソーシャルワーカー
臨床心理士は…
・患者の心理面での情報を提供
・メンタルヘルスを支える
臨床心理士は…
・ほかの専門スタッフの橋渡しをする
・メンタルヘルスを支える

患者だけでなく、治療にかかわるすべての人を臨床心理士が支えることで、関係者のメンタルヘルスが安定し、チーム医療の安定度が増す。

社会と臨床心理学 5

福祉領域

児童や高齢者や障害者など、社会的に弱い立場の人々を支えます

3つの主な現場

福祉領域において臨床心理士が活動するのは、一般的に次の3つの場所です。

ひとつ目は児童相談所や児童福祉施設などの**「児童福祉」**です。ふたつ目は老人総合センターなどの**「高齢者福祉」**です。3つ目は、知的障害者施設、障害者更生相談所、障害者職業センターなどの**「障害者福祉」**です。

ほかに、女性の自立支援の相談、障害者家族の支援、施設職員へのコンサルテーションも福祉領域での重要な仕事です。

児童福祉領域での活動内容

児童相談所は0～18歳の子どもに関する、あらゆる相談を受け付ける機関です。一般の臨床機関と違うのは、要保護児童（＊1）に関しては**近隣の住民からの通告によってもサポートが開始できる**点です。そして、**児童の一時保護の実施など、行政処分を行うことも可能**です。

児童相談所では、児童福祉司と呼ばれるソーシャルワーカーが活動をリードし、一時保護所の児童指導員、保育士、医師やその他の職種がチームを組んで対応していきます。臨床心理士は児童心理司と呼ばれる立場で、相談や通告のあった子どもへのアセスメントを行い、児童相談所としての援助案を立て、実際のサポートを行っていきます。さらに児童福祉施設の子どものケアも担当していきます。

もっと詳しく！

（＊1）要保護児童とは、家庭養育に任せることができない状況にあると判断された子どものことを指す。要保護児童対策地域協議会は、被虐待児に限らずこれらの児童について協議するために設置された。

福祉領域の現場

臨床心理士が働く機関

福祉領域において臨床心理士が働く機関は下記のようなものがある（採用の可能性がある機関も含める）。

機関	心理職がかかわる業務分野
児童相談所	18歳未満児童のあらゆる相談や判定
家庭児童相談室	福祉事務所内の相談室での相談
児童家庭支援センター	児童家庭に関する相談への助言指導・連絡調整
保健所・保健センター	乳幼児の精神発達検診と事後指導・相談など
市町村のその他の児童相談担当課など	18歳未満児童のあらゆる相談
児童福祉施設・法定外施設・療育機関	児童の保護・育成・療育や保護者の指導
身体障害者更生相談所	身体障害者のためのあらゆる相談・判定
知的障害者更生相談所	知的障害者のためのあらゆる相談・判定
身体障害者更生援護施設	身体障害者に関する必要な指導・訓練など
知的障害者援護施設	知的障害者に関する必要な指導・訓練など
高齢者福祉施設・相談センターなど	高齢者に関する相談や福祉的ケアなど
女性センター・婦人相談所など	女性の自立を援助するための相談や保護
発達障害者支援センター	発達障害児・者のためのあらゆる相談・支援など
その他の通所施設など	さまざまな援助を要する人への援助活動

児童福祉の連携

2004年の児童法改正により、要保護児童対策地域協議会の設置が進められている。これは、下記ネットワークの連携を適切に調整するための機関である。

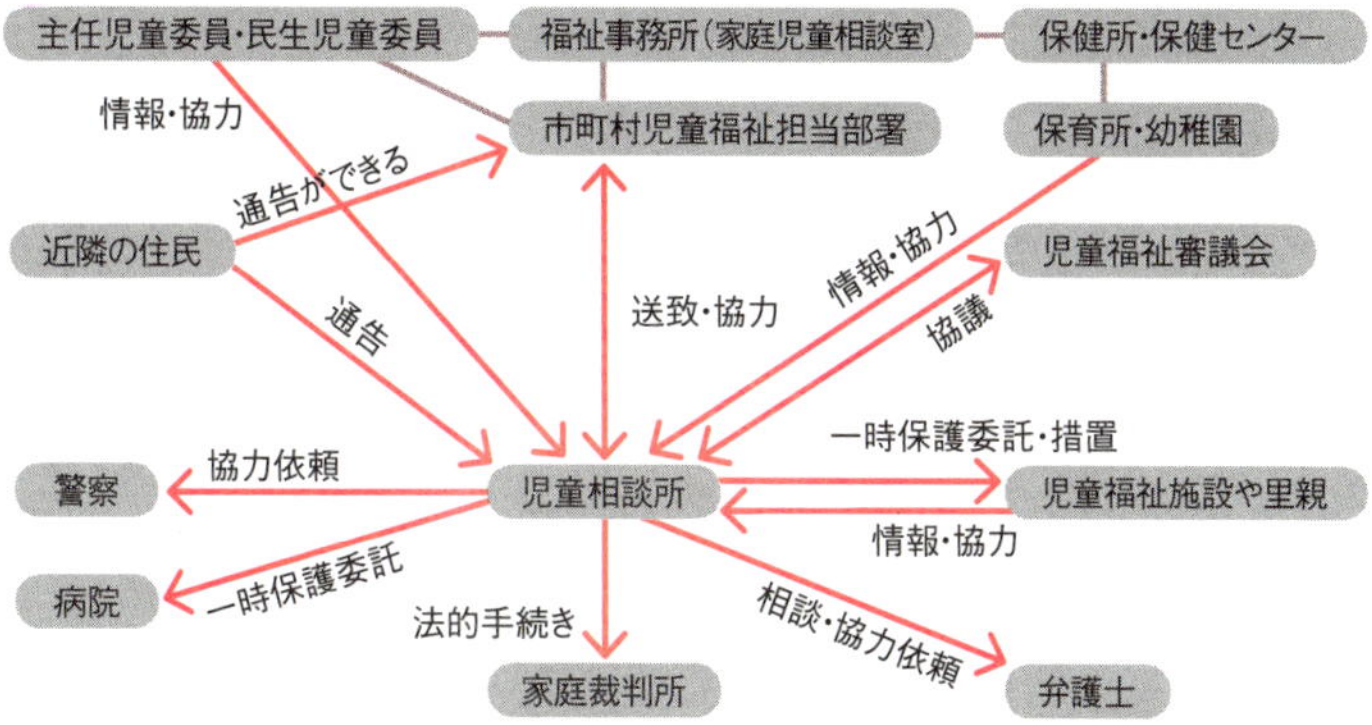

社会と臨床心理学 6

司法・矯正領域

多くは非行少年を対象とした機関で活動。調査と更正にかかわります

公的機関で活動

司法・矯正領域でとくに臨床心理士が多く活動しているのは、家庭裁判所、少年鑑別所、少年院など、**非行少年を対象にした機関**です。そのほか、刑務所、少年刑務所、拘置所などの刑事施設、保護観察所など、**罪を犯した人を対象に、調査、面接、観察、保護、矯正にかかわり、社会復帰へのサポートを行います**。

ほとんどが公的機関であり、法律で定められた範囲でかかわるのが特徴です。また、この場合の臨床心理士は、サポートする立場であると同時に一定の法的強制力をもつ権力者でもあるため、どちらの立場にも偏ることがないように配慮することが必要です。

司法手続きの実際

非行少年とは罪を犯した未成年のことです。非行少年に対する司法手続きの流れは、左のようになります。

未成年の事件は基本的にすべて検察庁を経由して家庭裁判所に送致されます。ただし、14歳未満の少年は、児童相談所や福祉事務所に通告されます（＊1）。

臨床心理士は、事件が受理されると**家庭裁判所の調査官**として少年事件の調査や指導を行い、必要に応じて保護者にも助言や指導を行います。重大事件などさらに調査が必要と判断された場合には、**少年鑑別所で鑑別技官**として資質鑑別と

もっと詳しく！

（＊1）これを触法少年と呼ぶ。それ以外に、未成年の場合、法律上の犯罪を行っていなくても、将来罪を犯すおそれがあるという理由で、少年法の定める範囲で警察が立件・送致する場合がある。これは「ぐ犯」という（➡P114）。

これも知っておこう！

検察官送致

（＊2）保護処分のほか、児童相談所送致や検察官送致が行われる場合もある。後者は、成人と同じ扱いが適当である、という判断で検察庁に送り返

呼ばれるアセスメントを行います。

それら事件の詳細をもとに、保護処分と呼ばれる「保護観察」「児童自立支援施設送致」「少年院送致」のいずれかの処分が、家庭裁判所より下されます（＊2）。

その後、臨床心理士は**少年院では心理技官、保護観察所では保護監察官**として、少年の心理的支援を担当します。

非行少年への手続きと臨床心理士の役割

非行少年は犯罪少年、触法少年、ぐ犯少年に分かれる（➡P114）。そのうち、犯罪少年に対しては下記のような手続きがとられ、それぞれの機関で臨床心理士がかかわる。

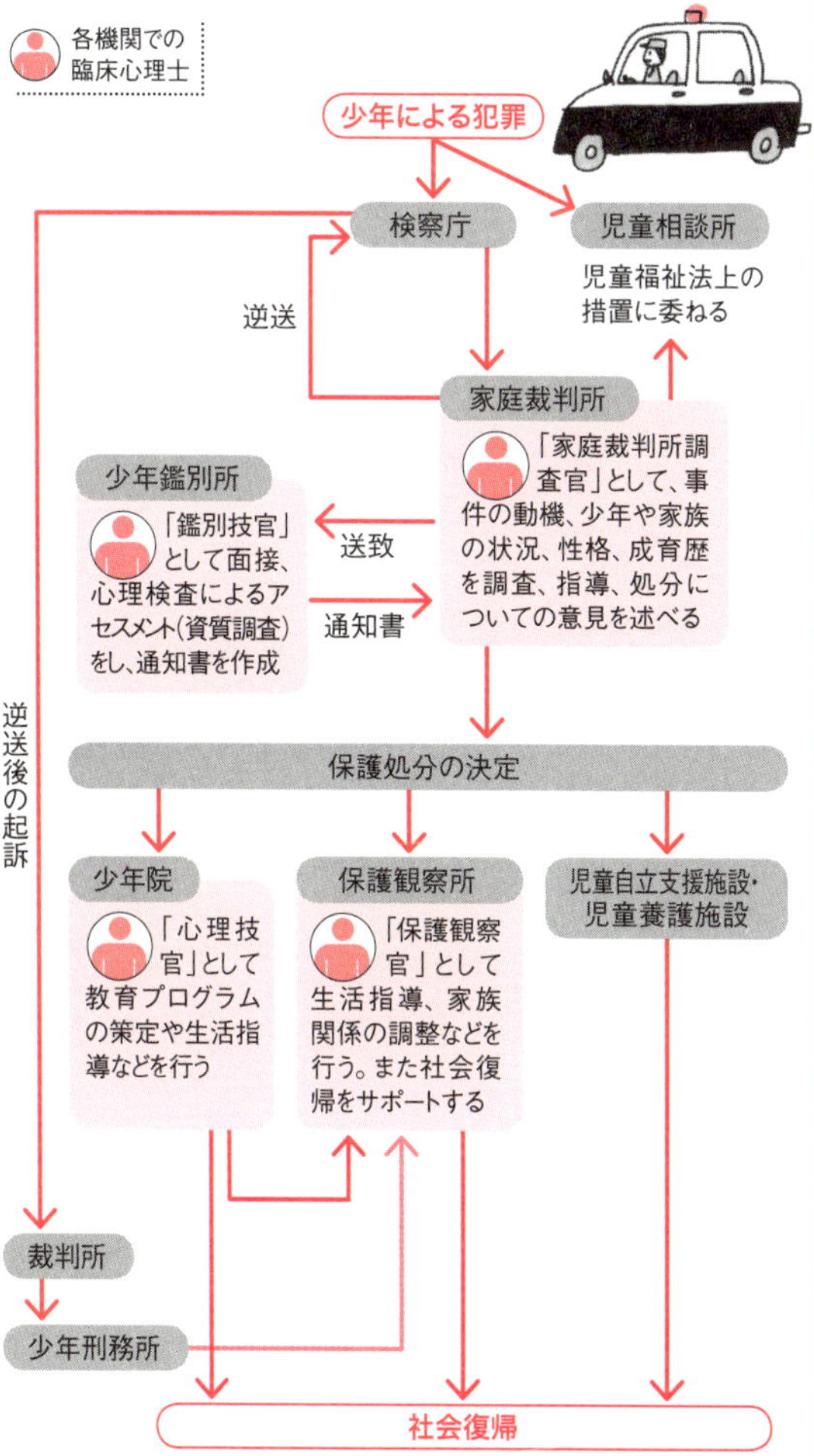

各機関での臨床心理士
少年による犯罪
検察庁
児童相談所
児童福祉法上の措置に委ねる
逆送
家庭裁判所
「家庭裁判所調査官」として、事件の動機、少年や家族の状況、性格、成育歴を調査、指導、処分についての意見を述べる
少年鑑別所
「鑑別技官」として面接、心理検査によるアセスメント（資質調査）をし、通知書を作成
送致
通知書
逆送後の起訴
保護処分の決定
少年院
「心理技官」として教育プログラムの策定や生活指導などを行う
保護観察所
「保護観察官」として生活指導、家族関係の調整などを行う。また社会復帰をサポートする
児童自立支援施設・児童養護施設
裁判所
少年刑務所
社会復帰

すことから「逆送」という。その場合、地方裁判所で審理が開かれ、実刑判決が出れば少年刑務所などに送られる。

社会と臨床心理学 7

産業領域

従業員の心や行動の問題が解決されることで、経営上の効率向上を目指します

「経営」という視点が必要

産業領域で、臨床心理士の活動の対象となるのは「働く人々」であり、**その内容は従業員が組織に適応するためのサポート**です。それが労働のパフォーマンスを上げることにつながり、結果として経営上の効率を向上させる役割を果たします。また、従業員のメンタル上や人間関係における危機を早期に発見したり、二次被害を防ぐような介入〔➡P168〕を行ったりすることによって、経営上の不利益を未然に防ぐような活動も行います。従業員のメンタルヘルスやストレス、問題行動にはEAPというプログラムに沿って対応します〔➡P250〕。

これまで日本の臨床心理学では、産業領域で「経営」という視点が欠けがちでした。これからの臨床心理士には、個人と組織の双方を理解しながら、双方が利益を享受できる関係へのサポートがますます求められます。

産業領域での活動内容

臨床心理士が実際に**どのような活動が行えるのかは、組織や個人との関係（契約）によって異なり、**それ以外の役割と責任を引き受けることは専門職としての倫理に反します。契約の範囲内で専門性を発揮した活動を行い、その範囲を超える部分に対しては適切な外部機関へリファー〔➡P230〕する必要があります。

もっと詳しく！

（＊1）厚生労働省は2006年に「労働者の心の健康の保持増進のための指針」を公示した。これは、事業場（職場）におけるメンタルヘルス対策の推進の方向性を示したものである。また、2012年秋にはメンタルヘルス検査の義務化に関する法案が国会に提出され、組織に対して従業員の心の問題に対する配慮がますます求められている。

臨床心理士の活動は従業員個人に対してだけでなく、大事故に対しての危機介入〔➡P226〕や、組織のメンタルヘルスに関する仕組みづくり（＊1）など、**組織全体も対象**とします。そのため、クライエントの所属する業界の専門知識や、その企業の就業規則のほか、労働関連の法律などの知識も必要となってきます。

産業領域での臨床心理士の役割

組織内で活動する場合、臨床心理士には主に下記のような役割があげられる。

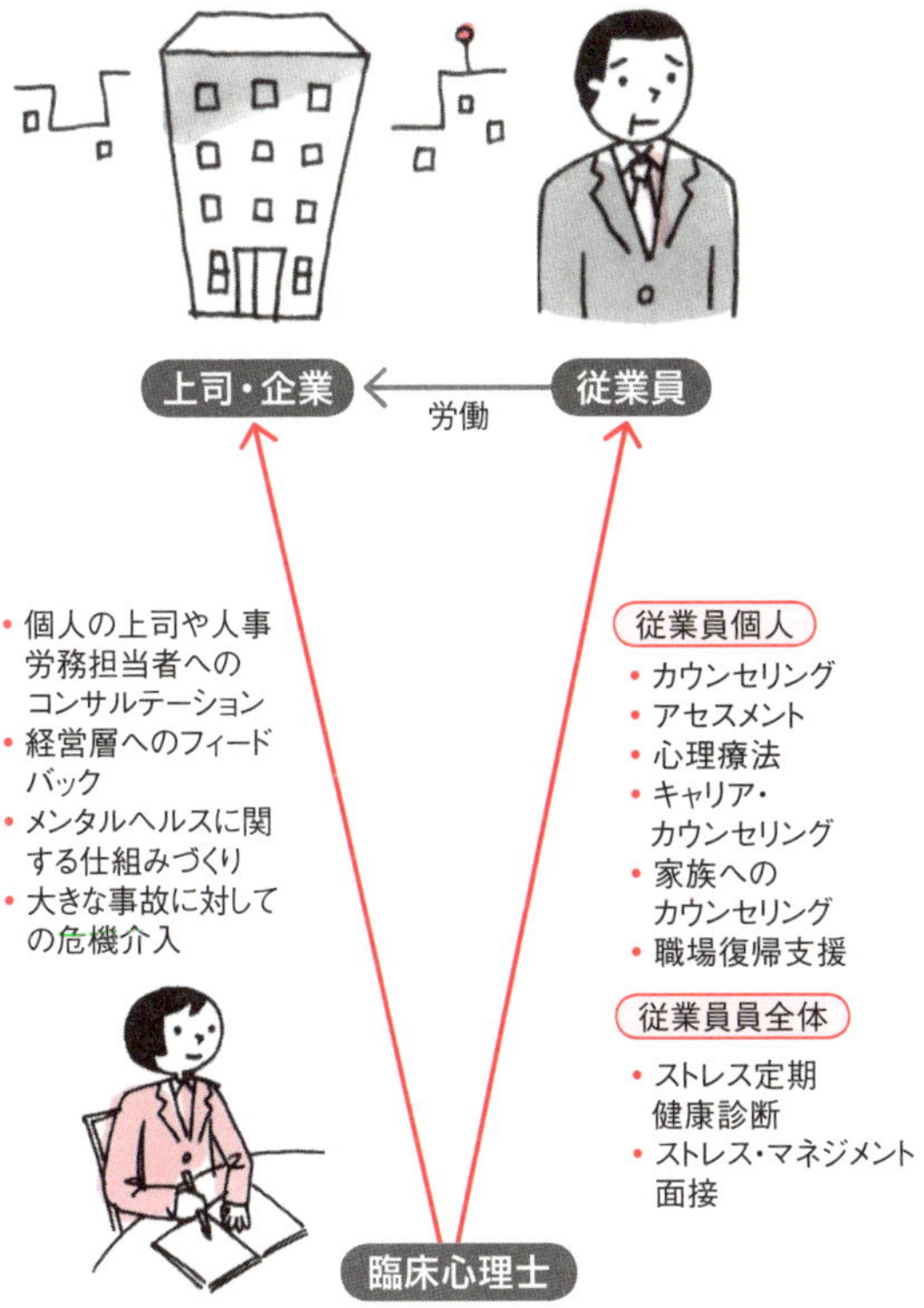

抱える悩みが解決することで、従業員の労働効率が上がり、企業に利益をもたらす。また、危機を早期発見、二次被害を予防するような介入によって、不利益を未然に防止する。

臨床心理士の
資格と仕事
1

臨床心理士になるために

大学修士課程に加え、その前後を使って知識と技能を修得する必要があります

必要とされる教育

臨床心理学が社会システムにいち早く組み込まれた米国では、臨床心理士になるために最低でも6~7年の教育期間が必要とされます。しかし、日本の場合、**臨床心理学の専門的な教育は、大学院修士課程の2年間という短期間で受けるシステム**となっています。

そのため、足りない部分は修士卒業前後の期間を利用することになります。まず大学では、心理学部などで、心理学全般と臨床心理学の基礎を学んでおく必要があります。そして修士課程卒業後では臨床現場に出る場合は各職域で必要な専門知識と技能を、博士課程に進学する場合は研究および教育の専門技能を学ぶことになります。

インターンシップ

臨床心理士の知識と技能を習得するために**講義、演習、実習**という3つの方法があります。臨床心理学の専門性の核に実践活動があるため、なかでも実習が中心となります。実習には、学部で行う「体験学習」、修士課程で行う「シミュレーション学習(＊1)」、上級者の実践活動に参加する「観察学習」があります。

事例を実際に担当した後の実習には、事例検討会(➡P294)、スーパービジョン(➡P296)、インターンシップ(現場研修)などがあります。とくにインター

もっと詳しく!

(＊1)シミュレーション学習では、実践活動を始める準備として、ロールプレイ(➡P182)や試行カウンセリングなどを行う。

ンシップは教育訓練課程の中心にあたり、学生は臨床現場で実践活動に参加することによって、クライエントをサポートするために実際に必要な技能を直接学ぶ機会が与えられます。こうして、修士課程で学んだ知識を実践に移し、臨床現場で専門家として働くための知識と技能を身につけていくのです。

臨床心理士に必要な学習

臨床心理士になるために、大学の学部、大学院の修士、修士卒後それぞれで以下のような学習を必要とする。

大学の学部段階　専門教育の基礎

- **心理学全般の知識**
  - ・心理学の概論
  - ・個別の心理学科目（生理心理学、社会心理学など）
- **心理学の研究法**
  - ・心理学研究法（実践法、調査法、実践臨床法、量的研究法、質的研究法）
  - ・心理学実習（検査、観察、面接、フィールドワークなど）
- **臨床心理学の基礎知識**
  - ・臨床心理学の概論
  - ・異常心理学
- **臨床心理学の基礎技能**
  - ・臨床心理学実践演習（体験学習および社会経験）

↓

大学院の修士段階　専門教育の中核

- **臨床現場で専門家として機能するための知識と技能**
  - ・臨床心理学の研究活動のための知識と技能
  - ・臨床心理学の実践活動のための知識と技能（コミュニケーション、ケース・マネジメント、システム・オーガニゼーション）〔➡P26〕
  - ・臨床心理学の専門活動のための知識と技能（臨床心理学の理念、社会的責任と倫理、関連する法規と行政、他職種との連携、組織の運営などの理論と態度など）

↓

修士課程卒後段階　専門教育の発展

- **臨床心理学の研究および教育の専門技能**（博士課程進学者）
- **各職域で必要な専門知識と技能**（現場の臨床心理士）

臨床心理士の資格と仕事
2

臨床心理士の資格

現在、公的機関で定められた心理職の資格はなく、民間資格のみになります

臨床心理士の資格

資格には大きく分けて「国や地方自治体など公的機関によって定められる法的根拠をもつもの」と「民間団体や企業によって認定されるもの」のふたつがあります。2012年7月時点で、前者にあたるような臨床心理学やカウンセリング関連の資格はなく、後者のみになります。

これまで紹介してきた**「臨床心理士」も、文部科学省認可の財団法人「日本臨床心理士資格認定協会」が認定する民間資格**です。そのため、現在、臨床心理士の国家資格化を求める要望が社会的に強まっています。

臨床心理士の資格をとるには、前述の日本臨床心理士資格認定協会が行う試験を受けることになります。受験するには指定大学院または専門職大学院の臨床心理学コースを修了することが前提となります（＊1）。新1種指定大学院や専門職大学院の修了者は修了したその年に受験ができ、旧1種や新2種指定大学院修了者は日本国内における1年以上の心理臨床の実務経験を経た後に受験できます。

そのほか、医師免許をもっていて心理臨床実務2年以上など、受験資格を得るには左図のようにいくつかの道があります。

筆記試験と口述面接試験に合格すると臨床心理士資格が与えられますが、**資格は5年ごとの更新制**なので、経験を積み、技能を磨き続ける必要があります。

もっと詳しく！

（＊1）指定大学院とは、学校教育法にもとづく大学院の中で、日本臨床心理士資格認定協会が臨床心理業務を行う専門職としてのレベルを満たしていると認めて指定した大学院のこと。厳正な審査のもとに6年間の指定を受けるが、その3年目に実地視察を受け、指定期間が満了する6年目には指定継続審査を受けることになっている。なお2011年には全国で159大学院が指定を受けている。そして、専門職大学院とは、2003年の学校教育法改正により開設された、高度専門職業人

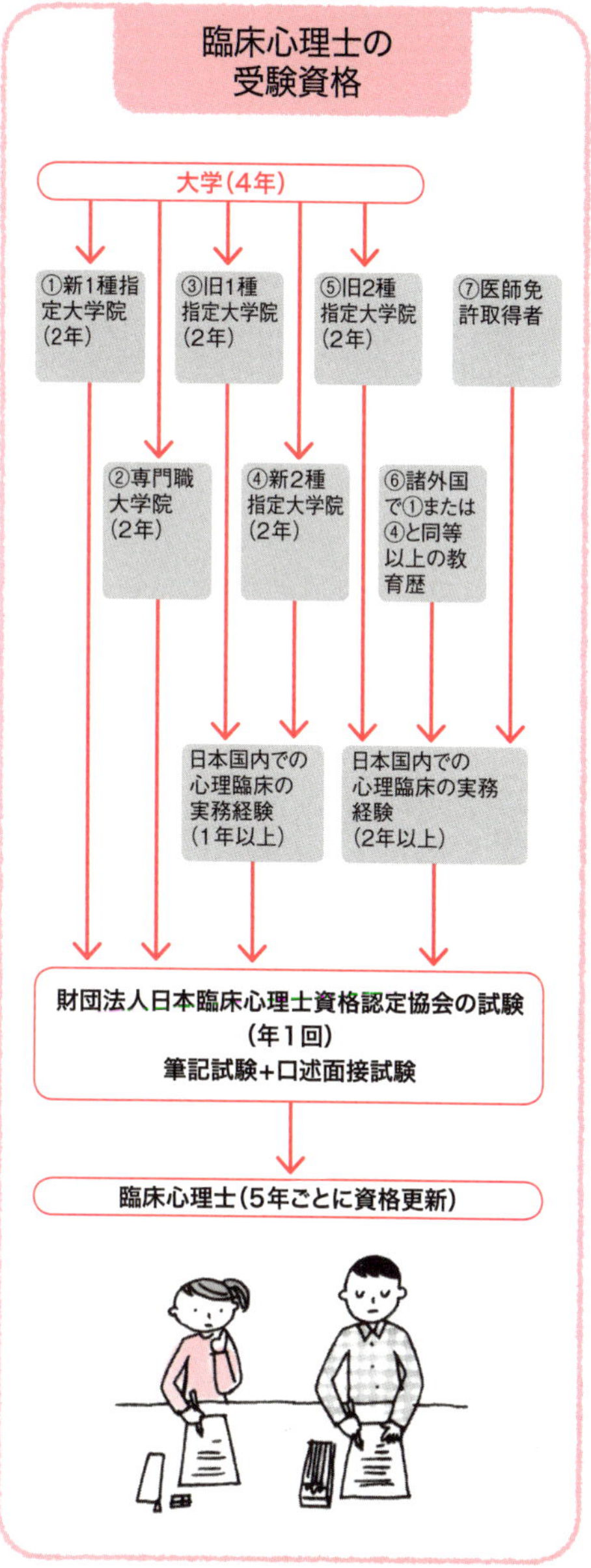

その他の資格

臨床心理士以外の資格としては、**「産業カウンセラー」**がよく知られています。これは1960年に設立された日本産業カウンセラー協会が認定する民間資格で、メンタルヘルス対策やキャリア開発の援助を行うための技能が問われます。

そのほか、日本カウンセリング学会による**「認定カウンセラー」**や、学校心理士認定運営機構による**「学校心理士」**、臨床発達心理士認定運営機構による**「臨床発達心理士」**、**日本心理学会による「認定心理士」**などがあります。

を養成する専門職大学院のこと。2011年、全国に6校開設されている。

臨床心理士の資格と仕事 3

臨床心理士のメンタルヘルス

臨床心理士は必要に応じて自分自身の心理ケアをすることも大切です

臨床心理職の特質

臨床心理士はクライエントの問題を客観的に分析してサポートを行います。しかしときとして、臨床心理士自身の個人的な事情やクライエントの面接内容に影響を受けて、介入に客観性を欠いてしまうことも起こります。

たとえば、臨床心理士のクライエントに対する感情が過剰になると客観性を保てなくなり、特定の価値観や解決法を押しつけ、一方的に導こうとするようなサポートが起こりやすくなります。また、臨床心理士自身が自分の母親との間に葛藤がある場合、クライエントの母親と面接をするとき、より厳しい態度をとってしまったというケースもあります。

望ましくない影響を防ぐために、自分が何に対して影響を受けやすいのか、どういう状況でどのような感情をいだきやすいのかなど、自己理解を深めておく必要があります（＊1）。

臨床心理士のメンタルヘルスケア

臨床心理士は、仕事から受けるメンタルヘルスへの影響についても考慮しておく必要があります。心理的なサポートをしていると、自分自身の心の問題がおろそかになり、疲労感や負担感がたまってしまう場合があるからです。あまりに疲弊が積み重なると、左のような**「バーンアウト（燃え尽き症候群）」**と呼ばれる

もっと詳しく！

（＊1）ときにはクライエントの問題が、臨床心理士の能力の範囲を超える場合もある。また、自分の専門外のケースも起こりうる。その場合はただ断るのでも無理して引き受けるのでもなく、リファー（➡P230）によって適切な他機関につなぐよう努力することが専門家としての責任である。

状態に陥る可能性もあります。**よいサポートのためには、心身ともに安定した状態でクライエントに対することはとても重要**なことです。クライエントのためにも、心の疲労度に応じたセルフケアを行い、自分自身のストレス・マネジメントを怠らないようにすることがとても大切です。

臨床心理士とストレス

バーンアウトの症状

長期間にわたり、仕事にかなりのエネルギーを注ぎ続けた結果、極度に心身が疲労し、感情が枯渇した状態になってしまうことがある。この状態を「バーンアウト」と呼ぶ。主に以下のような感情や行動が起きるのが特徴である。

情緒的消耗感	もともとは弾力があったゴムが疲労し、伸びきったような、疲れ果てた感情や、もう「働くことができない」という気分になる
脱人格化	ケアやサービスを受ける人々に対して、情のないような対応や、人間性を欠くような感情や行動をする
個人達成感の減退	するべきことをなしとげた、という充実感が減退する

臨床心理士は仕事の性質上、バーンアウトになりやすいので気をつける必要がある。

ストレッサーとストレス反応

仕事上で同じストレッサー（ストレスの元になるような刺激）を受けても、個人要因や仕事外の要因、緩衝要因などによって、ストレス反応の出方が変わってくる。

仕事のストレッサー ＋ ・受け止め方 ・対処法 ・仕事以外の要因 ・周囲のサポート → ストレス反応

例 仕事でトラブルが続く ＋ まわりに支えられる → ストレス反応が小さい

例 仕事でトラブルが続く ＋ 仕事以外にもプライベートな問題を抱えている → ストレス反応が大きい → その状態が続くと疾病を発症

自分自身の環境や状況を知り、ストレスを和らげるような要因を増やすことが、ストレス・マネジメントの第一歩である。

臨床心理士の資格と仕事 4

臨床心理士の倫理

専門職として活動するうえで、大前提となるのが職業倫理を遵守《じゅんしゅ》することです

専門職としての倫理

「職業倫理」とは、プロとして自分自身に課す行動の規範です。ただの約束事ではなく、ある種の拘束力があり、専門職として「遵守すべき」ものです。

臨床心理学には「基本的人権を尊重し、専門家としての能力を用いてクライエントのためになる行いをする」という基本的な理念があります。さまざまな団体がそれぞれ倫理原則をまとめていますが、大枠は左図のようになります。

職業倫理は、その職業集団の構成員が一定の質を保つために大切な働きをします。というのも、明確な指針があるとそれぞれが「プロとしてどうあるべきか」を自覚し、不適切な行為を避け、能力を高める努力を続けるようになるからです。

さらに、職業倫理は専門活動の質を外部に保証する働きもあります。社会に対して「専門職として責任をもち、このように活動します」と宣言することで、クライエントは安心して臨床心理士に任せることができるのです。

倫理的ジレンマ

職業倫理は臨床現場で具体的な判断基準を与えてくれます。とはいえ、原則を守るだけでは解決できない事態や、ひとつの原則を守ろうとすると別の原則が守れない**「倫理的ジレンマ」**に遭遇することもあります。現場では常にケースバイ

もっと詳しく！

（＊1）たとえば学校などにおいては、クライエントである児童生徒の情報を教師に提供することで、クライエントの学校生活に対する配慮を求めやすいというメリットがある。このようにスクールカウンセリングでは「学校全体での守秘義務」という考え方がある〔↓P240〕。同様に、ほかの領域でもその場に合った柔軟な判断力と対応が求められる。

ケースの判断力が求められます（＊1）。大切なのは専門家として責任の大きさを自覚し、職業倫理を遵守することです。もちろん、すべての事態に一人で対処する必要はありません。判断に迷ったときは、同僚やスーパーバイザー〔➡P296〕に意見を求め、積極的な議論を交わすことが活動の質の向上にもつながります。

臨床心理士の倫理規則

心理専門職の倫理原則

第1原則 相手を傷つけない、傷つけるような恐れのあることをしない。

第2原則 十分な教育・訓練によって身につけた専門的な行動の範囲内で、相手の健康と福祉に力をつくす。

第3原則 相手を利己的に利用しない。

第4原則 1人1人を人間として尊重する。

第5原則 秘密を守る。

第6原則 インフォームド・コンセントを得、相手の自己決定権を尊重する。

第7原則 すべての人を公平に扱い、社会的な正義と公平・平等の精神をもって活動する。

倫理的ジレンマへの対応

例 クライエントが自殺をほのめかした場合

上の第５原則の「秘密を守る」には反するが、第1原則の「相手を傷つけない」に沿い、クライエントの家族や会社あるいは学校と連絡をとり、自殺を阻止する。

クライエントの信頼を損なわないようにしながらも、自分を傷つけたり他人に害をおよぼしたりする恐れがあるときは緊急対応を優先する。

臨床心理士の資格と仕事 5

事例検討会

事例の経過を複数で検討。偏りのない、柔軟な視点を回復するのに必要です

臨床心理士の活動の一部

「事例検討会」とは、取り扱っている事例の経過を複数の臨床心理士で検討することです。その事例の仮説を検証して改善するなど、ケース・マネジメント〔⇩P26〕の技能向上を目指して行われます。

事例検討会は、実践活動を始めたばかりの新人から、実践現場で長く活動しているベテランまで、多くの臨床心理士の間で行われています。その理由は、「事例の経過を見直す」作業が、よりよい実践活動に欠かせないからです。

事例に直接かかわっている担当者は視点が偏ったり、事例を柔軟に見直すことが難しくなったりしがちです。そこで、**複数の視点で事例を読み込むことで偏ることなく問題をとらえる柔軟性を回復させる**のです。

さらに、特定の事例を検討することによって、他の事例にも役立つ視点が得られるという利点もあります。とくに事例を扱い始めたばかりの臨床心理士の教育や訓練のために行われる事例検討会は、さまざまな事態への対応などの技能を身につけるよい機会にもなります（＊1）。

事例検討会の流れ

事例検討会では、まず事例に関するデータをまとめて「事例報告」を用意します（＊2）。これは、担当者にとって事例を客観化し、吟味する機会にもなります。

もっと詳しく！

（＊1）そのほかにも、事例検討会は参加者のニーズに合わせて、左表のようにさまざまな機能を果たす。

（＊2）事例報告の内容は、①タイトル、②事例担当者の名前と所属、③はじめに、④事例の概要、⑤面接経過と考察、⑥検討したい点、を記載する。このほか、心理検査のデータ、描画や箱庭など心理療法での写真、逐語記録などを補助データとして加えることもある。

（＊3）事例検討会で最も注意が必要なのはクラ

そして、実際の検討会はさまざまな可能性を話し合う場であり既存のとらわれずに、最善の仮説を探索するための自由な議論が求められます（＊3）。

事例検討会後、そこで見いだされた視点から、他の事例にあてはまるような普遍的な理論を導き出す研究も行われます。これを事例研究（➡P264）と呼びます。

イエントの情報管理である。使用した資料は厳重に管理すること。

事例検討会の主な意義と機能

事例検討会は参加者のニーズや目的に合わせてさまざまなかたちで利用されている。

事例検討会とは…

臨床心理士が扱っている事例の経過を、複数の臨床心理士で検討すること。事例へのかかわり方について複数の視点から見直し、実践活動をよりよいものにするために欠かせない活動である。

主な意義

- 事例の経過を見直す
- ほかの事例にも役立つ視点を得る

事例検討会の機能

機能	内容
学習機能	参加者の事例への理解を深め、ケース・マネジメントの技能を習得・改善させる。
教育・評価機能	参加者のケース・マネジメントの技能を評価し、技能をより向上させるための課題を導き出す。
研究・発見機能	特定の事例だけでなく、より普遍的・一般的にあてはまる仮説を導き出す。
方針共有機能	特定の相談機関内で行う場合、ケースを扱った初期の段階で仮説を検討し、援助の方針を共有する。
連携強化機能	特定の相談機関内で行う場合、定期的に事例を検討する機会をもつことにより、組織としての連携を強化する。

臨床心理士の資格と仕事 6

スーパービジョン

自分より経験のある人に、1対1で指導や教育を受けることを指します

実践的な教育手段

臨床心理学における「スーパービジョン」とは、**自分より経験のある臨床心理士に手がけている事例を継続して報告し、検討してもらいながら、1対1の指導を受けること**を指します（＊1）。

スーパービジョンを受ける人を**スーパーバイジー**、指導する人を**スーパーバイザー**と呼びます。スーパービジョンの語源はラテン語で「（人や仕事を）監督する・管理する」という意味ですが、臨床心理学では「相手の成長を促す、支える、力を伸ばす」という意味も含まれます。

スーパービジョンは臨床心理士の育成上、実践的な教育手段として必要不可欠なものです。初心者にとってこの作業なしでの成長はなく、経験を積んだ臨床心理士にとってもよりよい実践のためには生涯、スーパービジョンを受け続けることが大切です。

スーパービジョンのふたつの意義

スーパービジョンはスーパーバイジーにとってふたつの意義があります。

まず、ひとつ目は個々のクライエントに応じた介入法を実践で学べるということです。スーパーバイザーはスーパーバイジーの「そのクライエントに応じた対応と理解」を吟味し、アドバイスします。

ふたつ目はスーパーバイジー自身の対応にも焦点があてられるという点です。

もっと詳しく！

（＊1）スーパービジョンは定期的に継続して行う場合と断続的に行う場合がある。断続的な場合は、まずアセスメントの際に行い、次に問題が生じた際にそのつど行われることが多い。

他者の観察によって、自分がクライエントとどのように関係を築いているのかが明らかにされ、改善点が見極められます。スーパービジョンでは左図のようなやりとりが行われます。スーパーバイジーは自意識過剰や自己批判的にならず、疑問や違和感など、考えや気持ちを率直に表現することが重要です。

スーパービジョンの実際

スーパービジョンの流れ

以下のように、スーパーバイザーとスーパーバイジーの間でやりとりがなされ、事例への介入が改善していく。

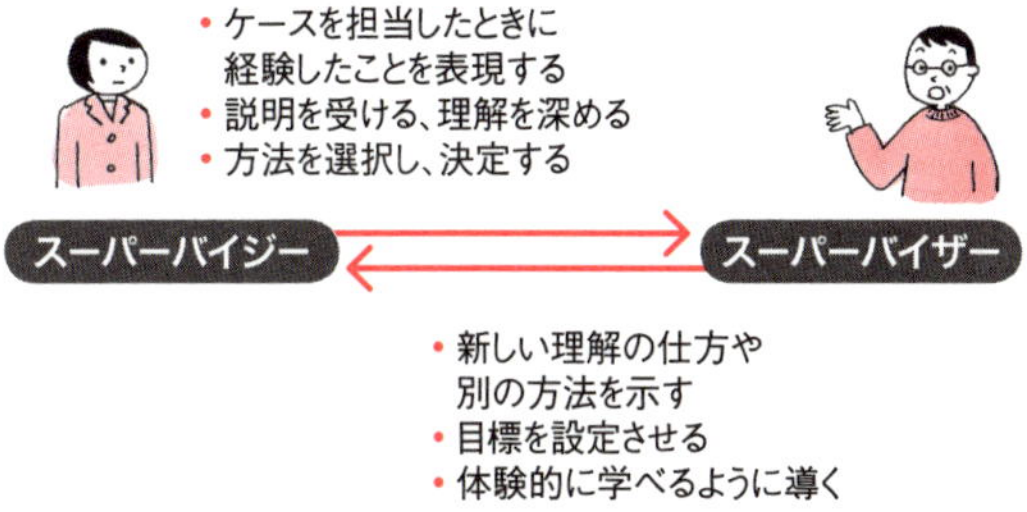

・ケースを担当したときに経験したことを表現する
・説明を受ける、理解を深める
・方法を選択し、決定する
スーパーバイジー
スーパーバイザー
・新しい理解の仕方や別の方法を示す
・目標を設定させる
・体験的に学べるように導く

スーパービジョンを受けることによって、スーパーバイジーは自分だけではみえてこなかった「個々のクライエントに応じた介入法」と「スーパーバイジー自身の対応の改善点」を学ぶことができる。

スーパービジョンのさまざまなかたち

スーパービジョンは基本的に1対1で行われるが、似たかたちの臨床研修もある。別ページで紹介したコンサルテーション〔➡P228〕や事例検討会も、スーパービジョンとしての面をもつ。

●**グループ・スーパービジョン**
1対1のスーパービジョンを複数人のスーパーバイジーが観察している形式。

●**コンサルテーション**
担当しているケースへの適切な援助方法を、経験者に相談。原則1回で終了する。

●**事例検討会**
援助の専門家がグループで集まり、事例の仮説づくりや、より適切な援助方法を検討する場である。

英字

人名

タ行

ナ行

サ行

INDEX

主な参考図書

本書を読んでさらに臨床心理学をさらに詳しく学びたい場合は、次の順序で読んでいかれることをおすすめします。

下山晴彦 編『臨床心理学を学ぶシリーズ全7巻』第１巻　下山晴彦 著「これからの臨床心理学」（東京大学出版会）
下山晴彦 編『よくわかる臨床心理学　改訂新版』（ミネルヴァ書房）
下山晴彦 編訳『テキスト臨床心理学 全5巻+別巻』G. C. デビソン他 著（誠信書房）
下山晴彦 著『臨床心理アセスメント入門』（金剛出版）
下山晴彦 翻訳『認知行動療法ケースフォーミュレーション入門』マイケル・ブルック、フランク・W. ボンド 著（金剛出版）
下山晴彦、丹野義彦 編著『講座臨床心理学』全６巻（東京大学出版会）
下山晴彦 編著『臨床心理学の新しいかたち』（誠信書房）
下山晴彦 著『心理臨床の基礎１—— 心理臨床の発想と実践』（岩波書店）
下山晴彦、ポール・スタラード、松丸 未来 著『子どもと若者のための認知行動療法実践セミナー——上手に考え、気分はスッキリ』（金剛出版）
下山晴彦、能智正博 編『心理学の実践的研究法を学ぶ——臨床心理学研究法』第１巻（新曜社）
下山晴彦、中嶋義文　監修『家族のための　よくわかるうつ』（池田書店）
下山晴彦、関谷透　監修『うつ：家族ができること』（池田書店）
下山晴彦 編集『臨床心理学を学ぶシリーズ全7巻』第４巻　平木典子 著「統合的介入法」（東京大学出版会）
下山晴彦 編集『臨床心理学を学ぶシリーズ全7巻』第５巻　高畠克子 著「コミュニティ・アプローチ」（東京大学出版会）
下山晴彦 編集『臨床心理学を学ぶシリーズ全7巻』第６巻　能智正博著「質的研究法」（東京大学出版会）

スキレッピ、トレス、ティード 著、植村勝彦 訳『コミュニティ心理学 』（ミネルヴァ書房）
E. キューブラー・ロス 著、鈴木 晶 訳『死ぬ瞬間——死とその過程について』（中央公論新社）
森田正馬 著『新版神経質の本質と療法——森田療法を理解する必読の原点』（白揚社）
平木典子 著『図解自分の気持ちをきちんと〈伝える〉技術』（ＰＨＰ研究所）
窪田 彰 著『精神科デイケアの始め方・進め方』（金剛出版）
成瀬悟策 編『動作のこころ 臨床ケースに学ぶ』（誠信書房）
吉本伊信 著『内観法』（春秋社）
藤川 麗 著『臨床心理のコラボレーション—統合的サービス構成の方法』（東京大学出版会）
青木紀久代 監修『徹底図解　臨床心理学』（新星出版社）
松原達哉 編『図解　臨床心理学のすべてがわかる本』（ナツメ社）

（参考資料）
警察庁HP
厚生労働省HP
文部科学省HP
日本臨床心理士資格認定協会HP
一般社団法人 日本臨床心理士会HP

●監修者紹介　下山 晴彦
［しもやま　はるひこ］
1957年生まれ。東京大学大学院教育学研究科教授。博士（教育学）。臨床心理士。現在の日本の臨床心理学の教授及び研究者の中で最も精力的に研究、臨床、教育を行っている一人。主な著書（共著・訳・共訳・編纂含む）に『臨床心理学をまなぶ 全7巻』（東京大学出版会）、『テキスト臨床心理学 全5巻＋別巻』（誠信書房）、『臨床心理アセスメント入門』（金剛出版）、『よくわかる臨床心理学 改訂新版』（ミネルヴァ書房）、『家族のための よくわかるうつ』（池田書店）など多数。

●イラスト――河合美波
●デザイン――室田敏江（株式会社　志岐デザイン事務所）
●DTP――株式会社　明昌堂
●執筆協力――髙沢久美子、中島祐美、輪島直美
●編集協力――大上真礼、樫原 潤、河合輝久、藤尾未由希
（東京大学大学院・臨床心理学コース修士課程）
●制作協力――近藤真史
●執筆・編集協力―松崎祐子

面白《おもしろ》いほどよくわかる！ 臨床心理学《りんしょうしんりがく》

2012年9月10日発行　第1版
2024年3月 5 日発行　第1版　第13刷
●監修者――下山 晴彦［しもやま　はるひこ］
●発行者――若松 和紀
●発行所――株式会社西東社《せいとうしゃ》
〒113-0034 東京都文京区湯島2-3-13
電話　03-5800-3120（代）
URL　https://www.seitosha.co.jp/

ISBN978-4-7916-1887-3